AF378103

Philippe Marlin

# LE BIBLIOTHÉCAIRE DU RAZÈS

Le Code de la propriété intellectuelle n'autorisant, aux termes de l'article L. 122-5, 2° et 3° a), d'une part, que les « copies de reproductions strictement réservées à l'usage privé du copiste et non destinées à une utilisation collective » et, d'autre part, que les analyses et les courtes citations, dans un but d'exemple ou d'illustration, « toute représentation ou reproduction intégrale ou partielle faite sans le consentement de l'auteur ou de ses ayants droit ou ayants cause est illicite » (art. L. 122-4). Toute représentation ou reproduction, par quelque procédé que ce soit, contribuerait donc à une contrefaçon sanctionnée par les articles L. 355-2 et suivants du Code de la propriété intellectuelle.

© 2020 Œil du Sphinx

ISSN de la collection : en cours
Dépôt légal : Janvier 2021
ISBN : 978-2-38014-028-6
EAN : 9782380140286

Les photos proviennent de l'auteur
Mise en page : Sabrina Pamies

*Les associations suscitent des conférences et acceptent des approches très différentes, elles rivalisent et jouent un rôle important de dissémination, tout comme les divers sites informatiques – dont les forums sont souvent fort acrimonieux. Parmi les protagonistes, l'association de l'Œil du Sphinx (ODS) se distingue par son attitude sophistiquée et fortéenne. L'ODS est éditeur, anime de nombreuses discussions et conférences et tient trois librairies, deux à Rennes-le-Château et une à Rennes-les- Bains. Si les colloques annuels organisés et publiés par l'ODS encouragent les démythifications partielles basées sur des études de documents négligés ou inédits, l'ODS se refuse à considérer que tout peut être explicité et s'efforce à maintenir quelque mystère dans la saga de Rennes-le-Château.*

*La saga de Rennes-le-Château est amusante à vivre. Les objections du bon sens ne valent rien : le groupe a bien l'intention de continuer à jouer. Le jeu doit se poursuivre aux dépens de la vérité historique et de toute preuve contraire. Les éléments explicitement ludiques sont légion : les livres foisonnent, les énigmes historiques s'appuient sur des tableaux à interpréter comme des puzzles complexes, de longues inscriptions et des messages codés sont lus comme s'ils étaient des mots croisés, des cartes sont couvertes de points à relier pour former des figures, anagrammes et calembours servent de portes d'entrée vers des significations profondes.*

**Véronique Campion-Vincent,**
***Excursions aux pays des Merveille[1]***

---

1        Actes du Colloque 2012, EODS, 2013.

Les documents présentés dans cet ouvrage reprennent plusieurs cours et conférences dispensés à l'Université de Miskatonic (Massachusetts), département des Hérésies Religieuses, ainsi qu'au Centre International d'Ethnologie et de Mythologie de Bugarach (Aude). Il est inévitable que plusieurs de ces travaux se recoupent.

Il est à chaque fois indiqué les revues ou les livres où ces travaux ont fait l'objet d'une première publication.

Je remercie tout particulièrement,

Nicolas, mon fils et Céline, ma belle fille que j'ai plongés dans une invraisemblable aventure, Jean-Luc Robin (RIP), qui fût l'âme du village, Mes ami(e)s Joseph Altairac, Astrid et Jean-Loup Ancelle, Geneviève Beduneau, Stéphanie Buttegeg et sa mère Josy, Véronique Campion-Vincent, Antoine et Claire Captier, Daniel Castille, Philippe et Katherine Deligny, Alain Féral, Rémy Lechevalier, Yves et Marie-Christine Lignon, Henry Lincoln, Patrick Mensior, Sonia Moreu, Octonovo, Jean- Luc Rivera, Paul Rouelle, Paul Saussez, Arnaud de Sède, Jean-Alain Sipra, Torkain.

**Philippe Marlin,**

# INTRODUCTION[2]

L'affaire de Rennes-le-Château et de son curé aurait dû n'être qu'un simple fait divers local, aujourd'hui totalement effacé de la mémoire collective. Et pourtant…

Bérenger Saunière est né à Montazels, petite bourgade audoise, en 1852. Issu d'une famille nombreuse, il fera ses études au grand séminaire de Carcassonne avant d'être ordonné prêtre en 1879. Après un vicariat à Alet-les-Bains, il prendra en charge la minuscule paroisse du Clat avant d'être affecté à Rennes-le-Château en 1885. Il y trouve une église et un presbytère en fort mauvais état et toute son œuvre sera de restaurer les lieux de culte, et, au delà, de créer un magnifique domaine avec villa (Béthanie), tour néo gothique (Magdala) et de beaux jardins. Avec évidemment une question restée sans réponse totalement satisfaisante, et donc génératrice de mystère : quels moyens de financement ont été utilisés par le prêtre ? Il a été largement prouvé que l'abbé du village était passé maître dans l'art de la sollicitation de dons, notamment auprès d'ouailles généreuses de sexe féminin. Il a été également démontré qu'il se livrait sur grande échelle a du « trafic de messes », ce qui lui vaudra d'ailleurs de sérieux ennuis avec son évêché, le conduisant à la « suspence ». La rumeur voudra

---

2        Publié dans *Les Deux Vies de Bérenger Saunière*, EODS, 2013.

aussi que lors de travaux menés dans l'église (et ailleurs), il ait mis la main sur des documents historiques de valeur et sur quelques objets précieux.

Quoiqu'il en soit, et même en se tenant à l'hypothèse la plus simple (dons et trafic de messe), dans l'impossibilité où il était d'avouer ses sources illicites de revenus, l'abbé Saunière se verra très vite qualifier de « découvreur de trésor » par un entourage dérouté par son train de vie. Il décédera en 1917, laissant une fidèle servante, Marie Dénarnaud, entretenir la mémoire d'un curé ayant fait une incroyable découverte. Ce qui n'empêchera cette dernière, dans un profond dénuement, de mettre en viager le domaine de l'abbé dont elle avait hérité. Elle décédera en 1953, et les nouveaux propriétaires, la famille Corbu, ouvriront un hôtel-restaurant dans le Domaine, « La Tour ». Et c'est à partir de là que va se développer le Mythe. Pour attirer la clientèle, Noël Corbu enregistre une bande magnétique racontant l'histoire de l'abbé Saunière qui aurait mis la main sur le trésor de Blanche de Castille. La presse locale s'emparera de l'affaire en janvier 1956 en publiant plusieurs articles à sensation, prélude à de nombreux ouvrages dont le point d'orgue sera *L'Or de Rennes* de Gérard de Sède édité en 1967.

Voilà pour ce qui est de la première couche, celle dite du trésor de l'abbé Saunière. Mais l'histoire ne s'arrête pas là. Un personnage bizarre, Pierre Plantard, arpente la région et, en compagnie d'un comparse tout aussi curieux, Philippe de Cherisey, se met à rédiger de vrais-faux documents qu'ils déposent à la BNF. Ces documents développent une étrange thèse : la lignée mérovingienne ne s'est pas éteinte, elle aurait fait souche dans le Razès et le fils de Dagobert II serait enterré à Rennes-le-Château. Pierre Plantard serait le dernier descendant de cette lignée. Plus fort encore, ils laissent entendre que la filiation mérovingienne pourrait être d'origine divine et qu'un ou plusieurs tombeaux sacrés seraient enfouis dans la région. Jésus ? Marie-Madeleine ? Leur descendance ? Un secret protégé par une mystérieuse organisation, Le Prieuré de Sion, sur fond de parchemins à déchiffrer, de pierres tombales énigmatiques et de décorations codées dans l'église du village. Il est vrai que la technique du « message secret » est très présente dans cette phase de l'affaire et l'énigmatique ouvrage de l'abbé Boudet, confrère de Saunière en charge de la paroisse de Rennes-les-Bains, sera présenté comme recelant la clef du secret (*La vraie langue celtique ou le Cromleck de Rennes-les-Bains*). Gérard de Sède sera plus qu'influencé par ces thèses pour la rédaction de son ouvrage puisque 66% des droits d'auteur reviendront à Pierre Plantard.

Cette seconde couche, de nature sacrée, sera reprise et popularisée par *L'Enigme Sacrée* de Lincoln, Baigent et Lee (1982) puis, plus récemment, dans le roman de Dan Brown, Le *Da Vinci Code* (2003).

# BIOGRAPHIE DE FRANÇOIS-BÉRENGER SAUNIÈRE
# ET CHRONOLOGIE CASTELRENNAISE[3]

Notre but n'est pas ici de reprendre l'histoire de Bérenger Saunière, curé de Rennes-le-Château. La littérature sur le sujet est ultra-abondante, et Pierre Jarnac, dans une bibliographie[4] publiée en 2002, recensait déjà 370 références sur le sujet. Contentons nous d'un bref résumé afin de traquer l'anomalie, qui se résume de façon assez simple : mais d'où le curé a-t-il tiré les fonds nécessaires à ses nombreuses réalisations, mobilières et immobilières ? Nous présenterons ce résumé sous forme d'une chronologie des événements, en indiquant au conditionnel ce qui n'a jamais été prouvé et appartient vraisemblablement à la légende :

## LA VIE DE SAUNIÈRE

Notes liminaires :
- *Les éléments indiqués entre parenthèses sont des éléments du contexte de l'affaire.*

---

3    Il s'agit de la version complétée du texte paru en annexe dans *L'Aventure du Grand Voyageur ou un curieux exploit de Sherlock Holmes* de Yves Lignon (EODS, 2012). Repris dans *Les Deux Vies de Bérenger Saunière*, EODS, 2013.
4    Bélisane 2002, série les Cahiers de Rennes-le-Château.

- ***Le prénom du curé était François-Bérenger. Nous utiliserons Bérenger conformément à l'habitude prise.***

  1852, naissance de François-Bérenger Saunière le 11 avril dans le petit village de Montazels (Aude). Son père est régisseur du château de la bourgade.

(1852, début du Second Empire). 1855, naissance d'Alfred Saunière, frère de Bérenger.

(1857, l'abbé Antoine Gélis est nommé curé de Coustaussa).

(1858, début des apparitions mariales à Lourdes).

(1862, l'abbé Henri Boudet est nommé vicaire de Durban- Corbières, puis sera nommé vicaire à Caunes-Minervois).

(1866, L'abbé Henri Boudet est affecté à Festes-Saint- André).

(1872, l'abbé Henri Boudet est nommé le 16 octobre curé de Rennes-les-Bains en remplacement de l'abbé Vié, décédé).

(1872, l'abbé Pons quitte Rennes-le-Château

en laissant à la cure une somme de 600 francs-or).

1874, études au Grand Séminaire à Carcassonne. (1875, naissance de la III<sup>ème</sup> République).

1879, Bérenger Saunière est ordonné prêtre. Premières fonctions comme vicaire à Alet (Aude).

(1880, Louis Fédié publie *Le Comté de Razès et le diocèse d'Alet*).

(1881, nomination de Monseigneur Félix Arsène Billard à l'Évêché de Carcassonne).

1882, nomination comme desservant au Clat (Aude).

1885, nomination comme desservant à Rennes-le-Château par Monseigneur Billard. Un village qui compte 298 habitants, haut perché, duquel il peut contempler son bourg natal, Montazels. Une église et un presbytère en mauvais état. La vétusté de ce dernier est telle qu'il devra prendre pension chez une logeuse, Alexandrine Dénarnaud, après avoir demeuré chez une tante, Rose Octotipe Saunière.

1885, suite à un prêche peu favorable aux républicains qui viennent de remporter les élections législatives d'octobre, le traitement du curé est suspendu par décision ministérielle le 2 décembre.

1886, l'Evêché l'enverra alors comme professeur au petit séminaire de Narbonne. Il retrouvera son traitement et ses fonctions à Rennes en juillet. Il ne reviendra pas au village les mains vides, mais avec un don de 1.000 francs-or de la Comtesse de Chambord. Un remerciement pour son engagement pour la cause royaliste ? A noter que la Comtesse de Chambord était coutumière de ce genre de libéralité, puisque nous retrouvons sa générosité dans la cause du Révérend Père de Coma[5] (monastère du Baulou en Ariège, une affaire similaire à celle de Rennes-le- Château connue sous le nom d'affaire du *Monastère dynamité*).

(1886, Monseigneur Billard pose la première pierre du monastère de Prouille).

(1886, L'abbé Boudet publie en novembre *La Vraie Langue Langue Celtique ou le Cromleck de Rennes-les-Bains*, curieux ouvrage[6] que certains considèrent comme codé et traitant du « secret du Razès »).

---

5        Cf. notre étude dans *La Gazette Fortéenne* n°5 (Éditions de L'Œil du Sphinx, 2011).
6        Réédité aux Éditions de l'Œil du Sphinx (2006)

1887, peu de temps après son retour au village, une bienfaitrice de Coursan, Marie Cailhavé, offre à la paroisse un nouvel autel. A l'occasion des travaux effectués pour l'installer, le prêtre **aurait** découvert quelque chose. Pour ce qui est de ces découvertes, les datations sont du reste peu précises et la confusion règne selon les auteurs entre les années 1887 et 1891.

Donc, plutôt que de nous arrêter aux dates[7], allons directement au fond des découvertes supposées :

- Trésor ? En soulevant une vieille dalle dans l'église, dite Dalle des Chevaliers[8], l'abbé **aurait** mis la main sur une « oule » renfermant des monnaies anciennes, ainsi que sur des bijoux archaïques et un calice. Un petit magot vraisemblablement dissimulé par l'un de ses prédécesseurs, Antoine Bigou ?

- Parchemins ? Les témoignages recueillis par l'auteur Gérard de Sède[9] sont pour le moins fantaisistes. Il nous parle ainsi

---

7      Ce flottement au niveau des dates montre bien la difficulté de dresser une biographie rigoureuse de l'abbé Saunière.

8      Une dalle qui sera astucieusement utilisée par les fabricants de Mythe : elle représenterait le dernier des mérovingiens, Siegebert IV, en fuite pour le Razès après l'assassinat de son père Dagobert II à Stenay.

9      Cf *l'Or de Rennes*, Julliard 1967, qui est le premier ouvrage à populariser « l'affaire ». Réédité avec ses différentes variantes aux Éditions de l'Œil du Sphinx (2007).

d'un enfant de chœur, Antoine Verdier qui, après enquête faite par Jean-Jacques Bedu[10], s'avère être né... en 1887 !! Moins fantaisistes semblent être les témoignages de la doyenne du village et du descendant du carillonneur (rapportés par Claire Corbu et Antoine Captier)[11]. Alors, de quoi s'agit-il ? De mystérieux parchemins (dans un pilier wisigothique) selon de Sède, plus prosaïquement de quelques ossements et d'une fiole contenant un document (dans un balustre en bois) selon les deux derniers intervenants.

1989, visite pastorale de Monseigneur Billard qui félicite le prêtre pour l'énergie déployée pour rénover son église.

1890, Bérenger Saunière se voit confier de mai à juin, en plus de la cure de Rennes, l'intérim de la paroisse d'Antugnac[12].

---

10      *Rennes-le-Château, Autopsie d'un Mythe*, Loubatières, seconde édition 2002. Jean-Jacques Bedu s'appuye pour l'affaire Verdier sur un article paru dans *La Dépêche du Midi* le 18 janvier 1966.

11      Claire Corbu et Antoine Captier publient *L'Héritage de l'abbé Saunière*, Bélisane 1985, réédition avec de nombreux compléments en 2012 (Éditions de l'Œil du Sphinx).

12      Ses « prêches » à Antugnac ont été publiés par les Éditions Bélisane en 1984 sous le titre *Mon Enseignement à Antugnac*

1891, inauguration de la statue de Notre-Dame de Lourdes sur un pilier wisigothique placé à l'envers, le 21 juin, lors de la communion des 24 enfants du village. Il organise une procession en compagnie du missionnaire diocésain, le père Ferrafiat de Notre-Dame de Marceille, d'où la mention

« Mission 1891 » apposée sur le pilier. Il fait également graver « Pénitence ! Pénitence ! », en référence au message de Lourdes : « *Baisez la terre en pénitence pour les pécheurs.*

1891, en poursuivant les travaux de réfection de l'église (pose d'une nouvelle chaire notamment), le prêtre fait une nouvelle découverte. Celle-ci est incontestable, puisque retracée dans ses propres carnets : 21 septembre ; lettre de Granes ; découverte d'un tombeau ; le soir pluie. Il n'en dira pas plus.Précisons simplement qu'il a du être « guidé » par un vieux registre de 1694 citant plusieurs notabilités locales enterrées dans l'église (dame Delsol, Henry de Vernet) près du Tombeau des Seigneurs. On trouvera encore, dans les carnets du prêtre, cette expression énigmatique, écrite juste après la découverte : *vu curé de Nevian – chez Gélis – chez Carrière – Vu Cros et secret*[13]. On sait également, toujours d'après

---

13    Antoine Gélis était le curé de Coustaussa. Cros était soit le vicaire de l'Évêché, soit un ingénieur. Secret peut se lire comme abréviation de secrétaire, selon les habitudes de Bérenger Saunière relevées par ailleurs dans ses carnets.

ses notes, que c'est à cette époque (octobre) qu'il commence à « travailler » dans le cimetière : *nettoyage du cimetière*.

1891 est également l'année où la famille Dénarnaud s'installera avec lui au presbytère. La fille cadette, Marie, jeune ouvrière en chapellerie de 22 ans, restera jusqu'à la mort du prêtre sa fidèle servante. Bien plus qu'une servante, du reste, pour les amateurs de belles histoires !

1891, en fin d'année enfin, on voit le prêtre entreprendre quelques voyages (Perpignan, Carcassonne), rôdant avec l'aide de Marie un ingénieux système de correspondance. Pour ne pas attirer l'attention de sa hiérarchie sur ses absences, il avait en effet mis au point toute une batterie de lettres d'attente type pour faire patienter ses interlocuteurs.

1892 (ou 1893) : nous rentrons ici dans la légende, car aucun des éléments qui suivent, rapportés par Gérard de Sède, n'a jamais trouvé l'ombre d'une quelconque confirmation. Après la découverte des hypothétiques parchemins, et sur les conseils de Monseigneur Billard, Bérenger Saunière se **serait** rendu à Paris afin de faire déchiffrer le mystérieux matériel. On trouve sous cette rubrique la rencontre avec le père Emile Hoffet à Saint Sulpice, son introduction dans les cercles ésotériques de la capitale, le début d'une grande passion amoureuse avec la cantatrice Emma Calvé et, pourquoi pas, l'achat de reproductions de tableaux au Louvre, dont les fameux « Bergers d'Arcadie » de Nicolas Poussin. Citons l'auteur de *l'Or de Rennes* : *Sitôt arrivé, Bérenger Saunière se rend chez l'abbé Biel, directeur de Saint-Sulpice.*

*En vérité, rien de moins banal que Saint-Sulpice, « nouveau Temple de Salomon ». Saunière dut s'y étonner à la vue du chemin de croix placé à l'envers, du gnomon astronomique, aux inscriptions hélas martelées, qui marque, au transept, le méridien de Paris, des trois beaux bénitiers. Il dut admirer les tableaux signés Delacroix, l'insolite crucifixion de Signol ; il dut lire la plaque qui rappelle la visite du Pape Pie VII, en 1804, le jour de la Saint-Dagobert, précédant celle de ce pontife dans le Razès.*

*Quoiqu'il en soit, l'affaire fut peu claire (le décryptage des manuscrits) puisque Mgr Billard jugea bon, en mars 1901, de faire le voyage jusqu'à Saint-Sulpice pour tenter de l'élucider.*

1892, début de la restauration du presbytère. Aménagement, dans les jardins de l'église, d'une citerne surmontée d'un petit pavillon qui servira de bureau et de bibliothèque.

(1893, Monseigneur Billard rachète sur ses propres deniers l'église de Notre-Dame de Marceille à Limoux).

1894, Bérenger Saunière arpente les environs de la commune accompagné de sa fidèle Marie.

Il revient chargé de lourds sacs (de pierres ?) et entreprend la construction d'une grotte.

(1894, Emma Calvé achète le château de Cabrières près de Millau).

1895, les habitants du village se plaignent auprès de la Préfecture des dégâts qu'il occasionne dans le cimetière à l'occasion des ses fouilles/travaux. La légende veut qu'à l'occasion de ses « investigations », il ait tenté d'effacer les inscriptions figurant sur la tombe de Marie de Négre d'Albes, marquise d'Hautpoul de Blanchefort, décédée en 1781 et inhumée dans le cimetière. Tout comme les fameuses soi-disant découvertes de parchemins dans l'église, nous somme ici en présence d'une autre pièce maîtresse utilisée dans la fabrication du Mythe.

En 1895, c'est aussi l'incendie du village. Lors de l'incendie, les pompiers forcèrent le local situé dans le jardin de l'église pour avoir accès à la citerne. Et Saunière portera plainte à la gendarmerie de Couiza… pour violation de domicile !

1895, l'abbé Saunière offre à son confrère et ami, l'abbé Grassaud, un magnifique calice serti de pierres précieuses.

1896-1897 : suite et fin des travaux de rénovation de l'église. L'argent afflue par le biais des messes dites « à intention ». L'église rénovée est inaugurée en grande pompe par Monseigneur Billard. On précisera que les ornements (bénitier avec le diable, chemin de croix et chaire notamment) et les statues ont été commandés à la Fabrique Giscard de Toulouse.

C'est aussi à cette époque (nuit du 31 octobre au 1er novembre 1897) qu'est assassiné l'abbé Gélis, collègue de Bérenger Saunière à la cure voisine de Coustaussa. L'auteur du crime ne sera jamais identifié.

(1897, le Dr Fugairon publie dans la revue L'Initiation un article dans lequel il affirme que Marie-Madeleine a apporté le corps du Christ dans le Sud de la France).

1898, l'abbé commence à acquérir les terrains jouxtant le presbytère. Ces acquisitions sont faites au nom de Marie, sa servante.

1901, début des travaux de construction de la villa Béthania, une villa qui à l'origine devait, selon l'abbé Saunière, être une maison de retraite pour prêtres âgés.

1902, début des travaux de construction de la tour Magdala, un curieux édifice néo-gothique.

1902, Monseigneur de Beauséjour remplace Monseigneur Billard qui s'est éteint en décembre

1901. Il prendra ses fonctions à Carcassonne en mars 1904.

(1902, Victoire écrasante de la gauche aux élections législatives, représentée par Dujardin-Beaumetz).

1903, M. Galibert fait édifier (restaurer ?) un tombeau au lieu-dit des Pontils. Le Mythe mettra ce monument en relation avec le tombeau figurant sur un tableau de Poussin, Les Bergers d'Arcadie !

1903, Alfred, frère de Bérenger, est suspendu a divinis. Prêtre également, il avait pris pour concubine Marie Emilie Salière dont il avait eu un enfant.

(1903, Mort de Léon XIII).

1905, fin des travaux de la villa Béthania.

1905, le 25 juin, excursion de la Société des Etudes Scientifiques de l'Aude sous le pilotage d'Elie Tisseyre. Le compte-rendu fera mention d'une dalle gravée et brisée en son milieu qui pourrait être celle de Marie de Nègre d'Albes. Une reproduction des inscriptions relevées sur la pierre figure dans l'article. Le journal de Bérenger Saunière (1901-1905) atteste de la réalité de cette expédition.

1905, décès d'Alfred Saunière le 9 septembre.

(1905, Loi de séparation des Églises et de l'État).

1906, fin des travaux de la tour Magdala, ainsi que ceux du belvédère et de l'Orangerie. Le prêtre installe une bibliothèque dans la tour.

1906, donation par testament de Bérenger Saunière à Marie et vice-versa.

1907, début des « grandes réceptions » à la villa Béthania. 1909, décès de la mère de Bérenger Saunière.

1909, irrité par les demandes de messes hors diocèse de l'abbé, Monseigneur Beauséjour lui signifie sa mutation à Coustouge dans les Corbières. Il refuse et démissionne de ses charges. L'abbé Marty est nommé curé de Rennes-le- Château, mais la population reste fidèle à Bérenger Saunière et il continue à célébrer la messe dans la véranda de la villa Béthanie qu'il a fait aménager en chapelle.

1910, Saunière est alors poursuivi devant le tribunal de l'officialité du diocèse pour trafic de messes, désobéissance à l'évêque et dépenses exagérées. Il ne se présente pas aux audiences. En juillet, il est suspendu a divinis pour une durée de un mois et condamné à rembourser le produit des messes dont il n'aurait pu s'acquitter.

1911, il intente un recours en grâce et un nouveau procès s'ouvre. Il est condamné à 10 jours de retraite au monastère de Prouille et à justifier sa comptabilité. Les justificatifs produits n'étant pas jugés suffisants[14], il est à nouveau condamné à 3 mois de suspence et à la restitution des sommes détournées.

Un recours est intenté à Rome pour récupérer la cure de Rennes-le-Château.

1912, Saunière et sa servante refont leurs testaments l'un en faveur de l'autre, et vice-versa.

Le prêtre est en proie à de sérieuses difficultés financières et cherche à vendre son domaine.

1915, Saunière **aurait** été acquitté par le Vatican. Mais aucune pièce n'a jamais été retrouvée attestant de cette réhabilitation.

(1915, Mort de l'abbé Boudet le 30 mars à Axat).

1917, Bérenger Saunière s'éteint le 22 janvier après avoir été terrassé par une attaque cérébrale le 14 janvier.

---

14    Il ne peut produire des justificatifs de dépenses qu'à hauteur de 36.000 frs. L' ensemble du domaine est évalué à environ 200.000 frs.

**Mais la « saga castelrennaise » ne s'arrête pas avec le décès de Saunière. C'est même à partir de ce moment qu'elle va progressivement prendre la dimension d'un véritable Mythe.**

## LA PERIODE POST MORTEM

*Note liminaire : les ouvrages indiqués en gras peuvent être considérés comme les ouvrages majeurs pour découvrir l'histoire de Rennes-le-Château et de son curé.*

1920, naissance le 18 mars de Pierre Plantard qui va marquer profondément l'évolution de l'affaire.

1923, naissance le 13 février du Marquis Philippe de Chérisey qui, avec Pierre Plantard, va marquer profondément l'évolution de l'affaire.

1928, découverte par l'ingénieur Ernest Cros d'une autre dalle, celle de Coumesourde (lieu-dit près de Rennes-le-Château), comprenant de mystérieuses inscriptions (cf 1962).

1936, Jean Girou, un auteur languedocien, publie *L'itinéraire en terre d'Aude* (Causse, Graille et Castelnau), premier ouvrage à faire mention du trésor trouvé par le curé du village.

1942, Noël Corbu, un industriel de Perpignan, s'installe à Bugarach.

1942, publication du premier numéro du mensuel pétainiste, *Vaincre pour une Jeune Chevalerie* par Pierre de France, pseudo de Pierre Plantard.

1942, publication d'une véritable somme sur Rennes-les- Bains, sous forme de *Monographie Historique, Médico-Thermale et Touristique* par le Docteur Paul Courrent (Roudière, Carcassonne, réédition Editions de l'Œil du Sphinx, 2008). Personnalité locale influente (1861-1952), il connaissait bien l'abbé Saunière, puisqu'il lui rédigea de nombreux certificats médicaux de complaisance et se porta au chevet du prêtre après son attaque de janvier 1917. Il était aussi le médecin de l'abbé Boudet. Le Dr Courrent était un membre éminent de la Société des Études Scientifiques de l'Aude et de la Société des Arts et Sciences de Carcassonne. Nous lui devons également de très nombreux autres ouvrages érudits sur la région.

1943, publication de *Le Mort Cambrioleur*, roman policier signé de Noël Corbu (réédition Editions de l'Œil du Sphinx, 2005).

1946, la famille Corbu s'installe dans le domaine de l'abbé avec Marie Dénarnaud. Le 22 juillet, par testament, elle lègue à la famille Corbu son domaine sous forme de viager. 1948, *Le Soir illustré* (Belgique) consacre un article de Roger

Crouquet sur Rennes-le-Château. On y parle de l'abbé, mais pas du trésor.

1953, mort de Marie le 29 janvier. La famille Corbu hérite de la servante.

1953 (date indiquée à la fin du texte), parution du texte supposé écrit par Noël Corbu, *La Puissance de la Mort*, dans laquelle est relatée « la belle histoire » de Rhedae et du trésor de Blanche de Castille retrouvé plus tard par l'abbé Saunière.

1955, Noël Corbu installe un hôtel-restaurant, « La Tour », dans le domaine de l'abbé. Il raconte à ses clients ce qu'il croit savoir de l'histoire de Bérenger Saunière et commence à forger la légende du « curé aux milliards ».

1956, Noël Corbu enregistre sur bande magnétique, à l'intention de sa clientèle, « la belle histoire » de Rhedae et du trésor de Blanche de Castille retrouvé plus tard par l'abbé Saunière.

1956, trois cadavres en décomposition, morts par balles, sont exhumés du jardin du domaine. Ils ne seront jamais identifiés.

1956, trois articles paraissent dans *La Dépêche du Midi* (12 au 14 janvier) sous la signature d'Albert Salamon racontant l'histoire du trésor ; il en est de même dans *Le Midi Libre* du 12 janvier.

1956, dépôt le 25 juin en sous-préfecture de Saint-Julien-en-Genevois des statuts du Prieuré de Sion, association dont le secrétaire général est Pierre Plantard. C'est à partir de cette date que va se développer la mythologie mérovingienne, tendant à accréditer la thèse selon laquelle Pierre Plantard est « le roi perdu », héritier d'une lignée royale occultée. La préservation de cette lignée aurait été gérée au cours de l'histoire par un mystérieux Prieuré de Sion. Mais quel est le lien avec Rennes-le-Château ? Les enfants du dernier roi mérovingien, Dagobert II, assassiné suite au coup d'état mené par le maire du palais, se seraient enfuis de Stenay et réfugiés à Rennes-le-Château. La dalle dite des chevaliers illustre cette fuite. Tel serait donc le secret découvert par Saunière. Cette « intoxication », à laquelle participera le Marquis Philippe de Cherisey, se manifestera par le dépôt à la Bibliothèque Nationale d'étranges brochures[15] autoéditées et tapées à la machine. Il sera prouvé que plusieurs de ces textes provenaient de la machine à écrire de la première épouse de Pierre Plantard. (Nous indiquerons ces brochures par la mention PS).

1956, publication de *Généalogie des Rois Mérovingiens et origines des diverses familles françaises et étrangères d'après l'abbé Pichon, le docteur Hervé et les parchemins de l'abbé Saunière*

---

15    Ces brochures ont été rééditées par Le Centre d'Études et de Recherches Templières (CERT), en liaison avec Pierre Jarnac en 1995.

(PS). Un opuscule signé Henri Lobineau (Genève 1956) qui est en fait un recueil de généalogies trafiquées tendant à prouver que Pierre Plantard descend de Dagobert II.

1956, les époux Ribière publient dans le magazine *Noir et Blanc* (juillet) une synthèse intéressante des thèses de Noël Corbu sous le titre « L'abbé Saunière aurait-il trouvé le trésor des Wisigoths ? ».

1958, le magazine *Tout Savoir* consacre un article à Rennes et à son curé dans son numéro 56 de janvier. Il est également signé de Micheline et Jean Ribière.

1958, Pierre Plantard **séjournerait** dans le Razès.

1959, un chercheur de trésor parisien, Jacques Cholet, obtient l'autorisation d'effectuer des fouilles dans l'église. Il ne trouve rien mais aurait échappé à un attentat.

1959, l'abbé historien Maurice-René Mazières publie *La venue et le séjour des Templiers du Roussillon à la fin du XIIIème siècle et au début du XIVème, dans la vallée du Bézu (Aude)* (Mémoires de la Société des Arts et des Sciences de Carcassonne)[16]. Il veut voir, sur cette colline

---

16    Repris dans Mystères et Secrets des Templiers du Bézu, Pégase 2005.

proche de Rennes-le-Château, les ruines d'une ancienne commanderie templière à laquelle beaucoup de légendes seraient attachées. Mais son interprétation est fortement romantique et ne repose sur aucun autre élément que la tradition orale. En fait, la commanderie de référence était celle de Campagne-sur-Aude, fondée en 1147[17].

1960, Pierre Plantard rencontre le journaliste Gérard de Sède qui enquête sur le trésor des templiers de Gisors.

1961, Publication des *Actes Captier*[18] (PS, janvier). Ces documents se présentent comme un don fait par l'abbé Courtauly à Alpina (obédience F+M helvétique). On y retrouve une généalogie mérovingienne et une reproduction de la dalle de la tombe de la dame de Hautpoul.

1961, la télévision s'arrête en avril sur la colline, dans le cadre de la célèbre émission de l'époque, *La Roue Tourne*, de Martina Grey. On y voit Noël Corbu, vêtu de la soutane, faire revivre l'abbé Saunière en quête du trésor de Blanche de Castille.

1962, publication de l'ouvrage de Robert Charroux, **Trésors du Monde** (Fayard), qui

---

17    Sur les Templiers et Rennes-le-Château, voir notamment le travail critique de Georges Kiess in *Actes du Colloque d'Etudes et de recherches sur Rennes-le-Château 2003*, Editions de l'Œil du Sphinx.

18    Notaire à Espéraza.

consacre un chapitre entier à l'affaire de Rennes-le-Château. La trame suit fidèlement « la belle histoire » que raconte Noël Corbu.

1962, publication de *Un Trésor Mérovingien à Rennes-le-Château* par Antoine l'Hermite (PS, publication de l'Alpina). Passons rapidement sur ce faux document qui n'est rien d'autre qu'un plagiat : la reproduction mot à mot d'un chapitre extrait du livre précédent de Robert Charroux et faisant état de la légende du trésor de l'abbé.

1962, publication de *Pierres Gravées du Languedoc* par Eugène Stublein (PS, Limoux 1884), réédité par l'abbé Joseph Courtauly en avril 1962. Un recueil assez grossier de diverses planches qui sont le prétexte pour introduire la tête de Saint Dagobert qui serait gravée sur un menhir à Rennes-les-Bains ; le carré Sator qui fera les choux gras de tous les hermétistes saunièrisants[19] ; les fameuses dalle et stèle de la Dame de Blanchefort sur lesquelles s'épuiseront des générations de décrypteurs ; enfin la dalle dite des chevaliers qui serait celle de la sépulture des princes Sigebert IV, V et Béra III dans l'église de Rennes-le- Château.

1962, publication par René Descadeillas d'une brochure intitulée *Notice sur Rennes-le-Château*

---

19      Ce carré Sator serait gravé au dos de la tête de Saint Dagobert II.

*et l'abbé Saunière*, première version d'un travail critique très approfondi. Ancien « chercheur », René Descadeillas fut président de la Société des Arts et des Sciences de Carcassonne et conservateur de la Bibliothèque Municipale de cette ville.

1962, apparition en juillet d'un certain *Rapport Cros*, concernant les recherches entreprises par l'ingénieur en chef (des Chemins de Fer) Ernest Cros dans la Haute Vallée de l'Aude de 1920 à 1943. Cet ingénieur, qui aurait connu Saunière, propose une interprétation des signes relevés sur les dalles de la Dame de Blanchefort (Hautpoul) et Coumesourde : elles indiqueraient la présence d'un double dépôt dans la région de Rennes-le-Château, l'un revenant au Roi de France, l'autre provenant des Templiers. Les travaux récents du chercheur Patrick Mensior mettent fortement en doute l'authenticité de ce document.

1964 (date supposée), Robert Deban, diplômé de l'école des Chartes, directeur des Archives Départementales de l'Aude, rédige à la demande de Gérard de Sède un papier intitulé *Notice sur Rennes-le-Château et l'abbé Saunière, examen des parchemins dits de l'abbé Saunière.*

1964, publication par René Descadeillas d'un ouvrage sur *Rennes et ses derniers seigneurs, de 1730 à 1820.*

1965, les fouilles sauvages étant devenues un véritable fléau, le Maire de la commune de Rennes-le-Château, M. Lembèges, promulgue un arrêté le 28 juillet les interdisant sur son territoire.

1965, publication de *Les Descendants Mérovingiens ou l'Énigme du Razès Wisigoth* par Madeleine Blancasall (PS, Genève 1965, traduit de l'allemand par Walter Celse- Nazaire). Ce document se présente comme une brochure privée, réservée aux seuls membres de l'Association Suisse Alpina ; et c'est certainement le document clef de toute la collection des « faux », dans la mesure où il résume parfaitement ce qu'il est convenu d'appeler « la belle histoire ». La Dame de Hautpoul, dans ses confessions, révèle un terrible secret à l'abbé Bigou. Celui-ci découvre alors dans l'église Saint-Pierre de Rennes-le-Château quatre parchemins[20] qu'il décode grâce aux indications de la Marquise. Il les recache, cette fois dans l'église Marie-Madeleine (eu égard au mauvais état de l'autre bâtiment), et laisse un message codé sur la tombe… de la dite Marquise… L'abbé Bigou[21] décède en Espagne après la révolution et arrive Saunière. Un mystérieux Prieuré de Sion, mais aussi son évêque, Monseigneur Billard, le mettent sur

---

20    Des litanies à Notre-Dame et deux passages des évangiles (Saint Luc et Saint Jean).
21    Il a été prouvé par la suite que l'abbé Bigou n'était pas décédé en Espagne, mais à Collioure.

la piste… Il découvre les parchemins et part à Paris les faire décrypter par Emile Hoffet[22]. Suite au décryptage[23], Saunière achète au Louvre des reproductions de toiles de Poussin et Téniers, rentre à Rennes et découvre le trésor au lieu-dit Pla de la Coste. Il efface simultanément les inscriptions figurant sur la tombe de la Marquise. Il peut alors rénover l'église et entreprendre ses constructions privées. Mais le vent tourne et le nouvel évêque, Monseigneur Beauséjour, commence à lui demander des comptes… etc…

La brochure se termine par une révélation sur l'origine du trésor. Il est de nature mérovingienne, comme l'atteste la tête sculptée avec la tête de Dagobert II située près du lieu de la découverte (*cf. Pierres Gravées du Languedoc*). La brochure propose en annexe un extrait de l'ouvrage d'Henri Lobineau, *L'Histoire du Secret du Razès*, reprenant toute la généalogie mérovingienne à partir du fils de Dagobert II, Sigebert IV, venu se réfugier dans le Razès après l'assassinat de son père dans la forêt de Stenay. Le nom de Plantard est instillé à petites touches dans cette étude.

1965, La famille Corbu revend le domaine à Henri Buthion.

---

22      Incidente : on apprend par Henri Lobineau (cité) que c'est ce même Hoffet qui a mis Roger Lhomoy sur la piste du trésor de Gisors.

23      Bergère pas de tentation, que Poussin et Teniers gardent la clef – pax DCLXXXI – Par la croix et le cheval de Dieu – J'achève ce daemon de gardien à midi – pommes bleues.

1966, lors de recherches effectuées en avril dans l'autel de l'oratoire privé de la villa Béthanie, un ami d'Henri Buthion met à jour un tube de bambou contenant deux documents roulés. Il s'agit du cryptogramme dit du Sot Pêcheur, qui sera repris par Gérard de Sède dans son ouvrage *L'Or de Rennes*, et qui donnera lieu à de nombreuses et infructueuses tentatives de déchiffrage.

1966, publication de *Extrait de la Semaine Catholique de Genève* du 22 octobre (PS). Dans ce bulletin qui n'existe pas, on parle, sous la signature de Lionel Burrus, du décès d'un certain Henri Lobineau, de son vrai nom Léo Schidlof. Pourquoi ? Parce que cette personne aurait écrit un ouvrage sur la généalogie mérovingienne et son lien avec l'affaire de Rennes, et plus particulièrement sur la descendance de Dagobert II. Ouvrage fortement attaqué par le Vatican. Et comment Lobineau aurait-il eu ces informations ? Par son ami Emile Hoffet, lequel avait rencontré Saunière à Paris lors de sa visite pour faire décrypter les parchemins découverts dans l'église.

1966, publication de *L'Affaire de Rennes-le-Château, réponse à Lionel Burrus*, par S. Roux[24], 5 novembre (PS). Un texte anecdotique qui se veut polémique en réponse au document précédent. Lionel Burrus est un enfant gâté et le Bulletin

---

24      Supposé être le pseudonyme de l'abbé Georges de Nantes.

dans lequel il a publié est un périodique confidentiel financé par son père. Le Vatican est parfaitement au courant de l'affaire de la descendance mérovingienne, mais ce que n'a pas vu le fiston, c'est que : *le retour d'un descendant mérovingien au pouvoir serait pour la France la proclamation d'un état populaire allié à l'Union Soviétique, avec le triomphe de la Franc- Maçonnerie.* C'est aussi dans ce document qu'est dénoncée la perfidie de la publicité mérovingienne en France, prenant l'exemple de celle des pétroles Antar qui montre une sorte de guerrier gaulois avec un bouclier orné d'une fleur de lys… sur une pompe à essence. Difficile de garder son sérieux !

1967, Rédaction en avril du « Rapport Cholet » (cf 1959).

1967, publication de l'ouvrage « fondateur » de Gérard de Sède, **L'Or de Rennes**, qui va révéler l'affaire au grand public (Julliard, réédition 2007 Éditions de l'Œil du Sphinx).

1967, début des transactions immobilières de Pierre Plantard avec la famille Flamand de Rennes-les-Bains pour acquérir diverses parcelles de terrain au « Roc Nègre ». Nous apprenons, au travers du dossier immobilier, que Pierre Plantard venait tous les étés en vacances à Rennes- les-Bains[25].

---

25      Ce dossier figure dans *Les Actes du Colloque d'Etudes et de Recherches sur Rennes-le-Château* 'Editions de l'Œil du Sphinx, 2012).

1967, publication de *Au Pays de la Reine Blanche*, œuvre d'un certain Nicolas Beaucéant (PS), délicieux pseudonyme, et qui porte la date d'octobre 1967. Un court document sans grand intérêt qui s'interroge sur la signification de la « baignoire de la Reine Blanche » à Rennes-les-Bains, avant de zapper sur le cromlech bizarroïde de Boudet pour finir sur les légendes de trésor qui hantent la région.

1967, publication de *Le Serpent Rouge, notes sur Saint- Germain-des-Près et Saint-Sulpice de Paris*, par Pierre Feugère, Louis Saint-Maxent et Gaston de Koker (PS, Pontoise, 1967). Ce document sent le souffre, mais un souffre frelaté, nauséabond. Les trois supposés auteurs se sont en effet suicidés (par pendaison) le même jour, et on imagine sans peine les travaux d'investigation qu'il a fallu faire dans les morgues de la région parisienne pour densifier le mystère ! Cela dit, et cette très mauvaise blague macabre mise à part, nous sommes là en présence d'un chef d'œuvre d'ésotérisme frelaté, sorte de long poème alchimique autour des 12 signes du zodiaque. On y rencontre le nautonier de l'arche impérissable, la Reine d'un royaume disparu, Isis, Poussin, Delacroix ; on y cite « par ce signe, tu le vaincras », « et in arcadia ego » ; on se promène dans l'église de Saint-Sulpice... Certains y retrouveront la profondeur de la pensée hermétique d'un certain Pierre Plantard !

1967, publication des Dossiers Secrets d'Henri Lobineau (PS, publié par Philippe Toscan du Plantier, 1967). L'introduction est signée Edmond Albe et constitue un étrange melting pot d'agitation viticole dans le Languedoc et de parchemins découverts par Saunière. On y apprend aussi que les documents d'Henri Lobineau ont été transportés par un certain Faknar ul Islam, retrouvé assassiné en 1967 sur le ballast de la voie ferrée près de Melun.

Quant au contenu, on y trouve une lettre de la *Ligue Internationale de la Librairie Ancienne* à Marius Fatin, propriétaire du château de Rennes, l'informant que sa demeure est historique car le fils de Dagobert II y avait trouvé refuge. Suivent une série de documents généalogiques et la liste des Grands Maîtres du Prieuré de Sion.

1968, Noël Corbu trouve la mort le 20 mai dans un accident de voiture au carrefour de Prouille.

1969, réédition au format poche de l'ouvrage de Gérard de Sède sous le titre **Le Trésor Maudit de Rennes-le-Château** (Jai Lu, réédition 2007 par les Éditions de l'Œil du Sphinx).

1971, publication du mémoire de René Descadeillas, **Mythologie du Trésor de Rennes-le-Château**.

1972, premier documentaire signé Henry Lincoln à la BBC sur le mystère du Razès : *The last Treasure of Jerusalem*.

1973, second documentaire de Henry Lincoln pour la BBC : *The Priest, the Devil and the Painter*.

1973, publication par Gérard de Sède de **La Race Fabuleuse** (J'ai Lu) qui tente de donner un corps historique aux légendes mérovingiennes qui viennent d'envahir l'affaire de Rennes.

1973, Jean-Luc Chaumeil publie un numéro de « Charivari » sur *Les archives du Prieuré de Sion*.

1973, publication de *Les dessous d'une ambition politique* de Mathieu Paoli (Éditeurs associés), premier ouvrage de « débunking » de l'affaire du Prieuré de Sion.

1974, nouvelle émission à la télévision française (ORTF) sur l'affaire : *Les Énigmes de Rennes-le-Château* (Jean- Jacques Sirkis).

1974, sortie d'une nouvelle édition étoffée de l'ouvrage critique de René Descadeillas, **Mythologie du Trésor de Rennes** (Société des Arts et des Sciences de Carcassonne, réédition Collot 1991).

1974, Pierre Plantard achète le 29 août une concession perpétuelle au cimetière de Rennes-les-Bains (au nom de Plantard de Saint Clair).

1975, Gérard de Sède répond à René Descadeillas dans *Le Vrai Dossier de l'Énigme de Rennes* (Éditions de l'Octogone).

1975, publication par Philippe de Cherisey de *L'Or de Rennes pour un Napoléon* (autoédition).

1977, publication d'une nouvelle version de l'ouvrage « fondateur » de Gérard de Sède sous le titre de **Signé Rose-Croix** (réédition 2007 par les Éditions de l'Œil du Sphinx).

1977, publication d'un nouvel apocryphe, *Le Cercle d'Ulysse*, signé Jean Delaude (PS). Le pseudonyme donne le ton général, celui de la grosse farce. On y retrace la belle histoire de Bérenger Saunière qui trouve un petit trésor et de savoureux parchemins (documents généalogiques[26]) qu'il part faire décrypter à Paris. Parchemins qui se retrouveront dans l'héritage que recevra sa tante James de Montazels, laquelle les vendra à une Ligue Internationale de la Librairie Ancienne. On y apprend ensuite que

---

26      Généalogie des Comtes de Rhedae datant de 1243 (sceau de Blanche de Castille) ; un complément de 1608 (sceau de François-Pierre d'Hautpoul ; testament d'Henri d'Hautpoul de 1695.

Pierre Plantard rend visite à Marie Dénarnaud en 1938 et récupère chez elle de nombreux documents... Puis à Noël Corbu en 1966. Les vrais parchemins sont bien sûr ces documents généalogiques, ceux cités par de Sède étant des faux fabriqués par de Chérisey. On zappe ensuite sur la dalle de la Dame de Blanchefort pour arriver par un cheminement incompréhensible au fait que le rejeton ardent de la lignée des Mérovingiens s'est réfugié dans le Razès. Le tout se terminant par une ouverture sur un mystérieux Prieuré de Sion !

1977, publication par Philippe de Chérisey de *L'Énigme de Rennes* (autoédition) dans laquelle il raconte notamment comment il a « intoxiqué » Gérard de Sède.

1977, nouvelles transactions immobilières de Pierre Plantard pour procéder à l'acquisition d'une maison à Rennes-les-Bains. Ces transactions n'aboutiront pas.

1978, publication de **Rennes-le-Château, étude critique** par Franck Marie (Vérités Anciennes), première analyse sérieuse et documentée sur l'état de l'affaire telle que connue à l'époque.

1978, Brigitte Lescure, dans le cadre d'un mémoire de maîtrise en Histoire de l'Art, présente à l'université de Toulouse-le-Mirail *Recherches archéologiques à Rennes-le-Château (Aude) du VIII^ème au XVI^ème siècle*. C'est à ce jour la seule étude archéologique qui ait été entreprise sur l'église, les fortifications et le château de Rennes.

1978, Louis Vazart publie *Les Gouvernants et Rois de France* (autoédition) dans lequel il reprend toutes les généalogies royales pour accréditer la thèse de l'héritier caché de la lignée mérovingienne. Le même Louis Vazart fondera parallèlement à Stenay le Cercle Saint Dagobert II, chargé de préserver la mémoire mérovingienne. Ce cercle existe toujours et s'est transformé au fil du temps en société d'histoire locale.

1979, sortie sur la BBC du troisième documentaire de Henry Lincoln : *The Shadow of the Templars*.

1980, les éditions Atlas publient un ouvrage richement illustré, **Rennes-le-Château, capitale secrète de l'Histoire de France** par Jean-Pierre Deloux et Jacques Brétigny. Une sorte d'histoire « officielle » de l'affaire de Rennes à la lumière du Prieuré de Sion.

1981, François Mitterand, alors en campagne présidentielle, visite le village.

1982, publication de l'ouvrage de Lincoln, Baigent et Leigh, ***L'Énigme Sacrée*** (version française publiée en 1993 chez Pygmalion). Une véritable bombe éditoriale qui nous révèle que les mérovingiens pourrait être les descendants de Jésus et de Marie-Madeleine. Cet ouvrage va ouvrir un nouveau courant de la recherche castelrennaise : le secret de l'abbé Saunière pourrait être de nature sacrée...

1982, avec ***Rennes-le-Château, la Colline Envoûtée*** (Guy Trédaniel, 1982), Jean Robin apporte incontestablement une pierre importante à l'étude du Mythe. Il nous est proposé en effet un travail méticuleux de « débunking » de l'affaire Plantard et du Prieuré de Sion, un démontage quasi mécanique de la supercherie dont fut victime Gérard de Sède. Rien ne résiste aux outils de chirurgien de Jean Robin, faux manuscrits, parchemins trafiqués, stèle et dalles douteuses, citations inventées, personnages fabriqués... etc... Avec au fond de la bouche, un goût amer, celui d'avoir rêvé avec les livres de Gérard de Sède, et celui d'avoir vu le rêve s'écrouler.

1983, le dentiste belge Paul Rouelle autoédite *Court-Circuit, d'Orval à Rennes-le-Château* (réédition Les Editions de l'Œil du Sphinx, 2010). Influencé par Philippe de Cherisey, cet ouvrage analyse de curieuses résonances entre Rennes-le-Château et la Belgique.

1983, Le livre de Jacques Rivière, *Le Fabuleux Trésor de Rennes-le-Château* (Belisane) est en quelque sorte situé à 180 degrés par rapport à celui de Gérard de Sède. Des faits, précis, avec de très nombreuses copies des comptes, lettres et autres documents du procès de l'abbé BS. Pas de parchemin mystérieux, de trésor enfoui ou de piste « dynastique ». Mais des faits. Les factures de chacune des « constructions » sont épluchées, ainsi que les livres de comptes… Le résultat ; il manque bien « quelque chose » pour expliquer le train de vie fastueux de l'abbé, mais ce «trou» n'est-il pas explicable par les générosités de toute une aristocratie nostalgique séduite par son projet d'édifier une « ville sainte » ?

1984, sortie chez Payot de Jules Verne, initié et initiateur, livre dans lequel Michel Lamy tire des traits curieux mais intéressants entre la littérature populaire et l'affaire de Rennes.

1985, décès le 17 juillet de Philippe de Chérisey.

1985, Claire Corbu et Antoine Captier publient chez Bélisane *L'Héritage de l'abbé Saunière*. Un ouvrage richement documenté car basé sur les souvenirs des anciens du village et sur les archives de l'abbé détenues par la famille Corbu. Cet ouvrage a été réédité en 2012 par les Editions de l'Œil du Sphinx avec de nombreux compléments et documents inédits.

1986, publication du roman de Jean-Michel Thibaux ***Les Tentations de l'abbé Saunière***, suivi en 1987 de ***L'Or du Diable*** (Olivier Orban). Il s'agit de la première fiction castelrennaise qui donnera lieu à une série télévisée ***L'Or du Diable*** diffusée pour la première fois sur FR3 en 1988 avec Jean-François Balmer dans le rôle du prêtre et Arielle Dombasle dans celui d'Emma Calvé.

1886, arrière petite-fille d'un président américain, Elisabeth Van Buren a longtemps hanté la colline où on l'appelait « la milliardaire ». Elle s'est éteinte dans l'Aude le 2 septembre 2011. Son œuvre, fortement marquée à l'origine par la théosophie et le christianisme primitif, évoluera progressivement vers la « géométrie sacrée » pour aboutir à la conclusion que le Razès est le centre du monde. Sa contribution majeure restera *Refuge of the Apocalypse : Dorways into Other Dimensions* (C.W Daniel, 1986). Les extraterrestres qui nous surveillent ont dissimulé dans le paysage de la région de Rennes-le-Château un zodiaque qui recèle les clefs de l'avancement spirituel de l'humanité et qui recèle des « portes » qui permettront aux élus d'accéder au salut. La thématique OVNI est très présente dans son parcours et elle fera aménager, au pied de la Capitale de Tous les Mystères, un terrain pour accueillir nos amis d'ailleurs.

1988, destruction du Tombeau des Pontils le 9 avril, les propriétaires du terrain en ayant assez des fouilles pirates opérées par les chercheurs de trésor.

1988, Gérard de Sède publie chez Robert Laffont **Rennes-le-Château, le dossier, les impostures, les fantasmes et les hypothèses.** Un mea-culpa sur fond de dénonciation de la manipulation dont il a fait l'objet de la part de Pierre Plantard et Philippe de Chérisey.

1989, l'association Terre de Rhedae voit le jour sous la présidence de Claire Corbu. Elle crée le musée Bérenger Saunière, effectue des restaurations au presbytère et lance un bulletin annuel de qualité qui existe encore aujourd'hui.

1990, Jean-Jacques Bedu publie **Rennes-le-Château, autopsie d'un mythe** (Loubatière), un ouvrage très critique qui fait suite aux travaux de René Descadeillas : l'affaire se résume à un banal trafic de messes.

1990, Jos Bertaulet, un chercheur belge, publie *De Verloren Koning en de Bronnen van de Gralllegende* qui est le premier à établir un lien entre Rennes-le-Château et le sanctuaire de Notre-Dame de Marceille à Limoux.

1992, après Michel Lamy, c'est autour de Patrick Ferté de tirer des liens entre l'affaire et la littérature populaire avec *Arsène Lupin, Supérieur Inconnu* (Guy Trédaniel).

1994, le décor intérieur de l'église du village est inscrit aux Monuments Historiques.

1995, publication de la première bande dessinée castelrennaise, *Rennes-le-Château, le secret de l'Abbé Saunière* par Antoine et Marcel Captier, et Michel Marrot (Bélisane, réédition revue et complétée par les Éditions de l'Œil du Sphinx 2007).

1995, sortie du livre de Dumas et Réglat, *Le Monastère dynamité*, (Éditions de la Truelle, Pouech, 09200 Moulis), un ouvrage tout à fait intéressant qui montre qu'il y a eu, à la même époque, d'autres affaires similaires à Rennes (ici en Ariège, commune de Baulou).

1996, à souligner la sortie du livre de Vinciane Denis, *Rennes-le-Château, le trésor de l'abbé Saunière*, chez Marabout (collection Histoire et Mystères), qui essaye fort scrupuleusement de faire la part du mythe et de la vérité.

1997, à relever aussi la publication du livre de Guy Mathelié-Guinlet, *Rennes-le-Château ou le mystérieux trésor de l'abbé Saunière*, chez Aubéron, qui nous aide à remettre les pendules à l'heure et à faire la part des choses entre un fatras de délires et les seuls faits historiques. Et l'enquête est étonnante.

1997, l'ouvrage d'Henry Lincoln *La Clef de l'Énigme Sacrée* (1997 en version anglaise, 1998 chez Pygmalion) mérite une attention particulière ; en effet, tout comme Gérard de Sède, Henry Lincoln fait son mea culpa et dénonce la mystification dont il a fait l'objet.

1999, divers travaux de restauration du domaine sont entrepris, à la demande de la municipalité, sous la conduite d'Alain Féral.

2000, décès de Pierre Plantard le 3 février.

2003, restauration « fantaisiste » de la chapelle privée de l'abbé qui dénature l'œuvre originale.

2003, il fallait le faire… Dan Brown l'a fait en consacrant un énorme thriller (454 pages) au Prieuré de Sion ! *The Da Vinci Code* (Bantam Press, mars 2004 pour sa version française chez J.C. Lattès) sera assurément le best seller des années 2003-2006[27]. Un roman fortement inspiré

---

27    Le film réalisé à partir de ce roman sortira sur les écrans en mai 2006.

par L'Énigme Sacrée qui réalisera le tour de force de mettre en scène la thèse « sacrée » de l'affaire de Rennes-le-Château sans jamais prononcer une fois le nom du village. Et qui amènera des cohortes de touristes sur la colline, en quête du tombeau de Marie-Madeleine !!!

2004, décès le 30 juin de Gérard de Sède.

2004, déplacement très critiqué de la tombe de l'abbé Saunière du cimetière municipal au domaine. Opération menée à la hussarde par le maire de l'époque, à « la demande » de la famille de l'abbé (en fait deux personnes seulement alors que la famille se compose de plusieurs dizaines de personnes). Il faut désormais payer le ticket d'entrée pour voir la dite tombe.

2004, Laurent Buchholtzer, bien connu des internautes sous le nom d'Octonovo, donne une conférence (Vendredi 13 août) à la Table de l'Abbé sur « **la comptabilité de l'abbé Saunière** ». Un travail qui trouve sa source dans une étrange histoire au dénouement sympathique : un gros paquet de documents de la main de notre curé dérobé à l'époque Buthion (1978), mais retrouvé aux Archives Départementales de l'Aude par notre chercheur. Des documents qui ont trait à la comptabilité de l'abbé Saunière, mais aussi à sa correspondance. Ils couvrent la période de septembre 1897 à 1915[28]... La période suivante a été étudiée par Pierre Jarnac (1915-1917, cf. Cahier de Correspondance de Bérenger Saunière, collection « couleur ocre »). Les documents afférents à la période précédente sont encore, pour l'essentiel, dans la « nature ».

2005, le chercheur allemand Wieland Willker de l'université de Brême publie sur internet une étude dans laquelle il analyse les sources du « Petit Parchemin ». *Le codex Bezae* se retrouve au cœur de l'intrigue, à cause du pastiche de quatre de ses versets latins (Luc 6 : 1-4). La planche correspondant à ces versets avait été éditée en 1895 dans le dictionnaire de Fulcran Vigouroux ; c'est là que l'aurait reprise le faussaire afin de glisser un code secret entre les mots. Ne connaissant pas le latin, il aurait interprété à tort certains jambages de lettres et lu, par exemple, ILLIRIS au lieu de ILLIUS, datant ainsi sa contrefaçon d'une époque toute récente.

2005, Jean-Luc Robin, avec **Le Secret de Saunière** (Sud Ouest), nous donne un ouvrage sur notre affaire qui mêle astucieusement la thèse et les souvenirs sur fond de passion communicative. On pourra certes trouver la thèse du « secret dynastique » plus romantique que rationnelle. On pourra également hausser les

---

28    Ces documents ont été authentifiés par Pierre Jarnac et Antoine Captier.

sourcils en voyant comment l'auteur a récupéré un certain nombre d'éléments discutables de la « belle histoire ». Mais Jean-Luc a pris le parti de préserver le rêve, et qui pourrait le lui reprocher ! Ce qui l'autorise, avec beaucoup de férocité, à dénoncer les faussaires patentés de l'affaire, faisant circuler des parchemins douteux ou exploitant une maquette qui s'apparente à « une bouse de mammouth fossilisée ». Car notre ami, que ce soit lors de la gestion du domaine puis à l'occasion de l'animation de la Table de l'Abbé, a vu défiler tout ce que la saunièrologie compte comme corps de métiers. Et quand on sait qu'il a vécu durant de nombreuses années dans les murs du mystère, on comprendra pourquoi son livre déborde de tendresse à l'égard de notre brave curé. Est-il nécessaire d'ajouter que l'objet est beau et les photos magnifiques ?

2005, Dominique Dubois publie *Rennes-le-Château, l'Occultisme et les Sociétés Secrètes* (Editions de l'Œil du Sphinx) dans lequel il dénonce les amalgames souvent effectués sur ce type de sujet.

2005, publication sous forme de CD-ROM de *Au Tombeau des Seigneurs* (Arkhéos) par l'architecte belge Paul Saussez. Un travail remarquable sur l'église du village mettant en évidence l'existence d'une crypte en sous-sol. Cette recherche a été récompensée par la remise du prix Bérenger Saunière attribué annuellement par l'Association pour les Recherches Thématiques sur Bérenger Saunière (ARTBS)

2005, rarement un livre a été aussi attendu ; il est vrai que Franck Daffos, auteur de **Rennes-le-Château, le Secret Dérobé** (Editions de l'œil du Sphinx, mai 2005), avait astucieusement préparé la sortie de son ouvrage sur différents forums internet, en livrant de larges pans de sa démonstration. Je cite l'un de ses résumés : « *Il existait un trésor caché depuis des temps lointains dans la région des deux Rennes et oublié de TOUS. Ce trésor fut retrouvé de manière fortuite au milieu du 17ème siècle, ce qui donna lieu à de sérieuses empoignades entre ceux qui se le disputaient. Mais le Roi de France s'en mêla et mit tout le monde d'accord. On décida de partager le trésor en deux. La part du roi fut amenée en plusieurs versements sous Notre-Dame de Marceille. C'est cette cache redécouverte par hasard vers 1830 qui donna la «filière des prêtres» jusqu'à Boudet qui fut «téléguidé» depuis pratiquement le séminaire jusqu'à la cure de Rennes-les- Bains pour y retrouver la cache initiale du trésor, ce qu'il réussit à faire au milieu des années 1880. En 1891, il fit cadeau du secret de Notre-Dame de Marceille à Mgr Billard pour ne pas que le sanctuaire quitte le giron de l'église. Mgr Billard (après avoir acheté le lieu) exploita alors le restant du dépôt avec l'aide d'un commissionnaire nommé: Bérenger Saunière...* »

La thèse a été fortement critiquée mais marque, en tout état de cause, une étape importante dans la compréhension de notre affaire.

2006, Jean-Luc Robin fonde L'APARC (association pour la préservation de l'âme de Rennes-le-Château), en réaction à la politique contestable en matière de préservation du patrimoine du maire de l'époque. Suite au décès en 2008 de son fondateur, la présidence est reprise par André Galaup. Henry Lincoln en est le président d'honneur.

2006, Pour un titre, c'est un titre ! Jean-Luc Chaumeil signe en effet *Rennes-le-Château, Gisors ; le Testament du Prieuré de Sion ; le Crépuscule d'une Ténébreuse Affaire* (Pégase). Un document attendu par tous les passionnés de l'affaire, l'auteur ayant annoncé depuis longtemps qu'il détenait l'original des vrais faux parchemins et un texte de Philippe de Cherisey, *Pierre et Papier*, expliquant comment il avait fabriqué la « grosse farce ».

Venons en donc au cœur du sujet, en nous demandant ce qu'il y a d'original dans le texte du Marquis. On sait en effet depuis longtemps que Philippe de Cherisey s'est attribué la paternité de la mystification (*L'Enigme de Rennes*, Philippe de Cherisey, 1977 ; *La Colline Envoûtée*, Jean Robin, 1982 ; etc) ; on sait également depuis quelques décades que les parchemins ont été cryptés par la méthode dite de la clef Vigenère (*Signé Rose*

*Croix* de Gérard de Sède, 1977 etc). Alors quoi de neuf ? Une chose fondamentale, à savoir que le mystificateur est particulièrement fier de lui, que ce qu'il a fait est une œuvre de génie et que tous les arômes de sa plaisanterie bien grasse n'ont pas encore été appréciés par tous. C'est ainsi que « Reddis Regis Cellis Arcis » a été inventé lors du tournage d'un film où le comédien jouait le rôle d'un curé gascon faisant la tournée des bordels de Pigalle. Ou encore que « pommes bleues » est un cocktail entre « la terre est bleue comme une orange » de Paul Eluard et *l'Ange Bleu* de Joseph Sternberg. Du reste, Marlène Dietrich, la Lola du film, ne renvoie t'elle pas à Marie-Madeleine  la pécheresse ?

Arrêtons là, car la liste pourrait être longue. Sur le plan qui nous intéresse, on apprendra que si le petit parchemin a été fabriqué à partir d'un extrait de l'évangile de Jean, le grand est un montage basé sur des textes de Luc, Matthieu et Marc. On y lira aussi avec curiosité que l'affaire de la tombe dite de la Marquise est partie intégrante de la machination. La brochure de Stüblein déposée à la BNF est une des créations du Marquis. Tout comme le rapport d'E. Cros, un faux qu'il a fait passer à Noël Corbu avec les parchemins. Reste l'article du *Bulletin des Etudes Scientifiques de l'Aude* au sujet duquel il laisse planer le doute…

Bon, je ne suis pas persuadé qu'un tel ouvrage sonne, comme l'indique un de ses nombreux titres, le crépuscule de l'affaire. Comment s'articulent ces révélations avec les travaux sur le *Codex Bezae* ? Bref, il reste heureusement matière à faire encore couler beaucoup d'encre et à entretenir le rêve.

2006, après le succès planétaire du *Da Vinci Code*, la fiction castelrennaise est devenue un genre littéraire à part entière. Un exemple, parmi des dizaines de titres : un thriller à l'anglo-saxonne se doit d'être énorme. **Sépulcre** de Kate Mosse (Orion books 2006, JC Lattès 2008) n'échappe pas à la règle avec ses 634 pages. Mais si le début est quelque peu laborieux, la magie se met rapidement à opérer et il devient de plus en plus difficile de quitter l'ouvrage. Car c'est la station de Rennes-les-Bains qui est sans conteste l'héroïne de l'histoire, un village qui ne cesse de zapper entre la période contemporaine et celle de Boudet, au gré des deux trames temporelles qui sont le ressort de l'énigme. On y découvrira un étrange domaine, le domaine de la Cade, à proximité de Sougraigne et du lac de Barrenc. Un domaine qui abrite un inquiétant sépulcre, sorte de chapelle maudite dont un certain Bérenger Saunière se serait inspiré pour agencer l'église de la Rennes d'en-haut. Et on plongera avec effroi dans un univers de symboles, s'articulant autour d'un curieux tarot et d'une partition musicale aux origines improbables. Il y a du Lovecraft dans la démarche, et comme dans *La Musique d'Erich Zann*, les mélodies, signées ici de Debussy, ouvrent d'inquiétantes portes temporelles.

Une réussite assurément, même si Henri Boudet est étonnamment absent de l'aventure, au profit il est vrai d'un Saunière considéré comme le grand érudit local.

2007, les équipes de l'association l'Œil du Sphinx mettent en évidence dans l'église de Vals (Ariège) de tombes dont les dalles sont recouvertes d'inscriptions qui ne sont pas sans évoquer celles trouvées sur celle de la Marquise d'Hautpoul. Fait plus troublant, une photo de ces inscriptions figure, sous le timbre de Pierre Plantard, dans les documents préparatoires à la rédaction de *L'Or de Rennes de Gérard de Sède* (cf communication au Colloque 2007 de l'ARTBS, éditions de l'Œil du Sphinx).

2007, Patrice Chaplin (la belle-fille de Charlot) tente de lancer une nouvelle mystification avec *City of Secrets*[29] (Robinson). Un livre bourré de faux grossiers (lettres de Saunière et photos) qui nous explique que l'abbé avait une maîtresse à Gérone, en Espagne. Une française, qui habitait dans un domaine derrière la cathédrale de la ville où se dressait une « tour Magdala » qui aurait inspiré le prêtre dans ses propres constructions.

---

29	Merci à Robin Crookshank Hilton pour m'avoir procuré ce bouquin dont un premier exemplaire m'avait été emprunté sans retour…

2008, Laurent Buchholtzer dit Octonovo publie la synthèse de ses travaux dans **Rennes-le-Château, une Affaire paradoxale** (Éditions de l'Œil du Sphinx, Paris avril 2008). Un travail rigoureux, fondé sur une documentation incontestable (cf. supra), qui montre que si Bérenger Saunière était passé maître dans l'art du trafic de messes et de la sollicitation de dons, sa gestion financière était pour le moins déroutante. Il en ressort l'hypothèse qu'une plate-forme financière existait, à l'ombre d'une discrète société religieuse, et à laquelle participait activement le pasteur castelrennais. Mais dans quel but ?

2008. Un « chercheur » français, André Douzet, s'est particulièrement illustré, au milieu des années 90, dans le créneau de la « saunièrologie sacrée », et ce de façon souvent sulfureuse. Ses travaux, jusqu'à la récente publication d'un ouvrage de synthèse *La Quête de Saunière, de Rennes-le-Château à Périllos* (Bussière 2008, cosigné par Philip Coppens) n'étaient pas d'accès commode, car édités par de petites maisons qui ont disparu, ou par l'auteur lui-même[30]. La thèse qui nous est présentée est en effet totalement fantastique : Saunière aurait en effet commandé à un fondeur, à la fin de sa vie, une maquette

---

30    De façon paradoxale, le seul livre ayant connu une certaine diffusion a été publié en anglais (!) par Frontier Publishing (2001) sous le titre **Saunière's Model and the secret of RLC**.

topographique, représentant la région d'Opoul/ Périllos, et localisant deux tombeaux, ceux de Joseph d'Arimathie et de Jésus Christ. Mais l'auteur n'a jamais montré, autrement que par des photocopies tronquées, les pièces écrites confortant ses conclusions. Il en est ainsi d'un courrier de l'abbé au fondeur, demandant des modifications sur l'objet. Il en est de même pour un registre notarial de 1632, connu sous le nom de « Courtade », et qui aurait qualifié les parcelles de terrains concernées comme étant inaliénables et indivisibles, car abritant un tombeau « historique ». Mais si le livre est régulièrement exhibé, la page concernée n'a jamais été produite[31]. Prudence ou mystification ? Les travaux de deux chercheurs français, Patrick Mensior et Laurent Octonovo, ont permis de classer définitivement ce dossier dans la catégorie de la supercherie. La fameuse maquette n'est en effet rien d'autre qu'un objet de série, à vocation pédagogico-religieuse, commandée par un père franciscain, Émile Dubois, à Jérusalem en 1904. Quant à la comptabilité et au courrier de l'abbé Saunière, ils ne font aucunement référence à une telle affaire.

Un « nouveau chercheur » fait son apparition au milieu des années 2000, sous le pseudonyme d'Isaac Ben Jacob (Christophe Rousselle de la Perrière), dans la galaxie éditoriale de la « Société Périllos » (site internet www.societe-petillos.com, revue *Les Carnets Secrets*, éditions France Secret

---

31    Ce document circule désormais sur internet grâce aux bons soins d'un « ami » d'André Douzet.

et Adventures Unlimited Press). La somme des travaux de ce curieux personnage sera publiée par cette dernière maison d'édition sous le titre *The Rise : Saunières Magical Workings and the Penitential Movement in Europe* (2008). Bérenger Saunière était un héritier de la théologie dualiste des cathares et un praticien du culte des morts d'où il tirait de conséquents revenus. Il nous explique avec sérieux que Saunière avait envisagé de faire de la villa Béthanie une maison de retraite pour personnes âgées, afin d'avoir sous la main la matière première pour les sombres rituels mortuaires qu'il affectionnait.

2009-2010, mise en évidence, par le chercheur Christian Doumergue, des liens ayant existé entre Alfred Saunière, frère de Bérenger et le Cercle Catholique de Narbonne, plate-forme sociale et financière de résistance à la République (cf. *Bulletins de l'association Terre de Rhedae*).

2010, travaux de restauration de la tour Magdala.

2011, travaux de restauration du jardin du Domaine de l'Abbé.

2011, juillet. Une nouvelle bombe éclate dans les cieux castelrennais : on aurait trouvé la cache du trésor[32], qui ne serait autre que celui des wisigoths. C'est du moins ce qu'affirme Michel Vallet (Pierre Jarnac) sur internet, sur fond de règlement de compte avec deux autres « chercheurs ». On l'aura compris, il y a de la grouille dans l'équipe, et l'initiative de deux d'entre eux de publier le résultat de leurs recherches en abandonnant le troisième a conduit à l'explosion. L'ouvrage : *L'Or de Rennes, quand Poussin et Teniers donnent la clef de Rennes-le-Château*, Didier Hericart de Thury et Franck Daffos, chez Arqa. Un livre de 114 pages dont 25 pages réservées à l'éditeur pour une préface ampoulée et 28 pages d'annexes publiées par ailleurs de façon beaucoup plus détaillée par Pierre Jarnac, et ce au même moment (*Giscard, statuaire à Toulouse, la Passion des Chemins de Croix*, éditions Pégase). Il s'agit en fait chez Arqa de quelques pages de « teasing » dans lesquelles, sur un ton du reste très agressif, on dit sans dire.

Une façon de prendre date par un cheminement on ne peut plus curieux : Nicolas Pavillon était au courant du grand secret et il a commandité à Poussin et à Teniers des tableaux codés pour conserver au travers du temps l'emplacement de la cache. Les auteurs rajoutent une petite louche de *Codex Bezae* qui indiquerait de quel Teniers il s'agit, font intervenir Célestin V pour donner une date clef, laissent entendre que

---

32    Il s'agit en l'occurrence du lieu dit le pic d'En-Couty près de Sougraigne.

Boudet dans sa *Vraie Langue Celtique*, mais chut…
Sans oublier Baise Pascal qui par sa Géométrie
Projective permettait de transformer les tableaux
en cartes d'état-major d'une redoutable précision.
Quoiqu'il en soit, cette soi-disant découverte
fera la une de la presse locale mais aussi du
Parisien Libéré et amènera les équipes du journal
télévisé de TF1 à venir enquêter sur place.

2011, septembre. Le Conseil Municipal
du village mandate l'architecte belge, Paul
Saussez, pour monter un dossier de demande
d'autorisation de fouilles auprès de la DRAC.
Il s'agirait ici de faire une fois pour toutes la
lumière sur ce que renferme le sous-sol de l'église
(Crypte, Tombeau des Seigneurs…). Ce projet n'a
jamais été mené à bien pour de sombres raisons
financières.

2012 (21 décembre), la région a été fortement
perturbée, à partir novembre 2010, par
une rumeur qui n'a cessé de s'amplifier et
affirmant que seul le Bugarach serait épargné
de l'Apocalypse annoncée par une prophétie
maya. La légende du Bugarach, abritant un
Temple souterrain refuge d'extraterrestres,
trouve notamment ses sources dans les travaux
de l'auteure castelrennaise, Elisabeth Van Buren
(cf. 1986).

# DANS LES PETITES RUES DE
# RENNES-LE- CHATEAU[33]

Après avoir contemplé un paysage magnifique (Couiza et le château des Ducs de Joyeuse, Coustaussa et ses ruines inquiétantes, les Monts Cardou et Bugarach), on arrive à Rennes-le-Château par une route unique. Perché sur sa colline, le village est en effet un cul-de-sac, une sorte de frontière entre le monde connu et l'Ailleurs. La cité de Rhedae[34] est piétonnière, et il vous faudra laisser la voiture en contrebas dans les parkings aménagés à cet effet. Profitez de votre grimpette pour admirer, en bas sur votre droite, un étrange terrain avec une petite tour, une fontaine et des arbustes alignés en forme de V. Il s'agit de la base dite Van Buren, du nom d'une auteure américaine (cf. fiche I) qui fit aménager un espace pour accueillir les extra-terrestres et leurs soucoupes. Une façon de rentrer dans l'ambiance d'un endroit qui est aujourd'hui devenu la Capitale de « Tous les Mystères »[35].

Vous pénétrez dans le village par la rue principale, **La Grande Rue**, et remarquerez sur

---

34     Nom ancien supposé être celui de Rennes-le-Château. Voir notamment *Rhedae, la Cité du Chariot* de Louis Fédié, Société des Arts et des Sciences de Carcassonne, 1880, repris par Terre de Rhedae, 1994.
35     Est organisée tous les premiers samedis de septembre une *Journée du Livre et de l'Etrange* avec conférences et bouquinistes spécialisés.

votre droite un panneau rappelant qu'un arrêté municipal du 28 juillet 1965 a interdit les fouilles sur le territoire de la commune. Un prétexte pour se remémorer l'époque des premiers chercheurs de trésor qui, à coups de pelles, pioches, mais aussi de cartouches de dynamite, avaient commencé à transformer le sous-sol en gruyère (cf. fiche II).

Selon certaines sources, Rhedae aurait été une importante capitale wisigothique[36], comptant plusieurs dizaines de milliers d'habitants, et 14 bouchers... Aujourd'hui, la commune ne compte plus que 91 habitants, en tenant compte des hameaux environnants. Et les boucheries ont disparu... Mais en commençant à remonter la rue principale, vous allez passer devant le premier des commerces. Sur votre gauche, Jean-Paul, un ancien de la Couvertoirade[37], a établi son atelier-boutique de souffleur de verre, **Anges & Licornes**. Sur votre côté droit, vous pouvez voir le **château de Rennes**, ou plutôt ce qu'il en reste. Demeure des Seigneurs de la place[38], il a été construit au XIIIème siècle par la famille de Voisins. Il a longtemps été habité par la famille des Hautpoul dont l'une des dernières descendantes, Marie de Nègre d'Ablès, Marquise de Hautpoul

---

36     Op.cité.

37     Village templier du Larzac.

38     On pourra se référer à l'ouvrage très complet sur le sujet de René Descadeillas, *Rennes et ses derniers Seigneurs*, Privat, 1964, réédition Pégase, 2007.

Blanchefort, est entrée dans le légendaire castelrennais. On lui prête de sulfureuses confessions au prêtre de l'époque, l'abbé Bigou, qui aurait dissimulé dans l'église de mystérieux parchemins, et qui aurait de surcroît crypté les pierres mortuaires de la tombe de la noble dame. Une façon de protéger le secret avant de fuir en direction de l'Espagne[39] suite à la Révolution Française ? François Bérenger Saunière, l'un de ses successeurs, serait bien évidemment tombé sur ces pièces compromettantes. Le château appartient aujourd'hui à des particuliers et ne se visite pas. La partie préservée contient d'intéressantes salles anciennes et cache de nombreux passages souterrains[40].

En continuant notre chemin, et toujours sur la droite, on longera un restaurant, nouvelle enseigne d'une adresse qui était bien établie à Rennes-le-Château sous le nom des **Pommes Bleues**. Avant d'être restaurant, cette boutique abritait l'atelier d'artiste d'Alain Féral. Ancien chanteur du groupe Les Enfants Terribles, fils adoptif de Jean Cocteau, Alain Féral faisait partie des grandes figures du village. On lui doit une célèbre maquette du domaine de l'abbé, au moyen de laquelle il démontrera que le plan

---

39    L'abbé Bigou ne franchira pas la frontière et décédera à Collioure.
40    Visionner le DVD commandité par la municipalité, *Rennes-le-Château, Le Documentaire Exclusif*, qui nous fait visiter l'intérieur du château et les souterrains de la bourgade (SPIC, 2010)

du jardin suit rigoureusement, mais de façon inversée, celui de l'église. Ses travaux ont été édités dans un ouvrage abondamment illustré, *La Clef du Royaume des Morts* (Bélisane, 1997). Il est également le réalisateur de deux magnifiques posters, Toute Mon Eglise et La Carte des Deux Rennes (Editions de l'Œil du Sphinx, 2010 et 2011).

Nous poursuivons la montée pour arriver au cœur du village au **Jardin de Marie** dans lequel nous allons nous arrêter quelques instants.

Nous sommes ici dans le jardin de l'abbé qui pendant longtemps porta le nom de **Table de l'Abbé**. Géré par Jean-Luc Robin jusqu'à son décès en 2008, ce restaurant- brasserie-buvette est un peu le centre névralgique de Rhedae. Un lieu gaulois comme aimait à le définir l'écrivain-restaurateur, dont le rythme était ponctué chaque année aux alentours du 15 août par le légendaire méchoui des chercheurs. Mais la Table de l'Abbé, c'était aussi, chaque vendredi soir, « la conférence de l'été ». Un grand moment de rencontre entre les passionnés de l'affaire et un écrivain, un chercheur ou un témoin. L'affaire a été reprise par Morgan Marrot, un enfant du village, qui poursuit l'exploitation du lieu pour le plus grand plaisir des touristes. Boire un verre en plein air à la belle saison, auprès du bassin devant lequel Bérenger Saunière et Marie Dénarnaud aimaient poser pour le photographe, c'est assurément un plus !

Léger retour en arrière, et nous prenons la petite ruelle qui longe Le jardin pour arriver au Saint des Saints. Direction l'église, en longeant sur la gauche une statue de la Vierge Marie, Notre-Dame de Lourdes, posée sur un **pilier dit wisigothique**. Il s'agit en fait d'une reproduction, le pilier original étant exposé au Musée du Domaine. On remarquera que Saunière a fait poser ce pilier, qui était le socle de l'ancien autel, à l'envers. Il porte les mentions « Pénitence, pénitence » et « Mission 1891 » en mémoire de la cérémonie du 21 juin de cette année, où il avait invité un prédicateur diocésain à prêcher la Mission[41] à l'occasion de la communion de 24 enfants.

En face de la Vierge, un petit jardin accueille un **grand calvaire** que Saunière fit édifier en 1897 pour marquer deux événements importants ayant eu lieu le dimanche 6 juin, jour de la Pentecôte : la visite épiscopale de Monseigneur Billard, évêque de Carcassonne, et la Mission prêchée par le R.P. Mercier. On notera, au dos du socle, l'inscription suivante : « Christus A.O.M.P.S Defendit », abrégé de « Christus Ab Omni Malo Populum Suum Defendit », ce qui signifie « Le Christ protège de tout mal son peuple ». Certains chercheurs « romantiques » ont voulu voir dans les initiales A.O.M.P.S. la marque d'une redoutable société secrète, L'Ancien Ordre Mystique du Prieuré de Sion (cf. fiche III).

---

41     Les Missions étaient prêchées régulièrement dans les paroisses pour édifier les fidèles.

Toujours dans ce jardin, on remarquera une **petite grotte** faite de pierres que l'abbé allait ramasser dans la vallée de la Bals. On y verra également une petite bâtisse, attenante au cimetière, dans laquelle Bérenger Saunière avait aménagé sa bibliothèque. Ce local a été construit au-dessus d'une citerne. En 1895, un incendie se déclara au village. Les pompiers forcèrent le local pour avoir accès à la citerne. Et Saunière portera plainte à la gendarmerie de Couiza… pour violation de domicile ! Avait-il quelque chose à cacher à cet endroit ?

Nous nous orientons maintenant vers **le cimetière** dont la porte d'accès est surmontée d'une croix sculptée, placée au-dessus de deux tibias et d'une tête de mort. Une inscription latine rappelle : « Souviens toi homme que tu es poussière et qu'en poussière tu retourneras ». Mais il vous sera certainement difficile d'aller plus loin, car, depuis les événements de 2004, la lourde porte en fer forgé est close, et, à moins d'avoir de la famille enterrée ici, il vous sera difficile d'en obtenir la clef. La commune de Rennes-le-Château a en effet été profondément perturbée, dès le mois d'avril 2004, par l'affaire dite du transfert de la tombe du curé. A la demande de certains descendants de l'abbé Saunière, et notamment deux membres de la famille Ribes, la municipalité avait annoncé le prochain transfert de la dépouille mortelle du prêtre, reposant alors dans le petit cimetière communal aux côtés de Marie Dénarnaud, sa fidèle servante. En remerciement des travaux effectués dans l'église et dans le presbytère, la commune de l'époque avait en effet accordé au prêtre une concession. Courant 2004, un étrange mausolée fut érigé dans le domaine pour accueillir le héros du village. L'opération a été réalisée le 14 septembre aux aurores, sous la protection de la maréchaussée, déclenchant des tonnes de protestations sur internet. Les uns déploreront le fait d'avoir séparé le prêtre de sa compagne ; les autres dénonceront une situation dans laquelle le curé repose désormais dans le domaine municipal dont la visite est payante. La polémique est aujourd'hui encore loin d'être éteinte.

C'est par ailleurs dans ce cimetière qu'aurait été retrouvée **la pierre tombale de la Marquise de Hautpoul**, probablement à droite de l'entrée. On connaît son existence[42] par un rapport d'expédition du 25 juin 1905 de la Société d'Etudes Scientifiques de l'Aude (SESA) qui, sous la plume d'Elie Tyssere, en fera un compte-rendu. « ...dans  un coin (du cimetière), une dalle brisée en son milieu, où on peut lire une inscription gravée très grossièrement, cette dalle mesure 1,60 m sur 0,65m ». Les « missionnaires » publient, à l'appui de leur rapport, un croquis de la pierre. L'épitaphe nous rappelle : « CIT GIT

---

42    Les septiques feront remarquer que l'original du croquis n'a jamais été retrouvé dans les archives de la SESA.

NOBLE MARIE DE NEGRE DABLES DAME D'AUPOUL DE BLANCHEFORT AGEE DE SOIXANTE SEPT ANS DECEDEE LE 17 JANVIER 1781 REQUIESCAT IN PACE ». La légende veut que Saunière ait effacé ces inscriptions dont les bizarreries typographiques auraient pu être une clef de décryptage des mystérieux parchemins.

Nous sommes maintenant devant l'église **Sainte-Marie-Madeleine** dont la restauration et l'embellissement furent le Grand Œuvre de Bérenger Saunière, au prix d'une douzaine d'années de travail acharné (1886-1897). Il existe une littérature très abondant[43] qui analyse dans le moindre détail l'édifice. Je ne reprendrai ici que les grandes lignes de cet étonnant travail d'aménagement d'un bâtiment roman, alors en très mauvais état, qui deviendra, progressivement, un chef d'œuvre de l'art religieux du XIX$^{\text{ème}}$ siècle, dit sulpicien :

• Le porche d'entrée comporte de nombreuses citations latines dont la fameuse « Terribilis Est Locus Iste », ce lieu est terrible. On y voit également les armes du Pape Léon XIII (1878-1903) et les blasons de Monseigneur Billard et de son prédécesseur, Monseigneur François de Sales (Albert Leuillieux). Au centre du tympan, Marie- Madeleine, les yeux levés au ciel, semble bénir le visiteur.

• Et puis, passé le porche, c'est le choc. Vous êtes accueillis par un diable grimaçant

---

43    Voir par exemple *L'église de Rennes-le-Château*, Christian Doumergue & Daniel Dugès, Pégase, 2009.

que surmonte un bénitier, au-dessus duquel quatre anges font le signe de la croix : « Par ce signe, tu le vaincras ». On remarquera également un petit médaillon avec les initiales B.S. Selon certains chercheurs « romantiques », le diable n'est autre qu'Asmodée, gardien du trésor du Temple de Salomon. Précisons que ce diable, comme l'essentiel des autres statues de l'église, est le produit de la Fabrique Giscard, statutaire religieux de Toulouse[44].

• Face au diable, de l'autre côté du confessionnal, les fonds baptismaux montrent Jésus se faisant baptiser par Jean- Baptiste.

• Le fronton du confessionnal est sculpté et on peut voir Jésus, agenouillé devant un agneau… à visage humain.

• Au-dessus du confessionnal, une grande fresque est ainsi légendée : « Venez à moi vous tous qui souffrez et êtes accablés, je vous soulagerai ». On peut y repérer un prêtre portant un parapluie qui semble chercher quelque chose (Saunière ?). On y voit également un sac qui ressemble à une bourse bien gonflée (trésor ?). De nombreuses discussions ont également lieu sur le point de savoir si le paysage représenté est celui de Rennes-le-Château.

• Sur le côté gauche de l'église on trouvera les statues de Sainte Germaine de Pibrac et

----

44    La Maison Giscard s'est éteinte avec le dernier des descendants de la dynastie, Joseph, en 2005. Les bâtiments ont été légués à la ville de Toulouse.

de Saint-Antoine l'Ermite, avant d'arriver à la magnifique chaire.

• Sur le côté droit sont représentés Saint-Roch, Sainte- Marie-Madeleine et Saint-Antoine de Padoue. Pour ce qui est de la Sainte Patronne, on trouvera à ses pieds le crâne traditionnel qui repose sur un livre couvert d'une étrange écriture.

• Le chœur de l'église est placé sous un dôme bleu, représentant le ciel parsemé d'étoiles. Le maître-autel a été entièrement rénové grâce à la générosité d'une paroissienne de Coursan, Marie Cavailhé. C'est au cours de ces travaux de restauration que le prêtre aurait découvert une tombe ancienne recouverte d'une dalle, dite Dalle des Chevaliers (cf. infra). Il aurait également mis la main sur une oule (marmite) replie d'objets précieux. La légende veut encore que le prêtre ait découvert de mystérieux parchemins, soit dans le pilier dit wisigothique, soit dans un balustre en bois. Serait-ce l'héritage de l'abbé Bigou ?

• L'autel est décoré par un bas-relief représentant Marie- Madeleine dans un décor que certains croient être celui de la région. On remarquera également, de chaque côté de l'autel, une statue de Marie et une autre de Joseph, chacun portant dans ses bras un enfant ; Jésus et son frère ?

• Le chemin de croix, très coloré, commence par la gauche en regardant l'autel. Ses stations ont fait l'objet de nombres exégèses, certains y voyant des allusions maçonniques ou rose-croix, d'autres de lourdes suggestions à une mort du Christ très différente de celle proposée par les évangiles. Ces thèses ont notamment été popularisées par l'ouvrage fondateur de l'affaire, *L'Or de Rennes*[45] de Gérard de Sède (1967). Certains auteurs, comme Daniel Dugès, voient de surcroît dans l'agencement de l'église la configuration d'un temple maçonnique (cf. fiche IV). Quoiqu'il en soit, ce chemin de croix est un produit du catalogue de la Maison Giscard de Toulouse et figure dans de nombreuses autres églises (cf. fiche V).

• On peut encore relever, dans l'aménagement de l'édifice :

• Un sol recouvert d'un damier noir en blanc.

• Une pièce « secrète », très exigüe, sur le côté droit de l'autel, à laquelle on accède par une armoire de la sacristie. Un sous-sol qui abriterait une crypte dans lequel seraient enterrés des notabilités du village. On connaît son – existence par deux sources : un vieux registre paroissial datant de 1694 et faisant état des inhumations qui y ont eu lieu ; une note de Bérenger Saunière dans ses carnets, indiquant, en date du 21 septembre 1891 : « lettre de Granès ; découverte d'un tombeau ; le soir pluie ». L'architecte belge Paul Saussez a fait des recherches poussées sur

---

45    Réédition annotée et complété par les Editions de L'Œil du Sphinx, 2007.

le sous-sol de l'église[46], et, suite a une décision du Conseil Municipal de septembre 2011, a été mandaté pour préparer un dossier de demande d'autorisation de fouilles auprès de la Direction Régionale aux Affaires Culturelle (DRAC).

• Des vitraux qui, sous l'effet des rayons du soleil, provoquent parfois d'étranges spectacles. Le plus connu est celui du 17 janvier à 13 heures et qui se traduit par une explosion de pommes bleues sur le mur gauche de l'édifice.

Le 17 janvier est devenu une sorte de jour de fête du village, connue sous le nom de « fête des pommes bleues ». Une occasion pour les chercheurs de se retrouver et de partager un bon repas !

En sortant de l'église, on pénétrera, immédiatement sur la gauche, dans l'enceinte du musée. La billetterie se trouve dans le sous-sol de la villa Béthanie. Elle fait également office de boutique où vous pourrez trouver livres, DVD, cartes postales et autres bouteilles au timbre du curé. Parmi toute cette production, la Plaquette du Musée est à recommander (Mariano Tomatis, autoédition 2009, prix « Bérenger Saunière 2010). Réalisée par un jeune chercheur italien, elle reprend tous les panneaux documentaires du Musée qui donnent une bonne synthèse de ce que l'on sait sur Rennes-le-Château avant/pendant/ et après Saunière.

---

46      Publiées sous forme de CD-Rom : *Au Tombeau des Seigneurs*, Arkeos, 2004, pris Bérenger Saunière 2005.

On traverse la petite cour pour rentrer dans le **Presbytère** qui est le véritable corps du Musée. C'est ici que vécut le prêtre avec la famille Dénarnaud, la Villa Béthanie étant réservée aux réceptions.

La pièce de gauche au rez-de-chaussée évoque la vie quotidienne du curé, lisant son bréviaire devant la cheminée alors que Alexandrine Dénarnaud, mère de Marie, prépare le repas. Dans la pièce de droite, plusieurs objets retiendront notre attention. Une reconstitution supposée de stèle funéraire de la Marquise avec ses bizarres inscriptions. L'original du pilier dit wisigothique. On pourra du reste constater qu'il était difficile d'y cacher quelque chose. La cavité à son sommet peut tout juste contenir un paquet de cigarette ! Plus intéressante est **la Dalle dite des Chevaliers**, découverte par Saunière lors de la restauration de l'autel. Datée de l'époque carolingienne, elle comporte deux gravures. Celle de gauche représente un cheval avec une femme (qui le monte en amazone ?). Celle de droite montre deux personnages partageant la même monture. La ressemblance avec certains sceaux templiers est frappante. D'autres y ont vu une représentation de la fuite vers le Razès de Sigebert IV, fils supposé du dernier roi mérovingien, Dagobert II, et après l'assassinat de ce dernier dans la région de Stenay par le Maire du Palais. Mais nous sommes ici dans la partie la plus douteuse de la mythologie castelrennaise.

Au premier étage, vous pourrez voir dans la

pièce de gauche divers vêtements et tenues de l'abbé, ainsi qu'une reconstitution de sa chambre à coucher (avec l'inévitable pot de chambre !). Dans la pièce principale est exposée la maquette d'Alain Féral déjà mentionnée[47].

Vous sortez du presbytère par le jardin du domaine. Sur votre gauche, le mausolée qui abrite la dépouille du curé (cf. supra). Sur votre droite, la **Villa Béthanie**. Saunière avait fait construire cette villa pour y terminer ses jours et pour l'offrir à l'évêché de Carcassonne comme maison de retraite pour les prêtres âgés. Ses démêlés avec l'autorité épiscopale le poursuivant pour trafic de messes l'amèneront à changer ses plans. Il passera un testament croisé avec sa servante, Marie Dénarnaud, qui deviendra donc l'héritière des biens du prêtre à sa mort en 1917.

La villa dispose d'un sous-sol dans laquelle était installée une cuisine l'été. Au rez-de-chaussée se trouvent le salon et la salle à manger. Chacun des deux étages comporte deux chambres. Comme nous l'avons déjà souligné, Saunière n'habitera jamais la villa, lui préférant le presbytère. La villa était utilisée pour les grandes occasions. De nombreuses personnalités ont partagé sa table, orchestrée par Marie Dénarnaud qui était une

---

47    Cette maquette a été mise gracieusement à disposition du Musée par L'Atelier Empreinte et l'association de l'Œil du Sphinx.

excellente cuisinière[48]. La légende veut qu'il y ait reçu Emma Calvé, célèbre cantatrice de l'époque (cf. fiche VI).

Contre le mur de la villa, Saunière a fait construire sa chapelle privée, protégée par une verrière multicolore. C'est là que l'abbé continuait à dire la messe, après avoir été frappé d'interdit par l'évêché. C'est aussi dans le tabernacle de cette chapelle que deux chercheurs, Henri Buthion et Gérard Dutriat, auraient découvert en 1966 un autre parchemin mystérieux connu dans la mythologie de l'affaire sous le nom de « Sot Pêcheur ». Document rédigé par Saunière ?

Il est rare de pouvoir visiter la Villa dans sa totalité, en raison des nombreux travaux de réfection qu'elle demande. Signalons que en haut de l'escalier menant au premier étage se trouvait la reproduction d'un magnifique tableau de Mucha représentant une scène champêtre avec, tapis dans l'ombre, un vilain petit diable.

En sortant, on se dirigera vers le chemin de ronde, avec à sa droite une verrière, qui était le jardin d'hiver, et à sa gauche **la Tour Magdala**. Edifice néo-gothique de style renaissance[49], la Tour semble surgir de terre et s'accrocher au vide. Elle était la bibliothèque-bureau de l'abbé

---

48    Lire notamment *A la table de l'abbé Saunière*, écrit par Josette Barthe sur la base des recettes de Marie (Editions de l'Œil du Sphinx, 2011).

49    De très nombreux édifices de même type sont connus, notamment sur la riviera franco-italienne.

dans laquelle il passait de longues heures. La vue au sommet est splendide et offre un panorama à 380 degrés sur la région. Dans la pièce située sous l'édifice, le prêtre entreposait ses collections de timbres et de cartes postales. Des travaux de consolidation ont été effectués en 2011. De même le jardin au pied de la Tour a été entièrement nettoyé et réaménagé pour lui rendre un aspect proche de ce qu'il était à l'époque de Saunière.

On quittera le Domaine pour aller flâner sur **le belvédère** qui marque l'extrémité du village. Un grand spectacle vous y est offert allant du Bugarach à l'extrême-gauche au village de Montazels[50] à l'extrême droite. La visite pourrait se terminer ici, mais je vous propose encore deux bonus.

Prenez, au bas de la Tour Magdala, le chemin indiqué chemin du Ritou et faites le tour du village par l'extérieur en empruntant le **chemin de ronde**. Vous y verrez l'envers du décor, et notamment le derrière du château encore en plus mauvais état que ce que l'on observe de la Grande Rue. Vous pourrez y emprunter l'escalier oublié qui mène à l'entrée du dit château.

Allez encore déambuler dans les ruelles du vieux village. Je suis certain que vous tomberez sur la minuscule **Place Saint Pierre**, du nom de la première église du village dont il ne reste plus rien aujourd'hui.

------

50      Montazels est le village natal de Bérenger Saunière.

A très bientôt, car je suis persuadé que vous reviendrez goûter aux charmes de la Capitale de tous les Mystères !

**Fiche I**

Arrière petite-fille d'un président américain, elle a longtemps hanté la colline où on l'appelait « la milliardaire ». Elle s'est éteinte dans l'Aude le 2 septembre 2011. Son œuvre, fortement marquée à l'origine par la théosophie et le christianisme primitif, évoluera progressivement vers la «géométrie sacrée» pour aboutir à la conclusion que le Razès est le centre du monde. Sa contribution majeure restera *Refuge of the Apocalypse : Dorways into Other Dimensions* (C.W Daniel, 1986). Les extraterrestres qui nous surveillent ont dissimulé dans le paysage de la région de Rennes-le-Château un zodiaque qui recèle les clefs de l'avancement spirituel de l'humanité et qui recèle des « portes » qui permettront aux élus d'accéder au salut. La thématique OVNI est très présente dans son parcours et elle fera aménager, au pied de la Capitale de Tous les Mystères, un terrain pour accueillir nos amis d'ailleurs.

## Fiche II

Une superbe bouffée d'air frais, c'est ce que nous offre Germain Blanc-Delmas avec *Chroniques sur Rennes-le- Château, Marie d'Etienne, le trésor oublié* (Éditions Envolée, collection Vécu, 1998). Un poignant récit du terroir par le fils adoptif du maire du village, sur la période 1950 à 1965. Les héros, ce sont ici les paysans, la nature, les animaux et, par dessus tout, l'amour du pays et du village perché. Le trésor de l'abbé Saunière, ce n'était alors rien d'autre, pour reprendre Yves Lignon, qu'une des nombreuses facettes de « la sardine dans le port de Marseille ». Jusqu'à ce que Noël Corbu se décide à raconter « une belle histoire » dont les journalistes avides de sensationnel s'empareront. Et c'est à un défilé étonnant auquel nous allons assister, fait de radiesthésistes, médiums, sociétés secrètes et, bien sûr, chercheurs de trésors en tous genre. Une mention particulière à un certain Germond de Normandie dont le compresseur effraya plus d'un volatile ! Et un Bérenger de bronze à René Descadeillas, qui, avant d'être l'ancêtre des débunkers, était aussi un sacré creuseur de trous… Je cite :

*Monsieur Descadellias se rappela à notre bon souvenir. Il vint voir Étienne accompagné d'un docteur, d'un opticien et d'un radiesthésiste. Ce quatuor demandait l'autorisation de faire une fouille dans l'église. Ces gens-là, honorablement connus, certifièrent que tout serait remis en l'état, sans être dégradé. L'endroit de leur recherche était indiqué* très précisément, c'est-à-dire devant le maître-autel. L'accord fut donné et la fouille placée sous la surveillance de la municipalité. Étienne considéra cette demande avec bienveillance du fait que monsieur Descadeillas se portait garant.

## Fiche III

1956, dépôt le 25 juin en sous-préfecture de Saint-Julien- en-Genevois des statuts du Prieuré de Sion, association dont le secrétaire général est Pierre Plantard. C'est à partir de cette date que va se développer la mythologie mérovingienne, tendant à accréditer la thèse selon laquelle Pierre Plantard est « le roi perdu », héritier d'une lignée royale occultée. La préservation de cette lignée aurait été gérée au cours de l'histoire par un mystérieux Prieuré de Sion. Mais quel est le lien avec Rennes-le-Château ? Les enfants du dernier roi mérovingien, Dagobert II, assassiné suite au coup d'état mené par le maire du palais, se seraient enfuis de Stenay et réfugiés à Rennes-le-Château. La dalle dite des chevaliers illustre cette fuite. Tel serait donc le secret découvert par Saunière. Cette « intoxication », à laquelle participera le Marquis Philippe de Cherisey, se manifestera par le dépôt à la Bibliothèque Nationale d'étranges brochures[51] autoéditées et tapées à la machine.

Il sera prouvé que plusieurs de ces textes provenaient de la machine à écrire de la première épouse de Pierre Plantard.

---

51    Ces brochures ont été rééditées par Le Centre d'Études et de Recherches Templières (CERT), en liaison avec Pierre Jarnac en 1995.

**Fiche IV**

Daniel Dugès est un chercheur rigoureux, et son dernier ouvrage, Entre *la Rose & l'Equerre* (Arqua, avril 2008), est assez perturbant. Perturbant parce que, même si j'ai du mal à adhérer à ses thèses, je dois admettre que son analyse est fort bien menée. Le thème, Rennes-le-Château et la Franc-maçonnerie. Passons sur la parure maçonnique soit disant découverte par Antoine Captier dans les affaires du prêtre. Cette « découverte » a fait grand bruit, mais elle ne signifie rien. Amateur d'objets symboliques, j'ai chez moi une collection d'assiettes maçonniques ; mais je n'ai jamais participé à un tel mouvement... Par ailleurs, il n'est pas exclu que cette soi-disant découverte procède d'une mystification dont l'affaire de Rennes-le-Château est particulièrement riche. Prudence donc...

L'ouvrage développe une analyse fouillée de l'église de Rennes (tableaux, statues, chemin de croix, extérieur de l'édifice) et aboutit à la conclusion qu'il s'agit d'un temple maçonnique. Mais pas de n'importe quelle franc-maçonnerie. Une obédience de nature chrétienne, opposée à la franc-maçonnerie traditionnelle, républicaine et laïque. Et l'auteur élargit sa thèse en nous faisant visiter d'autres édifices religieux de l'Aude à l'intérieur desquels il semble retrouver l'empreinte de ce mystérieux mouvement qu'il nomme CR, CSR, « Labarum » ou « Pendule de Salomon ». Saunière aurait joué un rôle dans ce mouvement, ne serait-ce qu'en participant à la gestion de sa trésorerie. Une conclusion qui, partant de prémices complètement différentes, rejoint celle d'Octonovo. Dans Rennes-le-Château, une affaire paradoxale[52], ce dernier auteur, après avoir minutieusement examiné les carnets de comptabilité de l'abbé, croit discerner derrière sa gestion une plate-forme financière au service d'une discrète association religieuse.

---

52   Cf. bibliographie de la première partie.

**Fiche V**

Il avait été longuement question de la dynastie des Giscard, en compagnie de Marie-Christine Lignon au colloque de l'ARTBS 2011[53]. L'ouverture d'une partie des archives de la famille a incité un autre chercheur, Pierre Jarnac, à publier un dossier très complet sur *Giscard, statuaire à Toulouse, la Passion des Chemins de Croix* (Pégase, juillet 2011). Ce recueil remet en place la famille Giscard dans l'histoire de l'Art Religieux, en se focalisant bien sûr sur l'église de Rennes-le-Château et les commandes de Bérenger Saunière. Le chemin de croix est étudié, par comparaison avec d'autres signés également Giscard, et disséminés en France (et ailleurs). Le chercheur note 450 références de commandes et nous propose de nombreuses reproductions photographiques de belle qualité. A noter encore que l'ouvrage comprend la reproduction en fac similé d'un catalogue de la Maison.

Il s'agit d'un véritable outil de travail, qui tourne autour de la question : le chemin de croix castelrennais a-t-il des particularités laissant penser qu'il contient un message codé ? L'auteur ne tranche pas, laissant à chacun le soin de juger. Pour ma part, je n'en ai pas retiré le sentiment d'un quelconque «trucage ».

---

53     Colloque de l'Association pour les Recherches Thématiques sur Bérenger Saunière organisé tous les premiers samedis de juin. Les travaux sont publiés par les Editions de l'Œil du Sphinx.

**Fiche VI**

Insérer dans la biographie de personnages historiques quelques touches subtiles visant à accréditer le Mythe est une technique fort efficace utilisée par les « géniteurs » de la Belle Histoire de Rennes-le-Château.

**L'affaire Emma Calvé** est à cet égard savoureuse. Voici une notice biographique publiée sur le site renneslechateau.com :

« Rosa Emma Calvet (née à Decazeville en 1858 et décédée à Millau en 1942) était une soprano de très grand talent ; très célèbre, elle s'illustrera notamment dans Carmen. Elle achète en 1894 le château de Cabrières près de Millau. Quelques auteurs lui ont attribué a une liaison avec Bérenger Saunière. Cette relation ne repose sur aucun élément tangible. Il y a juste une photo d'Emma Calvé provenant d'une tablette de chocolat Poulain, collée dans un cahier de Saunière... En 1940, elle publie ses mémoires et ne mentionne jamais une quelconque visite à Rennes-le- Château (*Sous tous les cieux, j'ai chanté*).

Passionnée d'Hindouisme et d'occultisme, on la verra souvent fréquenter le Cabaret du Chat Noir, à Paris, en compagnie de Mucha, Papus, Camille Flammarion... ».

Sa fameuse liaison avec Saunière est évoquée pour la première fois dans *Trésors du Monde* de Robert Charroux (1962, Fayard) : « A vrai dire, d'autres belles partagent le cœur du milliardaire.

On a avancé les noms d'Emma Calvé... » Il est fort vraisemblable que cette « injection » d'Emma Calvé dans l'affaire castelrennaise avait été opérée par Noël Corbu, ami de l'auteur, et premier promoteur de la Belle Histoire. Tous les moyens étaient bons, en effet, pour attirer le public dans son hôtel-restaurant, La Tour, et notamment en racontant une légende fantastique.

Cette relation est également évoquée dans le «vrai-faux» document de Madeleine Blancasall (*Les Descendants Mérovingiens ou l'Énigme du Razès Wisigoth*, 1965). Saunière, s'étant enrichi suite à la découverte d'un trésor, donne de grandes fêtes à la villa Béthanie. ...La villa est devenue très vite une maison de liesses. Les personnalités de tous genres s'y succèdent : Emma Calvet, la grande cantatrice... Cette rencontre sera reprise et explicitée dans *L'Or de Rennes*, 1967). Selon de Sède, c'est à l'occasion de son voyage (supposé) à Paris que Saunière a croisé pour la première fois la cantatrice, suite à son introduction dans les cercles ésotériques de la capitale par Emile Hoffet.

Quant à la suite... Le livre de Jean Contrucci, *Emma Calvé, la Diva du Siècle* (Albin Michel 1989) interpellera tous les saunièrologues avisés. Je ne me place évidemment pas sur le plan des amateurs d'Opéra qui trouveront certainement ici tous les éléments nécessaires pour évoquer la mémoire de la grande cantatrice. Mais pour ce qui est de « l'affaire Saunière », je reste perplexe: l'auteur reprend à son compte tous les éléments de la légende, puisés notamment chez de Sède, sans aucun regard critique. Un bel exemple de la technique de l'éponge : on absorbe tout ce qui se raconte et on le ressort comme une évidence absolue.

Et voilà plus récemment un petit opuscule (68 pages) qui semble destiné à jeter le trouble et à conforter le Mythe. *Rennes-le-Château, Emma Calvé, une diva chez les occultistes* (Pégase, août 2009) n'est rien d'autre que la reprise de deux textes anciens, l'un signé de Georges Girard, le biographe passionné de la diva (1971) et l'autre de Georges Gombert, Directeur de la Revue du Rouergue (1973). Deux textes dans lesquels il est fait état de la relation sulfureuse entre notre belle Emma et notre sémillant curé. L'éditeur oublie de signaler que la critique castelrennaise a fait des progrès depuis le début des seventies et que la relation supposée n'a jamais été documentée, pas même évoquée dans les mémoires de la chanteuse. Georges Girard, qui était notre invité d'honneur lors du Colloque de l'ARTBS (Association pour les Recherches Thématiques sur Bérenger Saunière), tenu à Millau en 2006, nous déclarait: « En vieil historien qui ne doit faire confiance qu'aux documents écrits originaux, je dois dire que rien dans le fonds pourtant volumineux de la Société des Amis d'Emma Calvé que j'ai eu l'honneur de présider, ne témoigne d'une quelconque relation entre le prêtre et la diva. Son nom même ne s'y trouve à aucun endroit... » Même silence du reste dans les carnets de correspondance de Bérenger

Saunière que Laurent Octonovo a eu le loisir d'éplucher de façon approfondie.

Bon, vous me direz peut-être que cette relation était tellement secrète qu'elle n'a laissé aucune trace…

# COMMENT FABRIQUER UN MYTHE ?
# MODE D'EMPLOI[54]

*Je dédie cette contribution à l'écrivain Gérard de Sède qui s'est éteint le samedi 29 mai 2004. Merci à lui pour m'avoir fait découvrir cette affaire en 1973 et m'avoir fait largement partager ses rêves !*

La fabrication de Mythes est un art particulièrement délicat qui, pour peu que l'on respecte quelques lois fondamentales, peut conduire à la production de véritables chefs d'œuvres. Entendons nous bien ; nous traitons ici de Mythes, c'est à dire de vastes systèmes supposés être explicatifs en matière d'histoire, de philosophie et de métaphysique. Nous excluons donc de notre étude la mystification, qui finalement n'est rien d'autre que la bonne blague faite pour épater son interlocuteur. La mystification est par essence éphémère ; elle meurt rapidement une fois dénoncée. Le Mythe possède un pouvoir de résistance intrinsèque et les critiques qu'il peut essuyer, loin de le détruire, ne font souvent que de le renforcer et de le propulser dans de nouvelles directions.

On connaît bien évidemment l'étonnant «Mythe de Cthulhu», développé à partir des créations imaginaires de l'écrivain américain H.P. Lovecraft. Un écrivain qui, pour asseoir la

---

54    Publié dans *La Gazette Fortéenne, volume III* (EODS, 2005)

crédibilité de ses fictions d'horreur, a développé sa propre cosmogonie[55], assise sur un panthéon de divinités redoutables et commentée dans de sulfureux ouvrages inventés pour les besoins de la cause. Mais un ensemble tellement cohérent qu'il a rapidement échappé à la maîtrise de son créateur. Les rayons des librairies ésotériques regorgent de *Necronomicon*, tous plus vrais que nature. Et l'on ne compte plus les cultes bizarroïdes célébrant, tout autour de la planète, la gloire des Grands Anciens.

Nous aurons certainement l'occasion de revenir sur ce sujet. Mais nous souhaiterions aujourd'hui nous arrêter sur un Mythe contemporain tout à fait remarquable, celui de Rennes-le-Château[56]. En deux mots, un brave curé de campagne, perdu dans une micro paroisse au fin fond du département de l'Aude, s'est enrichi de façon curieuse à la fin du XIXème siècle. Aurait-il trouvé un trésor mystérieux, source de ses investissements immobiliers sans commune mesure avec ses revenus ? Nous avons choisi cet exemple, car il est encore relativement proche de nous – son principal héros, l'abbé Saunière est décédé en 1917 –, et donc parce que

---

55      Cf. notre étude «Lovecraft et la création d'univers» in *Bulletin de l'Université de Miskatonic n°5* (Association de l'œil du Sphinx) ; en ligne également sur www.oeildusphinx.com.

56      Sous forme de clin d'œil, signalons que Jean-Christophe Maquet a publié un roman, *l'Intrus*, dans lequel il fait intervenir Lovecraft dans l'affaire de Rennes-le-Château (Editions Henry, 2003).

la documentation sur le sujet est encore toute «chaude». Nous l'avons retenu aussi, car il fait appel à pratiquement toutes les expressions des « sciences dites secrètes », allant de l'histoire parallèle à l'ufologie, en passant par l'Alchimie, les sociétés initiatiques ou la « vraie » vie du Christ…

A travers cet exemple, nous chercherons à démontrer que la fabrication d'un Mythe suppose un contexte favorable, qui fera l'objet d'un enrichissement progressif par la technique du « vrai/faux ». On lui donnera ensuite la dimension d'une « belle histoire », en ayant recours aux services d'une ou de plusieurs belles plumes. Nous étudierons encore quelques petits trucs pour faire de cette construction un véritable travail artistique. Mais nous ne pourrons pas éluder la question fondamentale : derrière la fumée du Mythe, y a-t-il un véritable feu ?

## TOUTE CRÉATION MYTHOLOGIQUE SUPPOSE UN CONTEXTE FAVORABLE.

Le contexte de cette affaire repose sur deux éléments : un passé particulièrement riche qui va se conjuguer avec une anomalie apparente.

### *Rhedae la Magnifique, ou un passé particulièrement riche.*

Rennes-le-Château se mérite : on y accède par une petite route en lacets, au départ de Couiza, petite bourgade de l'Aude située entre Limoux et Quillan. Près de 5 kilomètres d'escalade où l'on s'enivre progressivement d'un panorama fabuleux. La vallée est balisée par pics et monts, comme le Bugarach, le Bézu, le Pech Cardou ou le pog de Montségur. On y distingue l'ombre inquiétante du château de Coustaussa, et, au bas, Rennes-les-Bains traversée par les eaux impétueuses de la Sals. Perchée sur son piton rocheux, la cité de Rennes-le-Château surprend par ses petites dimensions. On aurait volontiers prêté à la capitale mythique de l'histoire de France un caractère grandiose, imaginant une cité dotée d'édifices flamboyants et de monuments remarquables. Mais nous ne découvrons qu'un sympathique village de campagne, n'abritant plus aujourd'hui qu'une trentaine de foyers, les ruines d'un vieux château et une étrange tour néo-gothique… On est loin de la capitale de l'ancien Razès wisigoth, la glorieuse Rhedae, dont nous parlent les historiens[57].

Selon l'érudit Guillaume Besse, dans son ouvrage *Histoire des Ducs de Narbonne* (1645), le décor est en effet clairement posé depuis le VIIIème siècle :

*«Le Comté de Rasez appelé «Reddas» ou «Reddes» qui est tout le territoire des Diocèses d'Alet & Limoux, comprenant le pays de Sault, Fenolhèdes,& la portion du Diocèse de Mirepoix, qui avoisine la rivière de Lers; que ç'a esté aussi un ancien Evesché érigé du temps que les Visigoths ayant fait de la Cité de Carcassonne leur principale Forteresse, pour y remettre leurs trésors,& tenir cette place sous le commandement d'un Comte,& d'une forte garnison, ils contraignirent l'Evesque Orthodoxe de Carcassonne à se retirer en ces mesmes Montagnes pour y continuer l'exercice de la Religion, loin de celles que les Vvisigoths professoient dans Carcasonne sous l'autorité d'un Evesque Arrien.(...) Le lieu Comtal de Reddez, que nous disons communément Rasez, duquel Roger III, comte de Carcassonne, fait expresse mention dans l'acte de partage de ses biens de 1042, ou 1062, «Castrum Redas cum suo Comitatu», n'est plus aujourd'hui qu'un village appelé Regnes,& dans les Actes Latins «Reddis», situé à une lieuë des Bains, dits de Montferrand, où l'on trouve cette inscription Romaine: «Cn. Pompeius quartus. I.A.M. suo». qui est une marque infaillible que ce pays a été*

---

57    Les livres sur l'histoire locale sont légion. Citons plus particulièrement celui de J.A. Sipra, *«la Cité du Chariot»*, téléchargeable sur internet à http://perso.club-internet.fr/jasipra/

*connu des Romains.(...) Qui est une Cité au reste qui a été connüe par Théodulphe Evesque d'Orléans, qui vivoit au temps de Louis le Débonnaire.*

*«Mox sedes Narbona tuas urbenque decoram tangimus*

*Inde Revisentes te Carcassona, Redasque,*

*Moenibus inferimus nos cito Narbo tuis.»*

En synthèse, connu par Théodulf au temps de Louis le Débonnaire, le village de « «Regnes» existait donc déjà en 798. Il est proche de la Cité de Carcassonne où les wisigoths avaient dissimulé leur trésor... Une grande légende qui voit le roi Alaric prendre et saccager la ville de Rome, emportant avec lui le trésor du Temple de Jérusalem pris précédemment par les romains aux juifs... Et quand on sait que les wisigoths capitulèrent ensuite sous les assauts des francs, on peut bien sûr se demander ce qu'ils firent de leurs possessions…

Mais tout cela n'est en quelque sorte qu'une mise en bouche, et l'histoire et la légende continuent de se mélanger sur les belles terres du Razès.

Résumons nous : l'histoire de la région sera fortement marquée par l'empreinte du catharisme et par la lutte sans merci menée par l'Etat Catholique Romain contre cette hérésie. De là naît une nouvelle tradition, celle du trésor des cathares évacué la veille de la reddition de la place forte de Montségur et dissimulé quelque part dans le secteur. Mais cette mythologie du trésor possède d'autres dimensions. Il serait également royal, celui de Louis XI (Saint Louis), déposé à Rennes par Blanche de Castille fuyant Paris dont elle avait été chassée par la révolte des pastoureaux. Il serait enfin templier. L'Ordre aurait en effet possédé au Bézu, non loin de Rennes, une commanderie dont les membres ne furent pas arrêtés lors de la grande « rafle » de Philippe le Bel. Ces templiers venaient du Roussillon, et certains pensent qu'ils avaient peut être le trésor de l'Ordre avec eux lorsqu'ils quittèrent la maison catalane.

### Une anomalie apparente

Notre but n'est pas ici de reprendre l'histoire de Bérenger Saunière, curé de Rennes-le-Château. La littérature sur le sujet est ultra-abondante, et Pierre Jarnac, dans une récente bibliographie[58], a recensé près de 370 références sur le sujet. Contentons nous d'un bref résumé afin de traquer l'anomalie (cf. Chapitre II).

### Des conditions nécessaires, mais pas suffisantes

Un terreau favorable, une anomalie apparente… Certes, mais ces deux éléments ne suffisent pas à expliquer la création du Mythe. On entend pourtant souvent dire, dans les milieux «saunièrisants», que parmi les milliers

---

58    Bélisane 2002, série les Cahiers de Rennes-le-Château.

de villages français, et au sein de la population de leurs curés, une telle « affaire » ne s'est produite qu'à Rennes-le-Château et qu'avec le seul Bérenger Saunière. Ce qui est totalement faux. Une étude fouillée reste à faire sur le sujet, mais nous voudrions quand même donner l'exemple d'une affaire alternative à celle de Rennes.

Le lieu : la commune du Baulou près de Pamiers, dans l'Ariège. Une région proche de celle du Razès, toute aussi riche en histoire ; nous sommes toujours en terres cathares, à proximité du pog de Montségur…

L'époque : la seconde partie du XIX^ème siècle et le tout début du XX^ème, comme dans notre affaire.

Le « héros » : un prêtre, le Révérend Père Louis de Coma (1822, 1911).

Les faits : un enrichissement important, sur fond de dons (on y retrouve la Comtesse de Chambord) et de trafic de messes…; de somptueuses constructions, et notamment le grandiose monastère du Carol qui voulait rivaliser avec les projets concernant Lourdes ; un culte discret rendu à Marie- Madeleine dans une crypte « intimiste » ; de sérieux démêlés avec les autorités religieuses… A noter du reste que ce monastère sera détruit en 1956… à la demande de l'Evêché…

Etonnant ? Ce qui est surtout étonnant est que cette affaire est aujourd'hui totalement oubliée[59] alors qu'elle aurait pu se prêter à la construction d'un autre Mythe, parallèle à celui qui nous retient aujourd'hui.

## MAIS LE TERREAU, POUR FAVORABLE QU'IL SOIT, DOIT ETRE REGULIEREMENT NOURRI.

L'engrais principal qui sera utilisé est une technique, celle du « vrai/faux ». Il s'agit d'une réelle technique de précision, consistant à noyer au sein d'un bouquet d'éléments véridiques un élément sciemment fabriqué pour les besoins de la cause. Notre affaire est à cet égard particulièrement riche. On peut ainsi citer la création de documents soit disant authentiques, la réécriture du parcours de personnages historiques, révisionnisme pouvant parfois aller jusqu'à la manipulation douteuse de personnes décédées.

### *La création de documents soit disant authentiques*

L'histoire de Rennes-le-Château est truffée de documents douteux. Pour bien comprendre

---

59    Il existe peu de littérature sur cette affaire. Citons cependant l'excellent petit livre de Monique Dumas et Jean-François Réglat, *Le Monastère Dynamité* paru aux Editions La Truelle (Pouech, 09200 Moulis) en 1995.

les différentes étapes de la «manipulation», il faut distinguer les documents qui auraient été découverts par Bérenger Saunière de ceux qui feront leur apparition sur la période récente, afin de donner au Mythe une nouvelle dimension.

Pour ce qui est de Bérenger Saunière, nous y avons déjà fait allusion, c'est au cours de travaux effectués dans l'église qu'il aurait mis la main sur différents parchemins. Certains pensent qu'il s'agit de documents cachés dans l'édifice par l'un des prédécesseurs de l'abbé Saunière, Antoine Bigou, avant de partir en exil en Espagne lors de la révolution française. Bigou étant le confesseur de la Dame de Blanchefort, notabilité locale, les commentateurs en déduiront rapidement qu'il s'agit de documents à caractère généalogique révélant de lourds secrets sur la lignée royale française. D'autres, et ce n'est pas contradictoire, verront dans cette découverte la mise à jour de textes sacrés, savamment trafiqués pour cacher un redoutable message… Nous touchons ici un des points les plus savoureux de l'affaire. Ces documents, connus sous les noms de « grand et petit parchemins », sont évoqués pour la première fois par Noël Corbu en 1955. Noël Corbu avait hérité, par le biais d'un viager octroyé par Marie Dénarnaud, du domaine de l'abbé Saunière, et y avait installé un hôtel-restaurant, « La Tour ». Pour égayer les visiteurs et attirer les touristes, il avait coutume de raconter la belle histoire du curé de Rennes-le-Château et de son trésor. Ce texte a été enregistré sur bande magnétique et conservé par la famille Corbu/Captier[60].

*En ce même mois de février 1892, le maître autel de l'église actuelle tombant en ruines, il avait demandé une aide au Conseil municipal qui la lui avait accordée pour le remettre en état. Les ouvriers le démontant trouvèrent dans un des piliers des rouleaux de bois contenant des parchemins. L'abbé immédiatement alerté s'en empara et quelque chose dut retenir son attention, car il fit arrêter immédiatement les travaux. Le lendemain, il partait en voyage pour Paris, dit-on, mais nous n'en avons aucune confirmation,*

Cette affaire sera reprise par le chercheur de trésors Robert Charroux, dans son ouvrage *Trésors du Monde* (Fayard 1962). On notera dans la citation qui suit que la principale source d'inspiration est encore Noël Corbu :

*Un événement fortuit à cette époque, fit entrer en jeu le curé Bérenger Saunière.*

*Il avait obtenu la cure de Rennes en 1885, et fut tout de suite adopté par la famille Dénarnaud dont la fille Marie avait dix-huit ans et travaillait comme chapelière au bourg d'Espéraza.*

*Les Dénarnaud, logés à l'étroit, ne tardèrent pas à venir habiter la cure. En 1892, le curé Bérenger*

---

60    Il a été publié notamment sur www.renneslechateau.com.

jouissait de l'estime certaine de ses paroissiens, tant par son zèle que par sa bonne humeur. C'est alors qu'il obtint un crédit municipal de deux mille quatre cents francs pour refaire le maître-autel wisigothique et la toiture de son église. Le maçon Babon de Couiza se mit au travail et un matin, à neuf heures, il appela le curé pour lui montrer dans un des piliers de l'autel quatre ou cinq rouleaux de bois, creux et fermés à la cire.

— Je ne sais pas ce que c'est ! dit-il. Le curé ouvrit l'un des rouleaux et extirpa un parchemin écrit, pense-t-on, en vieux français mêlé de latin, où l'on pouvait à première vue discerner des passages de l'Evangile.

— Bah, dit-il au maçon, ce sont de vieilles paperasses qui datent de la Révolution. Ça n'a aucune valeur. Babon à midi alla déjeuner à l'auberge, mais une pensée le tracassait, si bien qu'il en fit part autour de lui. Le maire vint aux renseignements ; le curé lui montra un parchemin auquel le brave homme ne comprit goutte et l'affaire en resta là. Pas tout à fait cependant, car Bérenger Saunière prit sur lui d'arrêter les travaux de l'église. Voici d'après M. Corbu ce qui dut se passer ensuite : Le curé cherche à déchiffrer les documents ; il reconnaît les versets de l'Evangile et la signature de Blanche de Castille avec son sceau royal, mais la suite demeure un rébus. Il va donc à Paris en février 1892 consulter quelques linguistes à qui par prudence il ne donne ses documents que par fragments. Je ne puis pas révéler les sources de mon information [c'est Noël Corbu qui parle] mais puis assurer qu'il s'agissait du trésor de la Couronne de France : dix-huit millions en cinq cent mille pièces d'or, des joyaux, des objets du culte, etc. Le curé *revient à Rennes sans connaître exactement le point de la cachette, mais avec des indications précieuses et suffisantes. Il cherche dans l'église. Rien ! Marie, pour sa part, est intriguée par une vieille dalle du cimetière portant une inscription bizarre ; c'est la pierre tombale de la comtesse Hautpoul-Blanchefort. Si le trésor était dessous ? Le curé ferme à clef la porte du cimetière et, aidé de Marie, durant plusieurs jours, se livre à un mystérieux travail. Un soir, ils sont récompensés de leurs efforts et finissent par reconstituer le puzzle, dont les inscriptions de la pierre tombale leur avaient donné les premiers éléments. Dès cet instant, la situation de Marie Dénarnaud change à la cure : elle devient la confidente, la collaboratrice.*

Mais c'est Gérard de Sède qui dans *L'Or de Rennes* (Julliard, 1967) va donner toute sa dimension à ces documents, en en proposant une reproduction, et en précisant qu'ils ont été soumis à un expert militaire du chiffre. Mais sans en donner à ce moment, suspense oblige, le décryptage. Et l'auteur du reste d'enrichir la collection par un troisième document, dit « manuscrit du Sôt Pêcheur », qui fera le bonheur des exégètes de tous poils ! Inutile de dire que personne n'a jamais vu les originaux de ces documents... Encore que le journaliste Jean-Luc Chaumeil exhibe volontiers les « grand et petit parchemins »[61], en expliquant que ce sont des faux

---

61      Message passé par l'intéressé sur internet le 28 mars 2003 (en l'état) :
*Jean-Luc Chaumeil met aux enchères la vente des parchemins*

fabriqués par Philippe de Cherisey, personnage haut en couleur sur lequel nous reviendrons. Il affirme de surcroît avoir la copie d'un manuscrit de ce dernier, Pierre et Papier, dans lequel le mystificateur explique comment il a fabriqué et codé ces pièces. Le chercheur Jean Robin, dans *La Colline Envoûtée* (Trédaniel 1982), retrace avec beaucoup d'humour les propos de notre farceur érudit :

---

*vrais ou faux de Philippe de cherisey.*
*Premier prix : 100.000 euros.*
*Un livre va expliquer toutes les histoires du faux Prieuré de Sion et de leurs émules : la société du Rex Deus.*
*Le rex mundi surveille étroitement toutes les nouvelles dérives, y compris les fouilles présumées d'une certaine fondation américaine !*
*D'autre part, il met en garde ceux qui, sous le labelle Périllos, organisent une nouvelle désinformation !*
*Enfin, ils rappellent, au sujet de Gisors que la Chapelle Sainte-Catherine a été, depuis longtemps identifiée : voir à ce sujet le Trésor des Templiers (édition Trédaniel).*
*Construite par les seigneurs de Flavacourt en 1522, son rétable a été présenté par Claude Rouit-Berger !*
*Encore une fois, les vraies données éliminent les fausses conclusions ! Le Marquis Philippe de Cherisey m'a chargé de dire la vérité quinze ans après sa mort. Je tiendrai ma parole car, il était sans nul doute, le seul à comprendre que son meilleur ami l'avait trahi, à savoir Pierre Plantard ! La lettre de 1985 est un faux manifeste comme d'habitude ! Avec les arguments développés dans la Table d'Isis, le prochain livre de Jean-Luc Chaumeil mettra un terme définitif aux élucubrations de ces anglais ou américains qui croient être «les maitres du Monde».*
*L'argent des parchemins et «de Pierre et papier», ira directement aux irakiens. J'ai dit.*
*Jean-Luc Chaumeil ,7 rue François Miron, Paris 75004. Tel et fax : 0142787377 – E-mail : jl.chaumeil@noos.fr*

« *M'étant rendu à Rennes-les-Bains en 1961 et ayant appris qu'après la mort de l'abbé la mairie de Rennes-le- Château avait brûlé (avec ses archives), j'ai profité de l'occasion pour inventer que le maire s'était fait délivrer un calque des Parchemins découverts par l'abbé. Alors sur l'idée de Francis Blanche, je me suis mis en devoir de composer un calque codé sur des passages d'évangiles et de décoder moi-même ce que j'avais codé. Enfin par voie détournée je faisais parvenir à Gérard de Sède le fruit de mes veilles. Cela a marché au-delà de mes espoirs.* »

En effet...

*Comme nos lecteurs seront peut-être surpris par cette apparition inattendue du fantaisiste Francis Blanche, nous nous en voudrions de ne pas leur citer le récit que fit le marquis de Chérisey – journaliste puis acteur – de sa rencontre avec l'immortel auteur de Signé Furax : « Je l'ai rencontré pour la première fois dans un night-club proche de la place Saint-Georges à Paris. Il jouait à faire peur et y réussissait ».*

« *Il a joué un grand rôle dans ma vie d'acteur à Bruxelles en 1961, à l'occasion du tournage de Vive le Duc, un film belge dont le moins on dira, mieux vaudra [sic]. Ensuite nous nous sommes rencontrés chez Cornehs, un spécialiste des marionnettes puis encore dans un night-club de la gare du Nord, aujourd'hui aboli. Il me fit raconter mes histoires de trésor, celle des rouleaux de bois d'où l'abbé Bérenger Saunière avait sorti des Parchemins qui depuis s'étaient éclipsés Pour rejoindre les coffres d'une banque anglaise.*

*— Fabrique-moi ça. Je suis preneur...*

— *Fabriquer quoi ?*

— *Des parchemins. Torche-moi cette farce et adresse-la chez Arnaud de Chassipoulet. Elle paraîtra dans mon feuilleton radiophonique.*

« Signé Furax était le nom de ce feuilleton radiophonique qui a laissé quelques traces dans la mémoire des auditeurs. Croirait-on pourtant que Pierre-Arnaud de Chassipoulet (avec un nom pareil) existât vraiment ? J'ai rencontré ce monsieur qui avait un magasin de magnétophones près de la rue de la Boëtie, mais sans rien lui remettre. Les pseudo-parchemins avaient occupé une part si importante de mes activités, que leur histoire dépassait le cadre d'un feuilleton. »

*Telle est donc la genèse des célèbres Parchemins de l'abbé Saunière.*

Mais l'affaire des manuscrits douteux ne se limite pas aux parchemins soit disant découverts par l'abbé Saunière.

Le Centre d'Etudes et de Recherches Templières (CERT), en liaison avec Pierre Jarnac, a fait œuvre utile en regroupant en trois fascicules, *Mélanges Sulfureux* (1994 & 1995), les « documents secrets » qui ont émaillé l'histoire récente de l'affaire de Rennes-le-Château. Il est à noter que tous ces fascicules ont fait l'objet d'un dépôt légal à la Bibliothèque Nationale afin de leur donner le crédit nécessaire.

Avant de parcourir ces « chefs d'œuvre de la manipulation », et pour la bonne compréhension de l'affaire, il convient d'apporter au lecteur une précision.

L'affaire du trésor de l'abbé Saunière constitue en quelque sorte la première strate du Mythe. La seconde est celle dite du « Prieuré de Sion ». Elle a pris naissance à la fin des années 50, à l'instigation du joyeux farceur que nous venons de croiser, Philippe de Cherisey, accompagné d'un personnage plus inquiétant, Pierre Plantard. De quoi s'agit- il ? D'une mystérieuse société secrète, qui remonterait aux origines de la création de l'Ordre du Temple, et qui abriterait une descendance royale occulte, celle des Rois

« Faits Néant », les Mérovingiens. Et Pierre Plantard ne serait autre que l'héritier de la lignée. Une lignée dont le destin serait intimement liée à l'affaire de Rennes-le- Château.


Feuilletons maintenant les « Documents Secrets » (cf. Chapitre II)


Nous ne serions pas complet, sous le registre des « documents, si nous n'évoquions pas l'affaire de la **tombe de la dame de Hautpoul**, véritable livre de pierre au cœur de notre affaire. Cette tombe, qui n'existe plus de nos jours, était constituée de deux parties, une dalle horizontale et une stèle verticale :

- L'existence passée de cette dalle est

authentifiée ; en revanche le texte inscrit est hypothétique, dans la mesure où il aurait été effacé par le prêtre. Les inscriptions citées à ce jour proviennent de témoignages oraux recueillis par l'ingénieur Ernest Cros plusieurs années après leur effacement, et certainement déformés et/ou enrichis au fil du temps.

• La stèle verticale comporte l'épitaphe de Marie de Nègre Able, marquise d'Hautpoul. Elle comporte de nombreuses bizarreries orthographiques ou typographiques. Son existence nous est connue par un document daté de 1906, rédigé par Elie Tisseyre, compte-rendu d'une randonné effectuée par l'auteur à Rennes-le-Château en 1905. Il est communément admis par la communauté des chercheurs qu'il s'agit là de la seule pièce authentique dans la saga rennaise.

Et alors ? Les anomalies dans le texte ne seraient-elles pas autre chose que le résultat d'un travail approximatif du graveur ? C'est ce que beaucoup d'investigateurs pensent, mettant en relations l'épitaphe et les parchemins de Philippe de Cherisey pour obtenir de savants décryptages !


### *La réécriture du parcours de personnages historiques*

Insérer dans la biographie de personnages historiques quelques touches subtiles visant à accréditer le Mythe est une autre technique, fort efficace comme on va le voir. Les exemples sont nombreux dans notre affaire, et nous en retiendrons trois pour illustrer notre propos : Siegebert IV et les Mérovingiens, la cantatrice Emma Calvé et un représentant de la famille impériale des Habsbourg.

L'affaire des **Mérovingiens**, on l'a vu en feuilletant les manuscrits douteux, est au cœur de la seconde strate du Mythe. Un numéro spécial des *Etudes Mérovingiennes*, bulletin du Cercle Saint Dagobert II (juin 2000) nous explique ainsi la fin de la dynastie : *Dagobert II est né vers 650 et succède au trône d'Austrasie à son père défunt, encore enfant, selon la coutume à cette époque. Le Maire du Palais (sorte de Premier ministre tout puissant), GRIMOALD imagina une ruse pour éloigner l'enfant en exil en Irlande, en espérant que le jeune roi serait oublié. Mais, DAGOBERT fut remarqué par le futur évêque d'YORK, WILFRID. Ce dernier éduqua et instruisit le jeune prince. Informés par WILFRID, les seigneurs d'AUSTRASIE réclamèrent le retour du roi. DAGOBERT II, de retour dans ses Etats qui avaient été ravagées par les guerres et les factions rivales au cours de son exil, rétablit la paix et la prospérité. Il fit beaucoup de fondations de monastères et d'églises. Cependant, sa réussite suscita la jalousie d'EBROIN, Maire du Palais de NEUSTRIE et de BURGONDIE. Ayant appris le séjour de DAGOBERT, courant décembre 679 à STENAY, un complot visant à assassiner le roi fut organisé et réussit près de la FONTAINE D'ARPHAYS, aujourd'hui FONTAINE*

*SAINT DAGOBERT. Le corps du roi fut ramené à CHARMOIS, puis enseveli dans la basilique St Rémi de Stenay. Son fils SIGEBERT IV, héritier du trône, disparut en même temps que son père ou, selon la légende, fut exilé dans le RAZES, où il aurait fait souche.*

Légende en effet, car, est-il besoin de le souligner, aucun document historique n'a jamais étayé cette dernière thèse. Gérard de Sède, dans *l'Or de Rennes*, la reprend à son compte en se fondant sur les écrits d'Henri Lobineau et de Madeleine Blancasall. Il admet certes que la thèse énoncée dans ces deux documents « est pour le moins étonnante » ! Cela ne l'empêchera pas de la creuser dans un ouvrage postérieur *La Race Fabuleuse* (J'Ai Lu, 1973).

Essayons de reprendre les points marquants de ce dernier ouvrage tout en précisant que la source de l'auteur est largement spéculative, puisqu'elle repose sur une série d'entretiens avec un mystérieux Marquis de B. dont l'identité ne nous sera pas révélée[62]....

• Sur le blason de la ville de Stenay figure la face grimaçante et cornue du démon, une figure pourtant jamais utilisée en héraldisme... Après enquête locale, étude des travaux d'un archéologue du XIX^ème siècle, un certain Jeantin, et conversations avec le Marquis de B, de Sède arrive à la conclusion que Stenay s'est autrefois appelée Shatan, puis Shatenay. Toujours d'après

---

62    Il s'agit bien sûr du Marquis Philippe de Cherisey.

l'archéologue, "l'appellation de Shatan est à la fois géologique, cosmogonique et hébraïco-celtique, c'est là le brevet d'antiquité le plus incontestable de Stenay". Et de voir effectivement une connection hébraïque évidente avec notre paisible région qui abrite les villages de Baalon (le dieu Baal) et d'Avioth (av en hébreu signifie ancêtre)...

• Notre archéologue romantique, pour reprendre la fameuse expression de Jacques Bergier[63], se met ensuite à la recherche de l'église Saint Dagobert, édifiée sur les ruines d'un temple dédié à Saturne, mais dont on a perdu la trace au cours de l'histoire. Grâce à une vieille gravure, il finit par la localiser sous les maisons Matton et Laplante[64].

• Le lien étant opéré avec les Mérovingiens, on nous explique alors que cette dynastie était d'origine hébraïque et sacrée. Les sources sont toujours notre bon Marquis de B et l'ouvrage d'Henri Lobineau, *Généalogie des Rois Mérovingiens*, trouvé à la Bibliothèque Nationale ! On nous apprend également que les rois mérovingiens ont été "faits néant", car oubliés progressivement par l'histoire... Le dernier des souverains, Dagobert II, fut assassiné

---

63    Voir par exemple *Les Livres Mystérieux* dans la même collection J'Ai Lu (l'Aventure Mystérieuse).
64    En fait cette découverte a été faite en 1965 par Laplanche, architecte local. Le portail de l'église a été démonté en 1972 sous la supervision de l'abbé Vigneron pour être préservé dans un lieu sûr.

près de Stenay, dans la forêt de la Woëvre. Et de fait, Dagobert avait bien un fils, Sigebert, mais qui fut tué lors d'une chasse au sanglier. Là s'arrête l'histoire " officielle ". Mais elle cède rapidement la place à l'histoire "romantique", puisque d'après une chronique de l'époque, *Le Livre des Evêques de Strasbourg* de Bruschius, Sigebert fut ressuscité grâce à l'intervention de Saint Argobaste. De Sède, bien connu pour son rationalisme, précise utilement qu'il ne faut certainement pas croire à ce type de légende, l'héritier étant vraisemblablement tombé dans le coma suite à l'accident de chasse. L'affaire se termine, selon certains historiens (non cités), par l'exil du monarque, soustrait par sa sœur Irmine aux menaces des nouveaux dirigeants (les "pépinistes"), en Septimanie, c'est à dire dans la région du Haut-Languedoc.

Abandonnons ici la lecture de cet ouvrage, la suite étant une traque du Grand Monarque à travers les siècles pour aboutir à la révélation ultime, faite bien sûr par le Marquis de B, à savoir l'origine extra-terrestre des Mérovingiens. Précisons cependant que d'après un vieil ouvrage découvert à Bruxelles par l'auteur, des tombeaux auraient été retrouvés au XVIIIème siècle dans les cryptes de l'église Saint Dagobert, révélant également que les Mérovingiens pouvaient être de grande taille... Des Géants venus d'Ailleurs...

L'affaire **Emma Calvé** est tout aussi

savoureuse. Voici une notice biographique publiée sur le site www.renneslechateau.com :

*Rosa Emma Calvet (née à Decazeville en 1858 et décédée à Millau en 1942) était une soprano de très grand talent ; très célèbre, elle s'illustrera notamment dans Carmen. Elle achète en 1894 le château de Cabrières près de Millau. Quelques auteurs lui ont attribué a une liaison avec Bérenger Saunière. Cette relation ne repose sur aucun élément tangible. Il y a juste une photo d'Emma Calvé provenant d'une tablette de chocolat Poulain, collée dans un cahier de Saunière... En 1940, elle publie ses mémoires et ne mentionne jamais une quelconque visite à Rennes-le-Château.*

*Passionnée d'Hindouisme et d'occultisme, on la verra souvent fréquenter le Cabaret du Chat Noir, à Paris, en compagnie de Mucha, Papus, Camille Flammarion...*

Sa fameuse liaison avec Saunière est évoquée pour la première fois dans le « vrai-faux » document de Madeleine Blancasall (1965, cf supra). Saunière s'étant enrichi suite à la découverte d'un trésor donne de grandes fêtes à la villa Béthanie. ...la villa est devenue très vite une maison de liesses. Les personnalités de tous genres s'y succèdent : Emma Calvet, la grande cantatrice... Cette rencontre sera reprise et explicitée dans L'Or de Rennes. Selon de Sède (cf supra), c'est à l'occasion de son voyage (supposé) à Paris que Saunière a croisé pour la première fois la cantatrice, suite à son introduction dans les cercles ésotériques de la capitale par Emile Hoffet.

Quant à la suite... En voilà un bel exemple, extrait de notre *Bibliothèque de Bérenger*[65]:

*Le livre de Jean Contrucci, « Emma Calvé, la Diva du Siècle » (Albin Michel 1989) interpellera tous les saunièrologues avisés. Je ne me place évidemment pas sur le plan des amateurs d'Opéra qui trouveront certainement ici tous les éléments nécessaires pour évoquer la mémoire de la grande cantatrice. Mais pour ce qui est de notre Mythe préféré, je reste perplexe : l'auteur reprend à son compte tous les éléments de la Belle Histoire, puisés notamment chez de Sède, sans aucun regard critique. Un bel exemple de la technique de l'éponge : on absorbe tout ce qui se raconte et on le ressort comme une évidence absolue.*

Terminons cette section consacrée au «recyclage de personnages historiques» avec l'affaitre de **Jean Orth**. Toujours dans l'ouvrage de Gérard de Sède, nous pouvons lire : *l'hôte le plus mystérieux est celui que les habitants du village en sont venus à appeler « l'Etranger » : derrière son incognito se cache l'Archiduc Jean de Habsbourg, cousin de l'Empereur d'Autriche-Hongrie.* Qu'en est-il en réalité ? Nous reprenons ici un article du Quotidien de Paris du 7 avril 1924[66] qui, sous le titre de « La Légende de Jean Orth », fait le tour du sujet :

---

65    Bibliographie des ouvrages traitant de l'affaire de Rennes-le-Château (Philippe Marlin, Association Œil du Sphinx, 2004).
66    Merci à l'érudit Joseph Altairac pour nous avoir communiqué ce document.

*La légende de Jean Orth paraissait usée. La guerre, les bouleversements de l'Europe ont rejeté dans un passé lointain et définitivement aboli les tragédies de la cour d'Autriche… Les mystérieuses histoires de la famille des Habsbourg ne passionnent plus guère l'imagination.*

*La mort, dans un hôpital de New-York, de cet Orlow Orth qui pourrait être l'archiduc Jean Salvator, disparu plus de trente ans, eût sans doute à peine défrayé la chronique d'un jour si le suicide de la jeune pupille d'Orlow Orth n'était venu ressusciter l'atmosphère romanesque où l'on s'est complu à situer toute la vie du jeune prince autrichien.*

*L'histoire cependant, a peu à peu remplacé la légende. Les archives ont livré leurs secrets, les témoins ont osé parler. Nous avons maintenant des documents parmi lesquels les plus curieux sont peut-être les souvenirs de Marie Stubel, qu'a publiés la revue Die Stunde.*

*Marie Stubel était, en effet, bien placée pour nous conter le roman de Jean Salvator puisque sa sœur, Milli Stubel, en fut l'héroïne.*

### La « mésalliance » de l'archiduc

*Fils du grand-duc de Toscane dépossédé, propre cousin de l'empereur François-Joseph, l'archiduc Jean Salvator ne pouvait sans soulever l'indignation de toute la cour d'Autriche songer à épouser Milli, la modeste petite bourgeoise qu'il avait rencontrée dans les milieux d'artistes où il se plaisait.*

*Il l'osa cependant. L'empereur s'émut, refusa son*

*autorisation à ce mariage. Rien ne dissuada l'archiduc de son projet. Son union avec Milli, qui fit scandale, devait durer malgré toutes les oppositions.*

*On s'est plu à voir là les raisons qui poussèrent Jean Salvator à renoncer à son rang et à ses titres et l'on a rendu son départ d'Autriche, en 1889, romanesque comme un enlèvement.*

*En réalité, l'archiduc vécut d'abord à Vienne, en commun avec Milli Stubel, des années remplies de projets politiques et d'intrigues.*

### Les projets de Jean Salvator

*D'une nature ardente, enthousiaste, Jean Salvator rêvait d'introduire dans son pays de grandes réformes.*

*Mais l'hostilité de la Cour fait échouer tous ses projets. Il n'a pour ami que le fils de François-Joseph, Rodolphe.*

*En cet ami d'enfance partiellement affranchi des préjugés traditionnels, Jean Salvator place les espoirs de rénovation qui le font passer pour libéral.*

*François-Joseph lui apparaît comme l'obstacle à tous les plans. L'archiduc est-il allé jusqu'à la conspiration ? On n'a jamais pu le prouver.*

*En tout cas, l'archiduc est étroitement surveillé par ses ennemis. On prend soin d'irriter l'empereur contre lui.*

*C'est alors que, pour la première fois, Jean Salvator songe à quitter l'Autriche sans renoncer pourtant à jouer un rôle dans les destinées de son pays.*

*Ses ambitions personnelles et son rêve de suprématie*

*autrichienne dans les Balkans s'accordent. Il songe au trône de Bulgarie. Des pourparlers actifs s'engagent avec le parti national bulgare.*

### Après le drame de Meyerling l'archiduc songe à s'expatrier

*Mais survient le drame de Meyerling. Accouru chez lui comme un fou, effondré, Jean Salvator ne peut que répéter : «Ils l'ont assommé ! Ils l'ont assommé!» Mais c'est lui qu'on charge d'aller annoncer à l'impératrice la mort de Rodolphe.*

*L'impératrice l'écoute, bien calme, puis fait immédiatement chercher son médecin pour lui demander si elle peut encore donner un héritier à l'empire.*

*Ayant perdu son meilleur ami, vu échouer tous ses plans, Jean Salvator n'a bientôt plus qu'un désir : abandonner ce pays hostile. Il rêve d'affaires, de grandes entreprises commerciales. Il ira au Chili et il fera avec Hambourg le commerce du salpêtre.*

*En 1889 il quitte Vienne définitivement. Il renonce à se titres et prend le nom de Jean Orth. A Londres, il épouse enfin Milli Stubel qui, depuis treize ans, partage ses espoirs et ses déceptions.*

### En route pour l'exil

*Puis c'est le départ sur le voilier Santa-Margarita.*

*On n'eut jamais plus de nouvelles du navire, qu'on considéra comme s'étant perdu corps et biens.*

*Quand un jour, en Amérique, un homme prétendit*

*être l'archiduc, les autorités le considérèrent comme un imposteur.*

*Les journaux seuls s'obstinèrent périodiquement à ressusciter le disparu.*

### Orlow ? Jean Orth ?

*Aujourd'hui, le consulat d'Autriche se refuse à aller reconnaître le corps de cet Orlow qui se donne pour Jean Orth, tant il est peu vraisemblable que l'archiduc ait échappé au naufrage du Santa-Margarita.*

*La réalité ne viendra sans doute pas détruire la belle légende, la légende du prince qui abandonna pour la petite Milli la Cour impériale, un trône peut-être, et qui partit avec elle pour des pays de rêve d'où il n'est jamais revenu.* Aucune allusion bien sûr à un passage à Rennes-le- Château !

Cette chronique concernant l'utilisation de personnages historiques pourrait être considérablement allongée ; on pourrait aussi évoquer la façon dont le peintre Nicolas Poussin et son tableau « les Bergers d'Arcadie » ont été récupérés par le Mythe ; ou encore l'art avec lequel on a fait de Jules Verne et de Maurice Leblanc les illustrateurs littéraires de l'Affaire…

# COMMENT TRANSFORMER LE TOUT EN UNE « BELLE HISTOIRE » ?

La création mythologique, on l'a ressenti à travers nos analyses, a besoin d'écrits pour s'exprimer pleinement et se diffuser largement. Il lui faut une belle plume, qui suggère sans jamais affirmer, tout en sachant instiller dans l'esprit du lecteur une Vision grandiose. Le Mythe débouche alors sur le Rêve avec lequel il se confond.

### Il faut une belle plume

A tout seigneur tout honneur, c'est à **Gérard de Sède** que revient la première place dans le panthéon des écrivains saunièrisants. Nous l'avons déjà abondamment cité, car c'est par lui que toute l'affaire de Rennes-le-Château a pris sa véritable dimension. Journaliste, Gérard de Sède a commencé par s'illustrer dans l'affaire du trésor des Templiers de Gisors (Eure). Une affaire rocambolesque dans laquelle il est question d'une chapelle souterraine située au-dessous du donjon du château et dans laquelle le gardien, Roger Lhomoy, aurait trouvé une trentaine de coffres métalliques. Une affaire à grand spectacle car elle déclencha une telle polémique que le ministre de la culture de l'époque, André Malraux, décida d'ouvrir un chantier de fouilles officielles. Sans résultat. Cette étonnante saga est retracée dans le premier best-seller de notre auteur, *Les Templiers sont parmi nous* (Julliard 1962). Il est intéressant de remarquer que cet ouvrage est postfacé par Pierre Plantard qui délivre au lecteur « le point de vue d'un hermétiste ». Dans un article récent publié dans la revue Thesaumag[67], de Sède revient sur l'affaire Gisors et décrit Plantard comme le responsable d'une officine « spécialisée dans la confection de faux documents ».

On l'aura compris, la mécanique de l'intoxication par la technique des « vrais faux documents » avait déjà débuté. Elle prendra toute son ampleur dans *L'Or de Rennes* publié en 1967[68]. La mise au point suivante, qui figure à la Bibliothèque Nationale sous la cote dépôt légal 02-03-1979 (4° Z Piece 1182), permet de mieux comprendre le  montage de l'affaire :

*PIERRE  PLANTARD  DE  SAINT-CLAIR REPOND A PIERRE PONS*

*Dans un article de la «DEPECHE» en date du Dimanche 4 Février 1979, Pierre PONS faisait citation de mon nom, ainsi que du livre «SIGNE : ROSE+CROIX» à propos de «...trois nouvelles victimes» du TRESOR MAUDIT DE RENNES-LE-CHATEAU.*

*C'est faire beaucoup d'honneur à ma personne en déclarant que cet ouvrage «...fait autorité en la*

---

67      Février 2003.

68      Publié chez Julliard, et en version poche dans la collection J'Ai Lu l'Aventure Mystérieuse sous le titre *Le Trésor Maudit de Rennes-le-Château*. Une version réactualisée sera publiée chez Plon en 1977 sous le titre *Signé Rose+Croix*.

*matière…», car si tous les lecteurs savent que ce livre est la réédition de «L'OR DE RENNES» publié pour la première fois en Novembre 1967 aux Editions RENE JULLIARD, presque tous ignorent que l'écrivain GERARD de SEDE fut le prête nom de mes œuvres.*

*Cette «Mise au Point», m'oblige à retracer en quelques lignes l'origine de la publication SIGNE: ROSE+CROIX et permettra aux lecteurs d'apprécier à sa juste valeur ma «Préface» du livre «LA VRAIE LANGUE CELTIQUE» de l'Abbé BOUDET, publié aux Editions PIERRE BELFONT en Décembre 1978,*

*Le 17 Juillet 1965, le manuscrit de L'OR DE RENNES étant achevé, suivant mon accord antérieur avec les Editions JULLIARD, j'en informais Mr. Pierre JAVET, Directeur d'éditions. C'est Melle Janine MUSY qui me fit réponse. Notre rencontre eut lieu le Lundi 26 Juillet 1965, et après lecture, la publication fut décidée.*

*Ne désirant pas voir «mon nom» figurer comme «auteur» de cet ouvrage, j'ai contacté Gérard de SEDE en Décembre 1965. Celui-ci ignorait totalement l'existence de RENNES-LE-CHATEAU, mais il était mon co-auteur du livre «LES TEMPLIERS SONT PARMI NOUS» et j'avais pour lui la sincère amitié du maître à son meilleur compagnon. Par acte du 31 Janvier 1966 enregistré n° H 27276, Gérard de SEDE, contre 35% de mes droits d'auteur, cédait SON NOM pour «L'OR DE RENNES». Le contrat devait être signé chez l'éditeur le 1er Mars 1966...*

*Au moment de la signature Gérard de Sède déclara qu'il était malade et téléphona par la suite pour me réclamer 50% des droits d'auteurs afin de donner son nom. Ultérieurement il prétexta une demande de renseignements auprès de Mr. DEBANT, directeur des Archives de l'Aude et l'attente de la réponse du Colonel ARNAUD auxquels il avait demandé des précisions au sujet du codage de la pierre tombale de la Marquise de BLANCHEFORT ! Ce marchandage dura jusqu'en Décembre 1966...*

*Devant ces faits, Mr. Christian BOURGOIS, directeur des Editions JULLIARD et moi-même, nous pensions publier L'OR DE RENNES sous le nom de Philippe de CHERISEY. C'est alors que Gérard de SEDE se décida à signer le contrat primitif, ceci le 13 Janvier 1967. Il fut alors convenu qu'il ferait la correction des épreuves de l'imprimeur. Moi-même, je m'engageais à le faire participer à une émission télévisée de Pierre LAFORET. Lors de ma réception des volumes envoyés par les Editions JULLIARD le 10 Novembre 1967, grande fut ma stupéfaction de lire aux pages 132 à 137 un commentaire où il est question de Mr. DEBANT et du Colonel ARNAUD et agrémenté de la reproduction de «faux parchemins[69]» ainsi que du truquage de certaines de mes photos. L'enquête révéla que Gérard de SEDE avait profité de son travail de correction des épreuves pour introduire dans l'ouvrage des éléments de sa pure fantaisie. Le livre se trouvait déjà dans le commerce, nous ne pouvions plus rien faire.*

---

69     *Mon Oncle a acheté à Mme JAMES en 1955, les trois parchemins découverts par l'Abbé SAUNIERE, curé de Rennes-le-Château, ces actes se trouvent depuis 24 ans dans le coffre d'une Banque Anglaise.*

*En Mars 1977, les Editions JULLIARD nous informèrent séparément, Gérard de SEDE et moi-même, qu'ils retiraient du circuit commercial L'OR DE RENNES qui avait 10 ans. Gérard de SEDE se présentant comme auteur aux Editions PLON, abusant de leur confiance, demanda la réédition de l'OR DE RENNES sous le titre de «SIGNE : ROSE+CROIX». C'est ainsi que le 20 Juin 1977 dans une librairie j'ai découvert le plagiat et la nouvelle forfaiture de celui qui «fait autorité en la matière», selon l'expression de Pierre PONS,*

*Depuis le 10 JUILLET 1977 j'ai fait interdire la vente du livre «SIGNE : ROSE+CROIX» qui fourmille d'erreurs, y compris la première page... (Gérard de SEDE, dans son incompétence n'a même pas été fichu de s'apercevoir que la représentation du «diable» se trouvait à l'envers). Le 24 Octobre 1977 j'ai refusé la publication dans les livres de poche «J'AI LU»... de ce plagiat de l'OR DE RENNES.*

*En Avril 1978, Mr. Pierre BELFONT prenait contact avec moi et me demandait de bien vouloir écrire une préface au livre qu'il désirait rééditer : «LA VRAIE LANGUE CELTIQUE» de l'Abbé Henri BOUDET. Or avant de lui donner une réponse affirmative, j'ai consulté diverses personnes pour savoir l'opportunité de cette publication et par une indiscrétion, Gérard de SEDE s'est trouvé au courant du projet. Utilisant alors des documentations que je lui avais confiées, ainsi que mes photocopies du livre de l'Abbe BOUDET, il s'est précipité de faire une réédition de la VRAIE LANGUE CELTIQUE.*

*Je laisse aux lecteurs le soin d'apprécier les procédés de Gérard de SEDE, car ma présente réponse n'a d'autre objet qu'une «Mise au point» à un article de Pierre PONS.*

Il est évident que Gérard de Sède, dans cette affaire, s'est fait manipuler par nos étranges compères. Il fera du reste ses « aveux » en 1988 dans son dernier ouvrage sur le Mythe, *Rennes-le-Château, le dossier, les impostures, les fantasmes, les hypothèses* (Robert Laffont). Il y règle plus particulièrement ses comptes avec Pierre Plantard sous le titre : « Le Grand Monarque est un fumiste », montrant avec beaucoup d'humour la véritable nature du Prieuré de Sion. Nous sommes très loin de la mythique initiative de Geodefroy de Bouillon en 1099 : rien d'autre qu'une association de la loi de 1901 déclarée en 1956 à la sous- préfecture d'Annemasse sous forme d'amicale des… pêcheurs à la ligne[70] !

Que reste t'il de tout cela : un superbe petit bouquin qui aura fait rêver des générations de chercheurs de trésors. Je cite la *Bibliothèque de Bérenger* (op cité) :

*Il est en effet toujours intéressant de revenir aux sources du mythe ; on se remet les dates fondamentales en tête : 1917, décès de l'abbé Saunière ; 1955, Noël Corbu qui a racheté la villa Béthanie à la servante*

---

70      Pour être plus exact : « Buts : études et entraide des membres ».

*du curé pour la transformer en auberge, réalise une cassette audio dans laquelle il raconte « une belle histoire » à l'attention de sa clientèle ; celle-ci est reprise dans le quotidien La Dépêche du Midi » ; mais c'est en 1967 que l'affaire prend toute sa dimension ésotérico-mystique suite à la publication par Gérard de Sède du « Trésor Maudit de Rennes-le Château » aux Editions J'ai Lu. Un de Sède qui avait déjà défrayé la chronique avec son ouvrage « Les Templiers sont parmi nous » (cf. supra).*

*Revenons donc au livre-fondateur. Après une première partie retraçant la biographie de l'abbé, l'auteur consacre un long dégagement aux mythes, légendes et autres rumeurs circulant dans la région sur le thème du « trésor ». Tout en reconnaissant très honnêtement, du moins quant à l'existence «physique» du dit trésor, qu'« aucun document ancien et probant n'existe qui nous permette de passer des certitudes à la réalité ».*

*Nous abordons ensuite le morceau de choix, celui du mystère symbolique. Gérard de Sède nous conte sa découverte d'une copie des manuscrits de l'abbé (sans préciser qui les lui a remis) et ses tentatives de déchiffrage… On restera sur sa faim. Idem lorsqu'il nous explique que le livre de l'abbé Boudet (La vraie langue celtique ou le Cromleck de Rennes-les-Bains) est un document codé qui cherche à nous dire quelque chose de secret ayant trait à la géographie locale. Idem encore lorsqu'il nous parle de la symbolique de l'église de Rennes-le Château et de son étrange église. Allusions, suppositions, mais rien de bien concret.*

*Le livre se termine par l'évocation d'une étrange malédiction frappant chercheurs et acteurs de cette curieuse affaire (meurtres notamment des abbés Gélis et Boudet[71]).*

*Un ouvrage au total bien écrit et agréable à lire par son esprit « romanesque ». Il ne démontre rien, mais laisse entendre, suggère, sous-entend. Une technique chère à l'époque qui est celle, ne l'oublions pas, de Planète et du Matin des Magiciens. Un morceau de choix pour l'archéo-rêveur !!! Et Gérard de Sède a plus que rempli sa mission lorsqu'on connaît la suite de l'affaire…*

Mais si de Sède a été historiquement le moteur littéraire de l'affaire, un autre compère attend, tapi dans l'ombre, le moment opportun pour transformer l'essai. Il s'agit du très british Henry Lincoln, qui dès 1972, propose sur la BBC un documentaire intitulé *The Last Treasure of Jerusalem*. Un document d'archive du plus haut intérêt : le premier reportage sur notre affaire et la première apparition d'Henry Lincoln qui abandonne son rôle de figurant dans « Chapeau Melon et Bottes de Cuir » pour s'adonner au journalisme de l'étrange. Tous les ingrédients de la « belle histoire » sont rassemblés, avec une prédilection marquée pour le décryptage des faux parchemins et de la tombe de la dame de Hautpoul. Le tout dans le décor d'un petit

---

71     Ce qui est faux, l'abbé Boudet n'a jamais été assassiné !

village qui, en 1972, faisait terriblement « bout du monde » !

Mais le « gros coup » est assurément la publication en 1982 de *L'Enigme Sacrée* (publié en France en 1983 par Pymaglion), en compagnie de Michaël Baigent et Richard Leigh. Un gros coup médiatique puisque les bus londoniens de l'époque annonçaient, sur les panneaux publicitaires, des révélations stupéfiantes sur la vraie vie du Christ.

Ce bouquin est sans conteste l'un des must de l'histoire ésotérique et mystérieuse. Le « pendant documentaire » en quelque sorte du fameux *Pendule de Foucault* d'Umberto ECO. De quoi s'agit-il ? D'une vaste enquête historique qui, prenant pour base l'énigme de Rennes-le-Château, nous entraîne en un tourbillon dans la Palestine du Christ, chez les Mérovingiens, les Cathares, les Templiers, les Rose-croix, le Prieuré de Sion etc... Et pour arriver à quelle conclusion ? :

« Nous découvrîmes que les Mérovingiens eux-mêmes affirmaient descendre en droite ligne du Roi David de l'Ancien Testament... Jésus était le prétendant légitime au trône d'Israël ; il s'était marié et avait engendré des enfants dont les descendants devaient, quelque trois siècles et demi plus tard, se confondre avec la dynastie mérovingienne ».

Le Prieuré de Sion est le gardien de cette tradition et attend son heure... pour restaurer la Véritable Monarchie. Et les parchemins découverts par l'Abbé Saunière auraient trait à cette Généalogie « divine ».

Résumée de façon aussi brutale, cette thèse peut bien évidemment prêter à sourire. Mais elle vaut le détour, par son incroyable documentation et la façon très « enquête policière » dont elle est traitée.

Cet ouvrage a eu un énorme succès. Tellement énorme que les auteurs se sont crus obligés de sortir un second volume, *Le Message*, beaucoup plus anecdotique. Ils retracent les réactions à leur ouvrage, leurs contacts avec le mystérieux Prieuré de Sion, son rôle dans la politique française de l'après-guerre. Ils reviennent également sur l'histoire de Jésus, montrant que son rôle de libérateur de la Palestine a été occulté par certains de ses disciples, et notamment Paul, responsable de sa «transformation» en «divinité» telle qu'entendue par l'Eglise.

Un livre serait assurément à écrire sur les impacts de *l'Enigme Sacrée*, notamment dans les milieux anglo-saxons, particulièrement friands de ce type de littérature qui garantit à tous les coups à son lecteur le « grand frisson religieux ». Feuilletons rapidement *La Bibliothèque de Bérenger* pour extraire rapidement quelques spécimens de la foisonnante descendance de ces thèses sulfureuses.

L'ouvrage de Laurence Gardner **Le Graal et le**

**Lignée Royale du Christ** (Dervy 1996) marque une étape importante dans le développement du Mythe. Il s'agit en quelque sorte du « fondement historique » des révélations de *l'Enigme Sacrée*. Une théorie ou une ré/écritue de l'histoire qui connaîtra un grand succès dans les pays anglo-saxons, fera couler beaucoup d'encre et donnera lieu à un commerce lucratif sur de vraies/fausses généalogies. On connaît tous ces développements sensationnalistes. Le Christ n'est pas mort sur la croix, a eu des enfants avec Marie-Madeleine (trois ici)… D'où un champ d'investigation de tout premier choix pour les généalogistes de l'Ailleurs : traquer les cheminements de la descendance divine et retrouver dans notre monde les héritiers de Jésus. Il ne s'agit pas cette fois de l'inénarrable Pierre Plantard de Saint-Clair, quoique l'auteur suive au départ une piste identique à celle de Lincoln qui passe obligatoirement par les mérovingiens ! Non, la descendance royale est localisée dans une famille écossaise, celle des Stuart. L'ouvrage est du reste préfacé par un des rejetons de ce clan illustre, le Prince Michel d'Albany, qui félicite bien sûr l'auteur pour la pertinence de sa recherche…

Ce livre est, comme tous ceux de la même veine, un ouvrage assez classique en matière de piège à gogos. Un mélange d'érudition historique assez respectable (je pense ici à tout le travail effectué pour analyser les manuscrits de la Mer Morte et les Apocryphes) et d'injection d'éléments sensationnels sans donner aucune source ni référence.

Avec **La Révélation des Templiers** (Lynn Picknett & Clive Prince, 1997, 1999 pour l'édition française au Rocher), nous plongeons dans des thèses mystiques parallèles à celles explorées par l'Enigme Sacrée. Cet énorme pavé de près de 400 pages propose une thèse, pas toujours facile à suivre, selon laquelle Jésus n'était pas le fils de Dieu, mais un initié formé aux Arcanes Egyptiennes ; et de revisiter l'Histoire Sainte pour nous expliquer que les personnages importants de cette « tradition hérétique » étaient Jean le Baptiste et Marie Madeleine, cette dernière étant de surcroît l'épouse du Christ.

Ce livre fourmille d'informations curieuses, et notamment une relecture des tableaux de Léonard de Vinci dans lesquels le Baptiste et Marie-Madeleine sont omniprésents ; tout comme une étonnante étude sur l'église Notre-Dame de Marceille à Limoux, qui fut propriété de Monseigneur Billard et qui posséderait de bien étranges souterrains ; ou encore d'allusions semi-voilées aux relations qui auraient pu exister entre Noël Corbu et Pierre Plantard.

Ce dernier est du reste un peu la clef de ce livre, et c'est la raison pour lequel j'ai éprouvé un lancinant malaise à sa lecture. Le Prieuré de Sion (historique) est considéré comme une réalité, et les facéties récentes du dit Plantard sont considérées avec beaucoup de sérieux. Les auteurs admettent volontiers que les « Dossiers Secrets du Prieuré » sont des faux, mais des faux tellement érudits qu'ils cachent obligatoirement quelque chose d'important !

Bref beaucoup de supposés à priori et d'affirmations rapides, pour ne pas dire gratuites. Un livre dont il faut se méfier.

**Rex Deus** de Marylin Hopkins, Graham Simmons et Tim Wallace-Murphy (Editions du Rocher, 2001) reprend l'enquête de Lincoln, et fort honnêtement, convient que les documents exploités par les auteurs de *l'Enigme Sacrée* (parchemins de Saunière, documents du Prieuré de Sion...) sont des faux, produits d'une manipulation orchestrée par l'inénarrable Plantard de Saint-Clair... Mais, cette mystification  n'est pas suffisante à discréditer la piste « divine ». Les auteurs en effet, sur base des révélations d'un certain Michaël, membre de la très sélecte « Saunière Society »[72], mettent en lumière l'existence d'une filiation issue de Jésus, appelée Rex Deus. Jésus n'était pas le fils de Dieu, mais un initié, thèse que l'on retrouve du reste magistralement développée dans *l'Homme qui devint Dieu* de Gérard Messadié (Robert Laffont, 1988). Un initié formé à l'école des prêtres du Temple, tout comme sa mère Marie. Les jeunes femmes étaient, au terme de leur « enseignement », fécondées par les prêtres

------

72      Le Fan'Club d'Henry Lincoln.

du Temple, pour assurer la filiation, avant d'être remises à leur mari... Voilà ce qui assurément explique le mythe de la virginité ! Toute cette démonstration se fonde vaguement sur les évangiles apocryphes, écrits intertestamentaires et manuscrits esséniens... Et notamment « l'Evangile de Marie » qui fait une brève allusion à la formation dispensée aux filles...

Les bases sont posées, et l'essentiel du livre sera une « revisitation de l'histoire », afin de traquer la lignée du Rex Deus au travers les cathares, templiers, francs-maçons et autres figures ésotériques. Avec un passage obligé par de Concile de Nicée qui a codifié la foi chrétienne en déformant les sources.

Une belle histoire, assurément, qui comme toutes les belles histoires démarre sur des bases mystérieuses (le bon Michaël souhaite bien évidemment garder l'anonymat)... Ces enquêtes sur la « descendance du Christ » me font souvent penser à l'ufologie : si les ET existent, pourquoi n'ont-ils jamais vraiment pris contact avec nous ? Si cette Race Fabuleuse est un fait, pourquoi reste-elle secrète au travers des siècles ? Interrogation certes primaire, mais je n'ai jamais trouvé la réponse !


Il fallait le faire... Dan Brown l'a fait en consacrant un énorme thriller (454 pages) au Prieuré de Sion ! **The Da Vinci Code** (Bantam

Press) est assurément le best seller de l'été 2003[73] pour tous les « researchers » anglo-saxons. Un tel succès du reste que cette œuvre devrait bientôt donner naissance à un film. Espérons aussi une traduction française.[74] Je remercie au passage Stella Maris pour m'en avoir procuré un exemplaire, ce qui m'aura évité de passer un été « idiot ».

Car ce livre est un livre « tendance » qui développe avec un talent évident les dernières thèses à la mode. Un « matériel » mystérieux (documents, reliques ?) aurait traversé l'histoire en provenance de nos amis Templiers qui auraient mis la main dessus à Jérusalem. Un matériel ultra-sensible, susceptible de faire trembler l'Eglise Catholique sur ses fondations. Ce « matériel » bien sûr a trait à la « vraie vie du Christ », à son mariage avec Marie Madeleine et à sa descendance. Soulignons au passage que la partie historique de cette thèse est remarquablement bien étayée, assise sur les évangiles apocryphes, les textes gnostiques, les actes du Concile de Nicée... etc... Mais tous les saunièrologues avisés connaissent cette saga, popularisée par l'Enigme Sacrée et qui vient d'être magistralement illustrée par Didier Convard dans *Le Triangle Secret* (Glénat). Une saga qui continue d'inspirer bien des chercheurs (je pense à Christian Doumergue) et notamment

---

73    Edition française publiée en mars 2004 chez JC Lattès.

74    Traduit en mars 2004 par JC Lattès.

les tenants de la piste Bigou ; ce « matériel » aurait été découvert dans l'église de RLC par notre brave abbé Bigou (prédécesseur à RLC de Saunière) qui l'aurait emmené avec lui lors de sa fuite en Espagne, non sans avoir au préalable laissé quelques indications (sur l'endroit où il allait cacher le dépôt ?) à l'attention de ses successeurs. Mais ceci est une autre histoire.

Revenons à notre pavé, en nous arrêtant quelques instants sur les principaux protagonistes :

• Jacques Saunière (mais oui), conservateur au musée du Louvre et retrouvé mystérieusement assassiné… Dans une position qui est celle de l'homme « Vitruvian » de Léonard de Vinci. Et en ayant gribouillé avant de mourir un certain nombre de messages codés.

• Sophie Neveu, petite-fille du précédent, et cryptographe à la Police Judiciaire.

• Robert Langdon, professeur américain spécialisé dans le symbolisme. De passage à Paris et invité par Saunière à venir le voir à Paris.

• Sir Teabing, un érudit anglais qui vit dans un château près de Versailles. L'objet de sa recherche et de sa passion : le Saint Graal.

• Mgr Aringarosa, haut dignitaire de l'Opus Dei, chargé de protéger l'Eglise catholique par tous les moyens ou de sauver son organisation de plus en plus contestée par le Vatican ?

• The Teacher, personnage mystérieux coordonnant les actions de défense.

• Silas, un redoutable moine albinos, membre de l'Opus, et homme de main des précédents.


Le Prieuré de Sion est chargé de protéger le Saint Graal et ses secrets. Le Graal est un personnage, Marie-Madeleine. Concrètement, le PoS détient la « Keystone », dépôt précieux qui indique l'endroit où est enterrée la femme de Jésus. Enterrée avec un certain nombre de documents, comme les « Purists Documents », évangiles apocryphes racontant la véritable histoire du prophète, le journal de la Sainte ainsi que le fameux « Q'Document », ouvrage dans lequel le Christ a consigné ses enseignements. Mais le PoS a également pour charge de protéger la « bloodline » ou descendance sacrée de Jésus. Marie-Madeleine était enceinte lors de la crucifixion et a donné naissance à une fille, Sarah, lors de son exil en France. La filiation christique s'est croisée avec la filiation mérovingienne, et les noms de Plantard et de Saint Clair sont évoqués comme faisant aujourd'hui partie de cette descendance.


On va donc assister à une course-poursuite effrénée pour retrouver le précieux dépôt, dans les galeries du musée du Louvre, dans un château versaillais, dans la salle des coffres d'une banque suisse à Paris, mais aussi dans le quartier du Temple à Londres, dans l'abbaye de

Westminster et bien sûr à Rosslyn. Tout résumé a tendance à caricaturer et à ne pas rendre compte de la richesse de l'ouvrage étudié. Car le Da Vinci Code est un livre foisonnant, remarquable sur le plan de la cryptographie qui est le véritable fil conducteur de la saga. Il faut à chaque fois décrypter les messages laissés par Saunière, en faisant appel à de vieux codes oubliés, aux mathématiques les plus sophistiquées, ou à des souvenirs… familiaux, ceux de Sophie Neveu. Il est également fascinant par la place qu'il accorde au symbolisme, véhicule de transmission d'une Tradition Primordiale au travers de l'espace et du temps. Il est perturbant par ses analyses de l'œuvre de Léonard de Vinci, grand initié qui aurait laissé de nombreux éléments attestant de la Thèse. Il est enfin émouvant par la place qu'il accorde à la femme et au « sacré féminin », courant étouffé par des siècles d'obscurantisme religieux. Je n'ai pu m'empêcher de faire le lien, sur ce dernier thème, avec les déclarations de Gino Sandri, chantre actuel du PoS, dans les interviews récemment données à la Lettre de Thot.

On l'aura compris, j'ai adoré cet ouvrage. Certainement parce que beaucoup de livres sur RLC sont tellement fantaisistes qu'après chaque lecture je ne peux m'empêcher de regretter qu'il ne soit pas mentionné « roman » sur la couverture. Et bien voici un roman de qualité, à mettre à une place d'honneur dans sa bibliothèque, aux côtés de *l'Or du Diable* de Jean-Michel Thibaut.

De belles plumes, donc, qui suggèrent plus qu'elles n'affirment, tout en sachant donner une vision grandiose. La boucle est alors bouclée, le sang du Christ coule dans les veines d'un Roi Oublié et une mystérieuse société secrète veille sur ce dernier.

### Les clefs de l'Art Suprême de créateur de Mythes

Nous avons vu que jusqu'ici, le Mythe de Rennes-le- Château s'était développé en deux couches successives, celle du trésor de l'abbé Saunière d'une part, puis celle du Prieuré de Sion et du Roi Oublié d'autre part. Il est temps, avant de terminer, d'examiner la dernière couche, celle des Nouvelles Recherches, et de profiter de cette analyse pour dégager les clefs de l'Art Suprême du créateur de Mythes.

Les Nouvelles Recherches se nourrissent bien évidemment des thèses qui les ont précédé ; elles les digèrent totalement tout en les critiquant, selon une bonne vieille ficelle : tout ce qui a été fait avant moi est de la fantaisie ; je vais vous dire quelle est la vérité ! Une belle illustration peut être trouvée dans les travaux du chercheur André Douzet, qui commencera à alimenter le Mythe au milieu des années 1990. Ses travaux ne sont pas d'accès commode, car édités par de petites maisons qui ont disparu, ou par l'auteur lui-même[75]. Feuilletons dans la *Bibliothèque de Bérenger* quelques uns de ses fanzines :

André Douzet nous propose une publication privée, «Le numéro spécial qui n'existait pas»… Expliquons nous : Le Monde de l'Inconnu demande à A.D une contribution sur RLC pour son numéro 275 d'août 1999 ; contribution de près de 70 pages qui ne sera jamais publiée, tout juste évoquée dans le numéro en question. Pour ses amis, et pour tous les amateurs, il publie donc, avec les moyens du bord, le résultat de ses investigations : **Cahier RLC nº 1**. Car il s'agit d'une véritable enquête à laquelle nous convie A.D., passant au peigne fin de la critique les thèses habituellement ressassées sur cette affaire, et nous dévoilant ses propres découvertes : des correspondances inédites concernant l'abbé Saunière, et surtout une très étrange maquette, commandée par le prêtre à une officine d'Aix en Provence et représentant une copie non conforme des lieux saints. Une queste passionnée qui débouche sur la piste dite de Marie-Madeleine et sur celle du Christ qui ne serait peut être pas mort sur la croix. On attend avec curiosité le second dossier.

Petite remarque personnelle : ce papier se

---

75    De façon paradoxale, le seul livre ayant connu une certaine diffusion a été publié en anglais ( ! ) par Frontier Publishing (2001) sous le titre *Saunière's Model and the secret of RLC*.

termine, hélas, pas un chapitre intitulé «Et Si?», dans lequel A.D. abandonne sa rigueur et se met à rêver à l'exil du Christ en France après une pseudo crucifixion. Un dégagement à mon sens tout à fait inutile et qui pour certains fera planer le doute sur la démarche de l'auteur. Mais je suis persuadé qu'A.D. ne fait pas partie de ces chercheurs qui n'ont de cesse qu'à forcer la réalité pour la faire correspondre à leurs fantasmes les plus profonds.

André Douzet publie, toujours avec les moyens du bord, la suite de ses travaux. Le **Cahier RLC n° 2** (juillet 2001, brochure auto-éditée) nous entraîne dans une enquête très fouillée et fort érudite sur la piste du fameux secret de l'abbé Saunière. La thèse d'AD est bien connue des internautes : la clef du mystère de RLC n'est pas à RLC, mais quelque part Ailleurs dans la région. La première étape qui nous est proposée est celle d'Arques, où nous conduit tout naturellement une savante réflexion sur le Méridien Magique. Alors rentrons dans l'église, pour y découvrir un étrange Christ JUIF mort... Et un énigmatique tableau où une mystérieuse vieille femme tend à l'enfant Jésus une petite poire... Recherche faite, cette poire est d'une espèce très rare, la poire Marie-Madeleine. Et quand on sait que ce fruit figure sur le blason des seigneurs de Périllos, une commune voisine aujourd'hui désertée... Mais ici s'arrête le cahier, conçu astucieusement comme un roman policier à épisodes. On a envie de connaître la suite, d'autant plus qu'il nous est expliqué que Saunière faisait de discrètes incursions dans la région.

Le roman policier se poursuit en se concluant – provisoirement – par le **dossier RLC numéro 3** (août 2001) consacré à la fameuse maquette et à la piste d'Opoul/Périllos. Relevons cette étrange citation, découverte par André Douzet dans *L'Or de Rennes* de Gérard de Sède et qui nous avait totalement échappée... De Sède était-il au courant de l'existence de l'objet ?

*« Fidèle disciple de l'abbé Boudet, ce qu'il nous a laissé, sous couleur de pieuse iconographie, c'est une piste, une maquette astucieusement allusive des lieux qu'il avait explorés et auxquels il avait arraché leur secret. Pour ce faire, il a mis en œuvre un langage de métaphores et d'allégories qui reste muet pour l'étranger mais peut être lu couramment par quiconque connaît bien l'histoire de Rennes et la toponymie de sa région. Ainsi, son église n'est pas sans rappeler la lettre du fameux conte d'Edgar Poe qui n'était introuvable que parce qu'elle était trop visible. Mais Saunière, peut-être inspiré par d'autres, ne s'en est pas tenu là. Il a voulu, et a si bien fait, que la lecture de son message cartographique fasse surgir comme en contrepoint un faisceau de symbole permettant au visiteur initié de déceler la profession de foi ésotérique qui signe l'ensemble et en situe les auteurs.*

*De ce dernier aspect, nous ne parlerons qu'en*

*passant. C'est avant tout l'invitation au voyage de Bérenger qui nous intéresse.*

*Toute carte géographie est la représentation d'un paysage par des symboles conventionnels. Pour la lire et pouvoir ainsi s'orienter sur le terrain, il faut connaître la signification de ces symboles. Ceux-ci sont d'autant plus nombreux et complexe que la carte est détaillée ; une carte d'état-major reste muette pour le profane : apprendre à la lire est un assez long travail; on y attelle pendant des mois les élèves officiers.*

*Sur la carte d'état-major, par exemple, un mamelon est représenté par des hachures concentriques. Si l'on demande au profane : « que voyez-vous là ?», il répondra : « Des hachures ». Si pour figurez ce mamelon on avait tout simplement dessiné le mamelon d'un homme ou d'une femme, même un enfant de dix ans répondrait à la question : « Un mamelon ».*

Mais ce n'est pas fini ! Le numéro **4 des Cahiers de RLC** (André Douzet, juin 2002), nous réserve une nouvelle surprise. On se souvient que dans le numéro précédent, le chercheur avait mis la main sur une citation de Gérard de Sède faisant allusion à la maquette. Toujours extrait de l'Or de Rennes, il nous est cette fois proposé le paragraphe suivant (4ème ligne de la page 38): *« Le nouvel évêque procède prudemment, par étapes. Il ordonne d'abord à Bérenger d'aller, pour quelques semaines faire retraite dans un couvent mais il fallait bien autre chose pour brider une nature de cette pâte. En janvier 1908, il lui offre la cure de Coustauge (Lire*

*Coustouge !) ; la chartreuse de Durban n'est pas loin et on imagine que ce voisinage suffit à inquiéter notre homme ! Saunière prend sa plus belle plume et répond insolemment à son évêque : « je ne puis quitter une paroisse où mes intérêts me retiennent ».*

Suit une enquête étonnante qui nous montre que Bérenger Saunière était un familier de la région de Durban/Opoul/Périllos ; et qu'il est loin d'avoir été le seul ! Son prédécesseur, Antoine Bigou, aurait fait étape également à Durban lors de sa fuite en Espagne, suite à la révolution. Quant à l'abbé Henri Boudet, il fut vicaire à… Durban, tout comme l'abbé Gélis… Troublant tout cela, même si l'on peut regretter que les correspondances privées sur lesquelles André Douzet se fonde pour démontrer les passages dans le secteur de Bigou et de Saunière restent anonymes… On imagine aisément la suite du dossier : pourquoi un tel intérêt de la part de nos quatre compères pour cette région[76] ? André Douzet fait en effet le lien avec ses autres recherches, sur le village oublié de Périllos, sur la maquette de Bérenger Saunière et sur le mystérieux tombeau auquel fait allusion le rapport dit Courtade… Et je ne surprendrai personne en disant que l'ombre de Marie-Madeleine, chère à l'auteur, plane.

Arrêtons là l'examen des nombreux fascicules de small press édités sur ce sujet,

---

76    Il n'est pas inutile de préciser que l'auteur réside lui-même à Durban, et que Opoul/Périllos est à quelques kilomètres…

car je sens le lecteur devenir perplexe. La thèse qui nous est présentée est en effet totalement fantastique : Saunière aurait en effet commandé à un fondeur, à la fin de sa vie, une maquette topographique, représentant la région d'Opoul/Périllos, et localisant deux tombeaux, ceux de Joseph d'Arimathie et de Jésus Christ. Mais l'auteur n'a jamais montré, autrement que par des photocopies tronquées, les pièces écrites confortant ses conclusions. Il en est ainsi d'un courrier de l'abbé au fondeur, demandant des modifications sur l'objet. Il en est de même pour un registre notarial de 1632, connu sous le nom de «Courtade», et qui aurait qualifié les parcelles de terrains concernées comme étant inaliénables et indivisibles, car abritant un tombeau «historique». Mais si le livre est régulièrement exhibé, la page concernée n'a jamais été produite. Prudence ou mystification ? Les travaux en cours de deux chercheurs français, Patrick Mensior et Laurent Octonovo, feraient pencher en faveur de la seconde hypothèse. La fameuse maquette n'est en effet rien d'autre qu'un objet de série, à vocation pédagogico-religieuse, commandée par un père franciscain, Emile Dubois, à Jérusalem en 1904. Quant à la comptabilité et au courrier de l'abbé Saunière, ils ne font aucunement référence à une telle affaire.

Au delà du cas particulier de cet auteur, on voit bien se dessiner de nouvelles clefs : *rebondir sur les propos d'un écrivain célèbre* (ici de Sède), *même hors contexte, pour conforter ses propres affirmations, ou encore se référer en permanence à des sources impressionnantes, mais que l'on ne montre jamais.* Cela permet bien sûr de *convaincre pour créer des relais,* permettant à la création d'échapper en partie à son créateur pour se répandre de façon autonome.

Mais, et pour en terminer, il convient de s'incliner devant les résultats obtenus par les différents contributeurs. Ils ont en effet réussi un tour de force exceptionnel, *celui de rendre le Mythe agglutinant.* L'affaire de Rennes-le-Château me fait penser au papier tue-mouches qui pendait au plafond de la cuisine de ma grand'mère et qui attrapait au passage tout ce qui volait ! Un peu comme le *Necronomicon* a expulsé son inventeur, Lovecraft, notre affaire a relégué au second plan son involontaire héros, Bérenger Saunière : il est question maintenant de sociétés secrètes, de théologie révisionniste, mais aussi, la place nous a manqué pour l'expliciter, d'alchimie (mais oui, les symboles dans l'église), voire d'ufologie. Certains écrivains comme Jean d'Argoun se sont créés un véritable fonds de commerce sur ce dernier thème, voyant dans le mont Bugarach un haut lieu d'apparitions...

**Mais derrière la fumée du Mythe, y a t'il un feu ?**

Nous sortons de cette enquête avec un

sentiment bizarre, celui d'avoir jonglé en permanence entre le rêve et la réalité, d'avoir marché sur des sables mouvants et de ne plus savoir de qui est le reflet aperçu dans une pièce tapissée de miroirs. Alors, que reste-t-il de tout cela ? L'affaire d'un brave curé de campagne qui a disposé de moyens financiers extraordinaires au regard de sa situation. Un curé certainement mégalomane pour avoir entrepris des constructions aussi extravagantes que la tour Magdala. Un curé qui n'a jamais livré son secret, partagé avec sa fidèle servante Marie, demeurée tout comme lui muette jusqu'à sa mort. Une affaire somme toute terriblement humaine dont les braises, attisées en permanence par l'air vif du Razès, continueront à entretenir les rêves pour le plus grand bonheur des romantiques épris de mystères.

# L'AFFAIRE DE FALAISE, OU UNE TENTATIVE AVORTEE DE CREATION MYTHOLOGIQUE
## (Étude complémentaire[77])

Nous sommes dans la petite ville de Falaise en Normandie. Une cité durement touchée par les bombardements de la dernière guerre mondiale. La ville est connue par son château qui porte l'empreinte de Richard le Magnifique, par ses magnifiques églises dont celle de Saint-Gervais et Saint Protais, ainsi que celle de la Sainte Trinité, mais aussi par… une Miss France! Nous sommes plus précisément en 1972 dans la Tour de l'Echiquier du château en compagnie de trois jeunes gens férus d'archéologie, voire pour l'un d'entre eux, d'ésotérisme. Et c'est la découverte… Nos investigateurs mettent en effet la main sur de vieux rouleaux de documents, faisant allusion au Graal et à un dépôt enfoui à proximité du château depuis des siècles, dans le plus profond secret. Ces mystérieux documents seront, par l'intermédiaire du disciple des Arcanes, portés à la connaissance d'un chercheur romantique de l'époque, Daniel Réju. La revue spécialisée dans l'insolite à l'époque, *Nostradamus*, s'emparera de l'affaire et Daniel Réju y consacrera un chapitre dans son livre, *La France Secrète* (le Rocher, 1979).

Le processus de création mythologique se met donc en route, mélangeant selon les bonnes vieilles recettes, le vrai et le supposé, les faits et leur interprétation. Survolons le chapitre en question.

Les lieux témoignent de la persistance de cultes très anciens et de l'empreinte durable laissée par les Celtes. La ville se situe sur une faille géologique, d'où présence incontestable de courants telluriques. Le seigneur du château, Robert le Magnifique a souvent été confondu avec le mythique Robert le Diable. Qu'est il allé faire en Terre Sainte ? Certainement pas œuvre pieuse, ce n'était pas son caractère !

Je reprends les commentaires sur les parchemins :

*Le premier représente un plan schématique du château avec des lignes formant entre elles des figures géométriques. La principale d'entre elles suit un axe angle nord-est du grand donjon-tour Talbot, aboutissant à un point figurant un puits intérieur de celle-ci. Les autres relient tour et donjon à des points extérieurs au château. Il présente en outre des figures symboliques – lune, soleil, signe zodiacal du verseau etc... – des caractères mystérieux assemblés en quatre mots ou formules et un court texte qui ne manque pas d'intriguer : « Là est ce que nous avons caché en vain depuis si longtemps, l'exploration de la lumière, le sang et le pain sont réunis dans le vase sacré de nos ancêtres. Nous avons le Saint Graal, celui qui donne le commencement est la Pierre de la Lumière».*

*Au verso, une étoile à six branches avec un œil
au centre, elle-même inscrite en un cercle, avec
des caractères hébraïques et d'autres, mystérieux,
qui semblent s'apparenter à ceux composant les
quatre mots du recto qui pourraient bien être un
cryptogramme permettant de constituer un carré
magique. L'ensemble étoile-cercle est surmonté
par une figure vaguement géométrique et deux
annotations pratiquement illisibles, sauf pour un
mot : Saint Graal.*

*Le texte du second document est beaucoup plus long :*

*« J'ai pris le talent de Maître et j'ai... lequel j'ai...
les couleurs. J'ai triomphé des efforts du mal. J'ai
traversé le... et j'ai ouvert la porte du temple.*

*J'ai vu le roi Arthur et ses chevaliers autour de la
table et j'ai vu le Saint sur la table.*

*J'ai vu... table sur... j'ai vu le Saint Graal car j'en
sais maintenant le secret...*

*A l'autre, à celui qui trouve le chemin pur dans le
corps. Pour asseoir le Dieu des morts, le maître de
la nuit. Sous la chambre d'Horus où il repose depuis
sous la garde des maîtres du Temple.*

*A toi le néophyte qui... tu vas dans l'un de ceux qui...
J'ai recopié respectueusement... qui lui... serments
d'après la tradition du... pharaon Aménophis,
l'émanation d'Aton.*

*Si tu as suivi avec attention le grand message, si
pour ta promesse tu as aussi les soucis de la Pierre
de Lumière si pour toi... la lecture de mon ouvrage
l'alchimie n'a pas le... et gardiens de la Connaissance
Universelle enclose dans le Graal.*

*Fait à Paris le 19.6.1922.*
*La signature est indéchiffrable naturellement.»*

Daniel Réju poursuit son enquête en estimant qu'il s'agit d'une copie, les originaux étant toujours enfouis quelque part ou, ayant été découverts, seraient en possession d'un «collectionneur discret» ?

Et de poursuivre son travail de création mythologique. La forteresse a été construite suivant la position des astres à certaines périodes données (cela nous rappelle les théories de Plantard sur Gisors). Le château possède bien évidemment sa tradition de trésor caché. Les Allemands y ont fait des fouilles discrètes et minutieuses pendant la guerre, ce qui n'est pas surprenant, compte tenu de la fascination des Germaniques pour le Graal. Ils sont du reste revenus après la guerre poursuivre de mystérieuses recherches…

Encore. La Tour Talbot possède d'innombrables graffitis au symbolisme évident, et notamment une représentation allégorique du Grand Œuvre. Ils sont à rapprocher de ceux de la Tour du Prisonnier à Gisors. Elémentaire puisqu'un village près de Falaise s'appelle Saint-Clair et que l'une des églises de la cité normande porte le même nom que celle de Gisors : Saint-Gervais et Saint-Protais. Cette église peut être considérée comme une demeure philosophale. Quant à celle de la Trinité, elle est remarquable par son iconographie alchimique et symbolique, et par le Baphomet qui surmonte l'entrée. Les traces templières, enfin, sont nombreuses et notamment dans un champ une croix percée, réplique inversée de celle de Neaufles.

Nous avons voulu en savoir plus et avons mené, en compagnie de Ximena Reyes, notre propre enquête sur place, en juillet 2003.

# Un entretien avec Alain Dolbec
## (Historien local, Bibliothèque de Falaise et ancien guide du château)

— Philippe Marlin : Ce parchemin dirait quoi?

— Le parchemin montrerait un plan, avec des populations, qui désignerait le château. Je me rappelle avoir vu aussi quelqu'un d'assez illuminé, il faisait des recherches en disant «le Graal, y'a un trésor, vous allez voir ». A un moment donné, c'était plutôt dans l'enceinte et à l'intérieur même du château. Alors ce qui se trouve dans l'histoire dans le trésor de Falaise, c'est qu'il y a une chapelle qui servait de cachette au trésor. Il fallait mettre les valeurs et l'or là où ils étaient le mieux gardés. Et le château de Falaise avait une bonne réputation. En mettant le trésor dans une chapelle, cela voulait dire qu'il fallait profaner la chapelle pour y aller. Il fallait être stratégiquement bon évidemment et suffisamment impie pour le faire. C'est protégé d'un côté par la croix et de l'autre par l'épée. C'est un lieu mystérieux et symbolique. On sait que le château de Falaise a servi de dépôt d'or aux rois d'Angleterre, qui d'ailleurs en avaient plusieurs. C'était une banque. Vous pourrez en parler cet après-midi avec le guide anglais si vous le voyez. Evidemment quand au XIX<sup>ème</sup> siècle, on a relu les textes et qu'on a constaté que le trésor des rois d'Angleterre avait séjourné là, on s'est dit qu'il y était peut- être encore. A partir de là, on a affabulé des tas de choses. C'est surtout à ce moment-là qu'on a commencé à démolir le château et à fouiller, au risque d'effondrements, et une grande partie de la dégradation du château est due à cette recherche du trésor...

— Comme à Rennes-le-Château ou à Gisors...

— Çà se situe entre le début du XIX^ème et 1843, puisque c'est à cette date que le château a été classé monument historique. Au niveau de l'écriture, la littérature a bon dos. Je me rappelle que quelqu'un est venu et qui ne s'est pas présenté – évidemment le château à l'époque n'était pas dans l'état actuel : certaines zones n'étaient pas protégées –. Après ça, je lis un article qui disait «le guide nous interdit d'aller à tel endroit en nous laissant supposer que là, peut- être, il y aurait un trésor... »

— Oui, comme d'habitude...

— Ce qui fit que les gens qui sont venus ultérieurement furent très avides de fantastique...

— C'est une aventure que j'ai découverte depuis peu. Est-ce qu'il y a beaucoup de littérature sur Falaise ?

— Je suis arrivé comme guide à Falaise en 1976 et sans dire que je ne m'y suis pas intéressé, je n'ai pas trop développé ce côté-là qui m'a paru assez farfelu. Il y a eu sur le sujet un certain nombre d'articles. C'était comme un sous-marin qui réapparaissait périodiquement. Il existe un ouvrage, *La France Secrète*, qui en traite. La personne qui aurait découvert le parchemin aurait été en relation avec les auteurs du livre. Pour moi, au départ, une équipe de scouts – et je pourrai vous faire rencontrer la personne, fiable, qui était 'leader-scout' – qui était préoccupée de patrimoine dans les années 70 et avait envie de venir au château pour restaurer. Elle a dû être un petit peu court-circuitée par des gens qui avaient ces visions ésotériques. Ils ont dû plus ou moins demander l'autorisation de fouiller, après avoir commencé à le faire de manière sauvage. La mairie a dû y mettre fin. Pourtant des recherches secrètes, branchées Graal et autres choses, ont dû être faites. Ils ont dû monter un peu tout ça en épingle et je pense que l'un des membres de l'équipe devait être un peu illuminé et que les autres se sont dits « on va lui monter un canular pour lui montrer qu'il se plante ». – C'est mon analyse personnelle. Ils auraient donc confectionné ce document qu'ils auraient caché à un endroit où ils étaient certains qu'il allait être découvert. L'autre le trouve et le remet entre les mains de certaines personnes. L'affaire a dû prendre une certaine ampleur et les organisateurs du coup n'ont plus osé rien dire et se sont enfermés là-dedans. C'est mon sentiment.

— On prend des éléments et on les met bout à bout. On va jusqu'aux antiquités égyptiennes. On va alors retrouver à Falaise une origine égyptienne et ça, c'est bidon.

— On retrouve Isis dans le papier...

— Oui, mais on peut trouver plein de choses...

— C'est comme la comparaison, à un moment, avec les graffitis de la Tour du Prisonnier à Gisors.

— Çà oui, on peut... il y a dans une tour des graffitis, de soldats, peut-être même de prisonniers.

— On peut les voir ?

— Oui, oui. Mais ça ne prouve rien. Çà fait bien...

— Mais ça fait partie de la méthode de fabrication des mythes.

— Mais ces graffitis, sait-on quand ils ont été faits ?

— Ils ont été faits au moment où la tour a été utilisée, c'est- à-dire entre le XIII$^{ème}$ et le XV$^{ème}$ siècle. Ils correspondent à l'époque où des gens occupaient la tour. A une époque où on ne savait ni lire ni écrire, on prenait un instrument pointu quelconque et on inscrivait des graphismes, des symboles, des dessins, certains élaborés.

— Ont-ils été étudiés ?

— Ils ont été relevés et plus ou moins étudiés. Une thèse a été faite sur ce sujet.

— Y a-t-il une société historique locale ?

— Non.

— Dommage. A Gisors, ils ont une société historique. C'est très intéressant car ils étudient ces sujets-là, pour les démonter, les critiquer, etc.

— Je pars du principe qu'à partir du moment où une chose est dite, elle est vraie. Le fait historique peut être faux, mais le fait qu'on le dise prouve son existence. En fait, dans l'Histoire, on est plus sensible à la légende. Et on retrouve ça à toutes les époques. Si vous vous intéressez aux mythes et aux légendes, je pourrais vous indiquer une autre piste – si vous voulez je vous montrerai à la bibliothèque des documents s'y rapportant – qui fut étudiée dans les années 30 : légende, qui remonterait à Charlemagne, de Mélia la blonde, au château Ganne. Propriétaire : le Comte de Ganne et dont le fils était Gannelon. La fille du Comte de Ganne avait un amoureux dans la troupe de Charlemagne. Lorsque la troupe assiège le château, elle en sort ; son amoureux arrive à la reconnaître et elle conclut un marché : « je vous ouvre les portes et vous pourrez rentrer dans le château sous réserve de laisser la vie sauve à mon père ». C'est ce qui se passe, mais la promesse est oubliée. On jette Ganne du haut d'un rocher dans un tonneau tout hérissé de pointes. Il y a l'endroit qui s'appelle Le Martret: c'est là qu'a eu lieu le supplice. Dans quinze jours, on va mettre en scène tout ça et raconter toute cette légende en la présentant comme un fait pseudo-historique.

Ce qui est amusant, c'est que la légende dont je vous ai parlé se raconte à plusieurs endroits. On a un peu l'impression que Gannelon est un fait historique, mais que les gens qui colportaient les histoires lorsqu'ils se  trouvaient devant un château s'en servaient pour les réinstaller. On superposait une histoire à une autre et ça reste quand même dans la tradition locale.

— Ce qui est très intéressant dans la mythologie, c'est la permanence des archétypes au travers des époques et des pays. L'histoire, par exemple, du dragon est fabuleuse : on le retrouve un peu partout, avec des caractéristiques communes.

— Nous avons quatre églises, ici, à Falaise. Au XVII^ème siècle, la ville comptait 17.000 habitants. Une église existait déjà au Moyen Age dont subsistent quelques vestiges. Ici on vit aussi à l'ombre de Guillaume le Conquérant, propice aux légendes. Un personnage comme son frère, Robert le Magnifique aussi appelé le Diable, est autant mythique qu'historique.

— Pourquoi l'a-t-on surnommé ainsi ?

— C'était un personnage à deux facettes, une sorte de Gilles de Rais.

— Il est né ici, y a vécu et est devenu Duc de Normandie puis roi d'Angleterre. Il y a un personnage historique et un autre, légendaire, qui vient se greffer dessus, notamment dans la relecture du XIX^ème siècle.

— Que lui attribue-t-on comme méfaits ou comme actes glorieux ?

— Il a surtout comme grande caractéristique d'être mort jeune. C'est le meilleur moyen d'entrer dans la légende. Quelqu'un qui meurt au sommet de sa gloire ou en train de monter les marches et qui disparaît comme ça, d'un coup... Robert le Magnifique est mort à l'âge de vingt cinq ans. Il avait un destin fabuleux. C'était le deuxième fils du Duc de Normandie. Il y avait en outre Roland, Guillaume Longue Epée, Richard Ier et Richard II. Aux alentours de l'an 1000, Richard II a deux fils : le fils aîné auquel il donne son nom, Richard III et le fils cadet qu'on appelle Robert. Ce dernier devait être un peu turbulent. Il fallait bien l'occuper. Donc, en 1027, on lui confie la garde du château – qu'on venait de construire – de Falaise. Il n'était en effet pas question d'exposer la vie de l'aîné, promis à la succession, mais on permet au cadet de prouver sa bravoure. Son plaisir favori est la chasse et un jour il rencontre au bord d'un ruisseau une magnifique jeune fille de son âge dont il tombe follement amoureux. Mais ce n'était pas une princesse. Il la fait venir au château pour une accointance (rencontre furtive qui aurait normalement dû n'être connue de personne). Mais cette jeune fille de bourgeois ne voulait pas tout perdre dans cette histoire. Elle a bien voulu venir, mais à la condition que ce soit au vu et au su de tous. Elle passe la nuit avec le Duc et rentre chez elle enceinte. C'est donc au printemps 1027 que le deuxième fils du Duc de Normandie a une aventure avec une bourgeoise de Falaise qui se retrouve enceinte. Mais qui devient duc ? Le fils aîné, Richard III. Robert est mécontent. Il ne trouve pas normal que son frère soit duc parce que trop jeune. Il est jaloux et va donc essayer de ne pas se soumettre à l'autorité de son frère. Il s'enferme dans le château et fait de la résistance. Son frère est obligé de lever une troupe et de venir assiéger Falaise. Il se soumet. On organise une grande fête, avec un grand banquet à l'issue duquel le Duc meurt. Et Robert devient Duc de Normandie. Destin complètement imprévisible. Mais là, il n'est plus question d'épouser une bourgeoise. Il va donc continuer à vivre avec sa concubine, à élever l'enfant, né en novembre, comme un véritable prince, et au bout de quelques années, il a un gros poids sur la conscience et il décide – il a alors vingt cinq ans – d'aller en Terre Sainte faire un pèlerinage. Il part au sommet de sa gloire, se recueille sur le tombeau du Christ et en revenant, il est pris de fièvres, se jette dans une eau froide et meurt. On sait donc seulement qu'il fut enterré en Calabre, mais on ignore à quel endroit. Pourtant, à la fin de sa vie, Guillaume le Conquérant enverra une délégation rechercher les restes de son père. Malheureusement, Guillaume mourra pendant l'opération.

Avant de partir, il avait réuni tous ses seigneurs et les avait obligés, pour le cas où il lui arriverait quelque chose, à se soumettre à son enfant bâtard, alors qu'évidemment, ils n'en avaient aucune envie.

Dès qu'on apprend la nouvelle de la mort de Robert, c'est la panique dans le duché. On va essayer de faire disparaître, en le trucidant, Guillaume. Il devra attendre d'avoir vingt ans pour se révéler, prendre le duché en mains et devenir véritablement Duc de Normandie. On est vraiment là dans le substrat de tout ce qui pouvait constituer une légende. On a dit que sa mère avait fait un pacte avec le diable parce qu'elle ne pouvait pas avoir d'enfants. C'est un mythe complètement édifié sur Robert qui au départ s'appelait Robert le Libéral et qui est devenu par la suite Robert le Diable. On dit que lorsqu'il était en Terre Sainte, il se faisait transporter dans une litière portée par quatre Noirs, des Maures. Et quand les pèlerins normands ont vu – parce qu'à l'époque on ne voyait pas des Noirs tous les jours – Robert porté par les Noirs, ils ont écarquillé les yeux et Robert leur a dit : « Je suis porté en paradis par quatre Diables en personne ».

On a donc deux personnages, l'historique et le mythique. Et puis il a donné de l'importance à quelqu'un qui n'était pas de sa condition : c'est le prince qui épouse la bergère.

…L'histoire des souterrains est également intéressante car elle fait partie de l'inconscient collectif. Selon moi, l'existence de souterrains dépend de la pierre. Par exemple, à Caen, tout est construit sur un terrain calcaire, c'est-à-dire de la pierre de taille. Donc, pour creuser les fossés du château, on a extrait cette pierre à bâtir, ce qui formait autant de galeries dans le sol. On a donc obligatoirement des souterrains. A Falaise, ce n'est pas du tout ce type de terrain. De plus, c'est un terrain qui s'inonde. Dès qu'on creuse un trou, il y a de l'eau dedans. Je ne pense donc pas qu'on puisse avoir ici de telles galeries. Par contre, on peut creuser des fossés, plus ou moins enterrés entre le château et son enceinte, entre l'enceinte et la ville qui était fortifiée, entre les tours de la ville – il y avait une tour tous les trente mètres, avec un passage. Je pense que le passage a ensuite été bouché et que c'était plutôt une sorte de cave et qu'il y avait un réseau plus ou moins enterré entre toutes les tours de la ville, avec un chemin de ronde aérien.

Quand on parle de souterrain, c'est carrément un souterrain qui partirait du château et qui irait dans la campagne à trente kilomètres ou qui relierait Falaise à Caen, trente cinq kilomètres. Qu'il y ait une structure souterraine de communication entre le château et l'enceinte de la ville, d'accord. Mais un souterrain à travers la campagne serait obligatoirement plein d'eau. Pour que des galeries souterraines ne soient pas inondées, il faut un exutoire... Çà ne colle pas avec la réalité du terrain.

...Les Commanderies de Templiers en Normandie étaient des exploitations agricoles ; Les Templiers avaient reçu des dons de familles nobles, et géraient cela comme des agriculteurs: travaux d'agriculture, récoltes, stockages et vente. Cela faisait de l'argent qui servait à alimenter leurs caisses locales.

On a quelques archives, mais pas grand chose, seulement des documents. Les archives municipales ne sont pas du tout gérées. Il reste les archives départementales du Calvados. A Falaise, les archives n'ont pas été détruites en 1944. On a encore les dossiers d'état civil qui remontent bien avant la Révolution. Par contre, la bibliothèque a été bombardée.

...En 1944, il y eut des combats entre Caen et Falaise. Et un chef de char allemand s'est particulièrement illustré, considéré qu'il était comme l'as des as. Il a descendu une colonne entière de chars Sherman. Et il a été tué le 6 ou le 8 août 1944, avant la grande bataille de Falaise. Son char et son corps avaient été partiellement enterrés par les bombes. Et dans les années 80, on a retrouvé le char et les restes du corps. Alors sont arrivés des gens qui s'intéressaient à l'histoire de ce type. Il y a trois versions de sa mort :

1)  son char a été atteint par un tir depuis la mer.

2)  les Canadiens prétendent que c'est un de leurs chars qui l'a tué.

3)  C'est un tir d'avion.

Il faudrait arriver déjà, historiquement, à reconstituer le tout, à contrôler quels tirs ont eu lieu pour pencher pour une version plutôt que pour une autre. Un jour, je me retrouve avec un groupe allemand originaire de la ville natale de l'Allemand tué. Pour eux, c'était comme un pèlerinage. Sûr de moi, car j'avais déjà fait cette visite avec des Anglais, je leur montre l'endroit exact où il était mort. Le curé qui était avec eux leur lit une courte biographie et explique comment il est mort : son char aurait explosé tout seul.

Voilà donc une quatrième version, qui correspond tout à fait à la mentalité allemande. Pour les Allemands, imaginer que l'as des as soit ainsi tombé ! On est donc là encore en présence d'un mythe. Il est mort mais on ne sait pas comment et chacun peut se réapproprier l'histoire.

S'agissant de la guerre, il existe tout un tas de mythes parce qu'on n'a étudié, du moins dans un premier temps, les faits de guerre que par rapport aux sources alliées. Or, il fallait confronter ça aux témoignages allemands. Un jour est venu un ex officier SS qui m'a demandé si je savais où se trouvait l'école supérieure de jeunes filles. Cette école fut le lieu où se fit la dernière résistance de la douzième SS Pander. Je lui ai demandé s'il y était. Evidemment il y était. Je lui ai demandé de revenir et j'ai appelé un collectionneur qui possède plein de trucs là dessus. Et on est allé ensuite avec lui voir la collection et le lieu. Il nous a raconté comment il a vécu ce dernier moment de la prise de Falaise. Çà ne correspondait pas du tout à ce qu'on avait lu de différentes sources. Il apportait un élément complètement nouveau.

J'ai fait visiter les champs de bataille et en tant que tel, moi qui suis né après la guerre, j'ai été amené à le faire à des gens qui avaient vécu cela. Je paniquais un peu à cette idée. Et j'ai alors compris que les gens, mis à part les officiers, qui ont vécu la guerre l'ont vécu là où ils étaient et qu'ils n'avaient qu'une vision parcellaire de la chose. Et mon rôle était alors de dire « pendant que vous, vous étiez là, ailleurs il se passait telle et telle chose ». Et les gens resituaient ce qu'ils avaient vécu. Il y avait donc échange.

Le problème, lorsqu'on parle des Templiers, est qu'il n'y a pas de preuves.

— Après la guerre, les gens ne voulaient pas en parler ; mon père, par exemple, qui avait fait cinq ans de captivité, en a très peu parlé. Il nous racontait de préférence les anecdotes amusantes, mai pas plus alors qu'en cinq ans, il avait dû vivre beaucoup de choses. L'un de mes oncles, prisonnier également près de la frontière polonaise, ne racontait pas lui non plus.

— L'officier SS dont je vous ai parlé a par la suite été prisonnier aux Etats-Unis. Et lorsqu'on lui a montré des films sur l'ouverture des camps en lui disant « regardez ce que vous êtes, vous, les SS », il a dit que c'était un montage, qu'on leur faisait de l'intoxication.

— Vous l'avez cru ?

— Ah oui. Je suis sûr que c'était vrai. Ces gens ont cru à un idéal.

— Je suis étonné qu'il ait eu de la désinformation.

— C'était un soldat, un combattant. Il ignorait totalement l'existence des camps de concentration. Lui, c'était « je m'engage pour la grande Allemagne, pour la revanche de la guerre de 1914 ». Et évidemment il a fortement douté en voyant les images car c'était à l'opposé de son idéologie. Il a souffert psychologiquement, avec envie de suicide. C'est sa femme qui l'a remis dans le droit chemin.

— Le lambda de la population moyenne allemande n'avait aucune idée de tout cela. Il y avait un leader charismatique qui prônait la revanche sur le Traité de Versailles, sur la crise de 1929.

***

Nous avons contacté, à la suggestion de notre interlocuteur, Sylvain M., l'un des trois découvreurs des parchemins. Il n'a pas souhaité nous rencontrer, ne voulant pas revenir sur une affaire « classée et oubliée ». L'affaire de Falaise en restera donc là, peut être parce que la plume de Daniel Réju n'avait pas la puissance de celle de Gérard de Sède...

# LA FICTION CASTELRENNAISE[78]

L'affaire de Rennes-le-Château n'existerait pas sans les livres. Elle peut se résumer par un parcours qui s'ouvre sur L'Or de Rennes de Gérard de Sède et se termine (provisoirement ?) avec le Da Vinci Code de Dan Brown, en faisant une escale particulièrement importante auprès de L'Enigme Sacrée de Baigent, Leigh et Lincoln. Sans ces auteurs – et surtout le premier qui a donné le coup d'envoi-, notre affaire favorite serait restée une anecdote régionale, connue de seuls quelques érudits locaux. On la classerait alors dans la même catégorie que l'affaire du Baulou par exemple, ou encore celle de Falaise.

Ceci étant posé, je vais d'abord tenter de définir mon sujet de façon négative, en commençant par ce qu'il n'est pas :

- je ne chercherai pas à refaire l'histoire de Rennes-le-Château au travers des livres, travail qui avait été entrepris l'année dernière par Marie-Christine Lignon, et que je poursuis dans le cadre du projet Bibliothèque de Bérenger.

- je ne traiterai pas non plus de la façon dont « on » a voulu raccrocher au Mythe tout un pan de la littérature populaire : Jules Verne avec Michel Lamy et Franck Marie, Maurice Leblanc avec Patrick Ferté, Gaston Leroux – et accessoirement Lovecraft – avec Guy Tarade et

---

78    *Actes du Colloque d'Etudes et de Recherches sur Rennes-le-Château, 2005, Stenay* (EODS, 2006).

Christophe Villa-Mêlé. Cela est un tout autre sujet qui s'inscrit dans l'étude « fabrication du Mythe » que nous avons commencée dans le troisième numéro de la Gazette Fortéenne.

Notre propos est de nature plus littéraire et consiste à tenter de répondre à la question suivante : l'affaire de Rennes-le- Château a t'elle suscité un véritable courant de création littéraire s'inscrivant dans les domaines de l'imaginaire ?

Le succès du Da Vinci Code de Dan Brown a été bien évidemment le prétexte à notre réflexion.


Sans prétendre à une totale exhaustivité, je pense avoir mis la main sur l'essentiel de la fiction castelrennaise, c'est à dire 15 titres.

Je vous propose, car c'est la méthode la plus simple, d'examiner en un premier temps cette production par ordre chronologique, en reprenant les notes de lecture rédigées pour la *Bibliothèque de Bérenger*. J'essaierai, ensuite, de tirer quelques réflexions de cette analyse.


## ANALYSE CHRONOLOGIQUE
### 1985, Science-Fiction

La fiction castelrennaise se faufile parfois dans des créneaux surprenants, et notamment celui de la littérature populaire dite « de gare ». La trouvaille concerne cette fois, dans la collection « Gérard de Villiers présente », la série dite « Le Survivant ». Une saga sur fond de civilisation post-cataclysme, dans une Amérique ravagée par un conflit avec l'Union Soviétique. Elle met en jeu un « héros » qui tire plus vite que son ombre, à la recherche, dans des citées dévastées, de sa petite famille disparue suite à la débâcle de la guerre nucléaire. Sexe et violence sont bien sûr les deux ingrédients de cette aventure. **Frères de Sang** de Jerry Ahern (n°29, 1985, Editions Vaugirard) nous entraîne, dans les ruines d'une ville du Nouveau-Mexique, dans le bistrot (je devrais dire le claque) de laquelle se trouve une étrange dalle. *Ce machin est la réplique d'une dalle qui était autrefois exposée dans le musée de la ville. On l'appelait « la dalle du chevalier ». Un mécène du coin l'avait fait venir de France à la fin du siècle dernier. Un archiduc austro-hongrois, selon les racontars, la lui aurait vendue. Ca daterait du temps de Charlemagne. Un petit curé français l'aurait trouvée dans son église.* Le ton est donné! On ne sera pas surpris alors d'apprendre que l'hôpital de Cape Romain (c'est le nom du bled) est ceinturé par un chemin de croix disposé à l'envers… Ni que le patron des blouses blanches se livre à d'étranges expériences d'alchimie du sang. Il est vrai qu'il appartient à une étrange confrérie, « Les Frères de la Maison d'Or », chargée de protéger la descendance du Christ. Et nous assisterons à une scène rocambolesque dans laquelle le chirurgien fou extradera d'Amérique le Nouveau Messie, l'embarquant sur un cargo de Kabbalistes intégristes chargés de le ramener en Palestine…

Nous sommes en 1985 ; l'auteur vient

manifestement de lire l'Enigme Sacrée (1982) et ne s'en est pas remis !

### 1987 : Roman historique

**L'Or du Diable** de Jean-Michel Thibaux (Olivier Orban 1986 et 1987[79]) est un véritable monument. Son succès (il a été repris en téléfilm en 1988, cf. infra) n'est pas pour rien dans la fabrication de « la belle histoire ». C'est un peu l'aventure de Bérenger Saunière élevée au rang d'image d'Epinal… Et comme je suis bon lecteur et qu'il est clair que c'est une œuvre de fiction, j'ai adoré sans réserve…

Le Saunière que nous propose Jean-Michel est un être de chair et de sang, en proie aux pulsions humaines qui s'appellent le doute, le pouvoir et la sensualité. Le cœur de l'intrigue est un conflit titanesque, entre un mystérieux groupement de johannistes (l'Eglise officielle) et un non moins mystérieux Prieuré de Sion, autour duquel gravitent Boudet, Billard, les Habsbourg. Un conflit qui dépasse largement notre brave curé, mais dans lequel il va se retrouver propulsé au premier plan : celui de découvrir Le Trésor pour compte du Prieuré, avec la faculté de « se servir au passage ». Se servir avec discrétion, ce

---

79      *La Tentation de l'Abbé Saunière* (1986), *l'Or du Diable* (1987), réunion des deux ouvrages sous le titre de *l'Or du Diable* en 1988 ; rééditions chez Presse Pocket, puis en 2004 sous un nouveau titre dans l'air du temps : *Le Secret de l'abbé Saunière ; au cœur de l'énigme du Prieuré de Sion et du Da Vinci Code !* (NDA)

qu'il n'a pas toujours su faire… Les personnages sont hauts en couleurs, et on n'oubliera jamais en refermant ce livre la douceur amoureuse de Marie et la voracité d'Emma Calvé, véritable « mangeuse d'hommes ». A noter la présence d'un curieux personnage, le juif Elie Yesolot, initié et thaumaturge, qui accompagnera Bérenger tout au long de sa queste.

1988, c'est la sortie par FR3 de la fameuse série télévisée inspirée par le roman de Jean-Michel Thibaux, **l'Or du Diable**. Sous le titre « Fiction ou abus de confiance », les réactions de Gérard de Sède :

Un romancier n'est pas tenu d'être historien ; celui qui adapte un roman pour le petit écran pas davantage.

Dans la série télévisée *«L'or du Diable»*, que viennent  de diffuser la RTB-F puis FR3, l'imagination coule à flots, et même déborde.

Ce pourrait être tout à la louange de l'auteur et du réalisateur, et nul.ne songerait à leur en faire grief s'ils s'étaient installés franchement dans la fiction, où tout est permis.

Mais ce n'est point le cas. L'aventure qui leur sert de canevas a bien eu lieu, les personnages qu'ils mettent en scène ont bien existé, les noms sous lesquels  on nous les présente sont bien les leurs, des familles les portent encore.

Dés lors, auteur et réalisateur devaient, ce me semble, quelques égards à leurs héros. C'est une question d'éthique et de respect pour le public. En effet, il est un peu trop commode de jouer sur les deux tableaux et de dire : «<u>Je suis oiseau</u> (historien), <u>voici mes ailes</u> ; <u>je suis souris</u> (romancier), <u>vivent les rats</u> : «On ne peut prétendre encaisser à la fois les dividendes d'une histoire vraie et ceux d'une œuvre d'imagination sans qu'il y ait tricherie quelque part.

Dans *L'or du Diable*, faits et personnages sont un peu trop rudement malmenés.

Quiconque a pris la peine de s'informer sait que le trésor découvert par l'abbé Saunière le fut dans l'église de Rennes-le-Château et non pas dans on ne sait quelle caverne d'Ali Baba ; que. ce trésor n'était nullement fabuleux, mais au contraire relativement modeste ; qu'il fut entièrement distribué à des amis dont les héritiers le possèdent encore ; que, par conséquent, ce n'est pas cette découverte qui peut expliquer en quoi que ce soit le soudain enrichissement d'un homme qui dépensa en moins de vingt ans très exactement l'**équivalent de 20.079.455** francs actuels, ainsi qu'en font foi les 'documents' comptables.

Dans *L'or du Diable*, Bérenger Saunière, qui mourut en 1917, est manipulé par une toute-puissante société secrète, le Prieuré de Sion. Or le dit Prieuré de Sion, secte groupusculaire, n'a été fondé qu'en 1956.

Inadvertances ? Non pas, car le romancier et le réalisateur ont beaucoup lu et se sont informés aux meilleures sources. C'est donc en pleine connaissance de cause qu'ils véhiculent des mythes, pour ne pas dire de flagrantes impostures ; quand on s'adresse à des millions de téléspectateurs, cela n'est pas inoffensif. Ils prennent ainsi le risque de concourir – sans le savoir, du moins on l'espère – à de grandes manœuvres de désinformation dont les inspirateurs et les buts ne sont pas difficiles à découvrir. La véritable aventure de l'abbé Saunière est pourtant assez insolite pour qu'il ne soit pas nécessaire d'en rajouter.

Mais il y a pire : c'est la désinvolture avec laquelle on attaque les réputations de personnages qui ne sont plus là pour se défendre. Ainsi, on va jusqu'à prétendre que Saunière offrit le château de Cabrières à Emma Calvé. Cette grande artiste, qui le paya, à grand peine, de ses deniers est présentée comme une femme entretenue, et de surcroît ingrate. L'on n'a apparemment pas songé que le souvenir de la cantatrice est perpétué par une association qui pourrait demander compte de ces calomnies devant un tribunal. Les personnages secondaires ne sont guère mieux traités. Le Père Hoffet, par exemple, est dépeint comme un habitué des boîtes de nuit, ce qui prête à rire quand on a connu cet homme, austère jusqu'à la raideur, qui ne vivait que pour ses archives.

A condition de s'avouer comme telle, la fiction a, certes, ses droits, sauf celui de patauger en gros sabots dans les cimetières. Mais le public a, lui aussi, les siens, et en premier lieu celui de n'être pas abusé.

### 1995 : Roman ésotérico / initiatique

Avec **Le Cheval de Dieu ou le secret de l'abbé Boudet** (Gérard Bavoux, Pygmalion 1995), la littérature de fiction castelrennaise s'enrichit d'un nouveau genre, celui du roman initiatique. Un message initiatique du reste assez enfantin, celui qui nous décrit un monde agité par le combat entre les forces du bien et les puissances du mal, avec sa cohorte d'illuminés qui souhaitent accélérer le processus de destruction pour hâter la renaissance. On connaît hélas trop bien ce type de philosophie.

Alors quel est le secret de l'abbé Boudet ? Alors qu'il était en poste à Durban dans les Corbières, Boudet aurait reçu la visite d'Eugène Delacroix qui lui aurait remis des documents laissés par Charles Maurice de Tayllerand à Rennes-les-Bains. Et ces documents auraient permis à Boudet de découvrir un livre, ou plutôt Le Livre ! Un livre écrit de la main de Dieu, révélant tous les secrets de l'univers et donnant à son lecteur de fabuleux pouvoirs. Boudet le décrypte et le remet, avant de mourir, à l'un de ses amis du Bugarach, un certain Baillard.

Le roman va mettre en scène le petit-fils de Baillard, Benoît, dont la famille a été décimée dans des circonstances atroces. Un héros malgré lui, à la recherche de son passé et du sens à lui donner. Une queste qui lui fera rencontrer la secte du mal, la Confraternité Hermétique de Bélial, dirigée par Aleister Crowley, entouré de Georges Monti, Dietrich Eckart, Jules Bois, Anna Sprengel etc… On l'aura deviné, cette assemblée de joyeux drilles vouent un culte passionné à Adolf Hitler, seul à même d'entreprendre le processus de régénération salvateur. Mais pour venir à bien de sa glorieuse mission, Hitler aura besoin du Livre… Ce qui nous vaudra un chapitre grandiose sur la rencontre entre le gentil petit Benoît et le Maître de Berchtesgaden…

Bon, un roman dont on peut faire l'économie, sauf si, comme moi, vous êtes un fervent admirateur de Lovecraft. Car sans être cité, l'Ermite de Providence est omniprésent dans le récit. Le Livre ressemble furieusement au Necronomicon, et les rituels prononcés par Boudet ou les membres du Bélial's Club semblent directement issus d'un certain… *Appel de Cthulhu !*

### 1996 : Roman policier

Avec **L'Enfer de Rennes-le-Château** (Ecomarine-Techniscience, 1996), François M. Bluche ouvre la voie du polar saunièrisant. Un vrai polar, puisqu'il s'agit des enquêtes du Commissaire Guilhem qui semble s'être distingué, dans un précédent roman, en résolvant une mystérieuse affaire ayant pour cadre le Mont Alaric. Nous sommes cette fois en présence de meurtres en série commis dans une région-mouchoir de poche dont le centre serait Rennes-le-Château. Le fil : un chercheur de trésors fou, acoquiné avec un réseau d'antiquaires peu scrupuleux. Et lorsque le chercheur tarde à trouver, le réseau achète des antiquités à des locaux, puis les trucide afin de ne pas avoir à les payer. Un thriller somme toute assez classique dont le point d'orgue sera la découverte, dans les ruines du château de Blanchefort, du tombeau du roi wisigoth Théodoric Ier, mort en 451.

### 1998 : Pièce de théâtre

Claude Cals nous offre, avec **L'Etrange Invité de l'Abbé Saunière** (auto édition, 1998) une véritable originalité, puisqu'il ne s'agit rien de moins que du livret d'une pièce de théâtre en trois actes. Une pièce qui met en scène, aux côtés de l'abbé, Marie et Emma Calvé. Et un étrange visiteur qui, sous le nom d'Ange, cache en fait le diable... Un diable particulièrement vicieux, puisqu'il prend un malin plaisir à révéler l'avenir des protagonistes. Ce qui arrachera Emma des bras de l'abbé pour se précipiter à la rencontre de son futur nouvel amour. Ce qui détruira Saunière lorsqu'il apprendra ce que deviendra l'affaire de Rennes après sa mort et ce que l'on racontera sur lui. A découvrir.

### 2000 : Biographie romancée

Françoise Mendl a voulu rendre hommage, à

sa manière, au héros de son petit village. **Journal de Bérenger Saunière, curé de Rennes-le-Château ou Saunière entre doute et espérance** (auto-édition, 2000) est un roman, une sorte de vraie-fausse autobiographie… Nous sommes loin des thrillers flamboyants de JM Thibaux. Le récit est intimiste et poignant d'une apparente vérité. C'est l'histoire d'un homme de la campagne devenu curé, parce qu'à l'époque, cette voie était assurément un excellent ascenseur social. Une foi obligée, en quelque sorte, qui n'empêchera jamais Bérenger d'être un homme comme les autres. Un homme amoureux, et les pages consacrées à sa passion pour Marie sont magnifiques. Un homme en proie au doute… La foi de convenance éclate en mille morceaux et fait place à un agnostisme qui embrasse l'univers entier. La trame suivie est hyper classique. Il s'agit de la « Belle Histoire », avec évidemment quelques clefs (la découverte de la Ménorah) et quelques développements amusants. C'est ainsi que l'on voit Bérenger aller à Londres, en compagnie d'Emma Calvé, pour négocier auprès d'initiés juifs le précieux trésor.

Un petit livre bien écrit et délicieux !

### 2001 : Pastiche holmésien

Le pastiche holmésien s'empare de notre affaire dans l'excellent recueil de nouvelles policières de Jacques Baudou, **Petits Crimes du Temps Jadis** (Editions du Masque, 2001).

La nouvelle qui nous concerne ici est signée Paul Gayot et porte pour titre **Le Mystère des Trois Presbytères**. De la très haute érudition, chaque paragraphe faisant référence à d'autres exploits de notre détective de légende. Un détective qui, comme le Christ, a un trou béant dans sa biographie. Conséquence d'une mission secrète dans le Razès bien sûr, le gouvernement britannique ayant chargé l'investigateur de se rapprocher de Saunière pour prendre connaissance des documents qu'il aurait découvert ? Mais oui : *la Triplice donnerait gros pour s'emparer des secrets de Rennes-le-Château, et du coup, faire pièce à l'alliance franco-russe.* Holmes et son fidèle Watson retournent au pays pour investiguer sur le meurtre de l'abbé Gélis et, suite à une planque dans l'église du village, identifient le méchant : Jean Orth himself. Mais ce dénouement serait trop simple... Jean Orth n'est autre que le super méchant favori de tous les holmésiens, l'abominable Moriaty... et... vice-versa ! Et je ferai mienne la conclusion de l'auteur : *J'ose espérer que Saunière n'aura pas la faiblesse de vendre, s'il l'a vraiment découvert, le secret des Habsourg, sinon Dieu ait pitié de son âme et de l'Europe...* On l'a échappé belle...

### 2002 : Roman policier

Pierre V. Grosjean nous offre, avec **Trésor, vous avez dit trésor ?** (Presses du Midi 2002), un petit roman comme je les aime : léger, souriant et sentant bon le parfum du Razès. On y croisera plusieurs équipes, l'une à la recherche du manuscrit de Nicolas Flamel (Abraham le Juif) dont les nouveaux propriétaires de Cabrières se sont séparés et que l'on retrouvera dans une librairie ésotérique parisienne ; l'autre sur la piste du trésor du Temple de Jérusalem, bien évidemment enfoui quelque part dans les Corbières. On y rencontrera la charmante petite fille d'Emma Calvé et de Bérenger ainsi que son fiancé, qui n'est autre que le petit- fils de Jean Orth. On écoutera Philippe de Chérisey qui, entre deux spectacles comiques à Liège, éclatera de rire en expliquant « mais l'affaire de Rennes-le-Château, c'est moi qui ai tout inventé ! ». On assistera encore à une discussion entre Maurice Barrès et Jules Verne au cours de laquelle le premier veut faire avouer au second, perplexe, qu'il a codé le secret de Rennes-le-Château dans son roman Clovis Dardentor. Assurément, l'auteur s'est bien amusé en écrivant ce livre. Moi aussi en le lisant !

## 2002 : Roman ésotérico / initiatique

Roman initiatique, nous dit l'auteur Jean-Claude George, pour qualifier son ouvrage **Ils m'ont appelée Vilaine** (Lacour 2002). Je n'aime guère les fictions où l'auteur se déguise à peine pour nous conter son trip castelrennais. Celui-ci est à la limite… Mais je lui accorde une petite indulgence, car sa démarche prend naissance dans le Triangle Secret Ardennais cher à mon cœur ! Bon, deux amis, réunis par la passion de la généalogie, se découvrent au cours de leurs investigations historiques une autre passion, encore plus brûlante, celle de Rennes-le-Château. Et comme ils sont meusiens, ils vont commencer leurs recherches touristiques par Stenay/Orval et Bouillon. Avant de plonger, avec leurs tendres moitiés, dans les incontournables Corbières. Journal de vacances, récits de bonnes bouffes et compte-rendu d'une équipée sur notre colline préférée. Une équipée surréaliste, où l'un des deux comparses disparaîtra, en compagnie de la femme de l'autre, dans une autre dimension... Bon, oui...

### 2002 : Roman historique

Lire **L'Eglise de Satan** d'Arnaud Delalande (Grasset 2002, Livre de Poche 2004), c'est se plonger dans un film en technicolor et en dolby stéréo. Du grand spectacle assurément sous le soleil ocre de l'Occitanie et au sein des combats sanglants qui opposent catholiques et cathares. On l'aura compris, ce roman historique nous transpose aux derniers moments du catharisme, en compagnie du troubadour Escartille qui, de témoin simplement curieux des événements va se muer en un acteur de tout premier plan. Sa participation involontaire aux massacres de Béziers et de Carcassonne se transformera en effet en une participation active lors de la bataille de Toulouse et le conduira, par la suite, à revêtir la robe noire des Parfaits. Il est vrai qu'il perdra dans cette dernière boucherie le grand amour de sa vie. Il découvrira aussi, par touches progressives, le véritable motif de cette furie de l'Eglise Catholique contre les Cathares. Leur Grand Secret bien sûr, que les éminences de Rome doivent à tout prix détruire. On devine ici la matière première qui fera le succès du *Da Vinci Code ou du Triangle Secret*[80]. Rien moins que

---

80    **Le Triangle Secret** de Didier Convard et ses équipes (Glénat 2000- 2003) est un véritable monument en huit volumes et deux annexes. Une version BD de l'autre vie du Christ popularisée notamment par Lincoln and Co dans *L'Enigme Sacrée*. En fait la source de Didier Convard est plus précisément à rechercher dans les ouvrages de Robert Ambelain, et notamment dans *Jésus ou le Mortel Secret des Templiers ou Les Lourds Secrets du Golgotha*. La saga pseudo-christique n'est en effet pas celle connue sous le nom de magdaléenne (Jésus marié avec Marie- Madelaine dont il a eu des enfants) mais celle de l'imposture de la crucifixion. Ce n'est en l'occurrence pas Jésus qui est mort sur la croix, mais son frère Thomas qui a cherché à lui ravir le rôle de prophète.
Le principal personnage, Didier Mosèle, travaille pour un laboratoire chargé de la restauration et du décryptage d'une partie des Manuscrits de la Mer Morte. L'un de ses collaborateurs et ami, Francis Marlane, disparaît mystérieusement, non sans avoir laissé d'étranges carnets...
Le message posthume du chercheur est décrypté avec l'aide d'un Vénérable de la Grande Loge de France, Martin Hertz qui possède un document étonnant, «le Testament du Fou», ou journal du véritable Jésus. Un manuscrit transmis de génération en génération au sein d'un Cénacle très fermé, « la Loge Première », qui n'est pas du reste sans rappeler notre bon vieux « Prieuré de Sion ».
Les carnets de Francis Lalane ne sont rien d'autre qu'une

la dépouille du Christ, pieusement conservée dans les entrailles de Montségur. Le roman se terminera par le récit de la fin tragique du célèbre pog, et par la fuite d'un petit groupe de Parfaits chargés d'aller mettre à l'abri la dépouille sacrée en compagnie de l'ex troubadour. Une saga que relatera fidèlement Escartille dans un journal sous forme de parchemins qu'il ira dissimuler, à la fin de son périple, dans l'église de Rennes-le-Château. Tel est le secret découvert par l'abbé Saunière. Secret sulfureux ? Certainement pas, car l'auteur nous surprend dans les dernières pages par une chute inattendue, susceptible de tout remettre en cause. Mais ce sera au lecteur de découvrir cet élément inattendu !

---

étude pour localiser le tombeau du Prophète, qui n'est ni à Rennes-le-Château, ni à Opoul/Périllos, mais dans la forêt d'Orient près de Troyes... On imagine aisément dès lors la trame de la saga, faisant bien évidemment intervenir la vilaine Eglise Catholique et ses méchants tueurs, les Gardiens du Sang.

Le scénario est astucieusement ficelé, jouant sur des dessinateurs différents pour les flash-back historiques, avec lesquels nous parcourons la « vraie » histoire sainte, mais aussi la période templiers/cathares, forcément impliqués dans l'affaire.

Un beau travail, passionnant du début à la fin, et qui n'hésite pas à mettre en scène des cérémonies confidentielles, celle de l'obédience maçonnique dont l'ombre plane sur ce lourd mystère. (NDA)

## 2003 : Roman ésotérico/initiatique

Il fallait le faire… Dan Brown l'a fait en consacrant un énorme thriller (454 pages) au Prieuré de Sion ! **The Da Vinci Code** (Bantam Press) est assurément le best seller de l'été 2003 pour tous les « researchers » anglo-saxons[81]. Un tel succès du reste que cette œuvre donnera naissance à un film. Je remercie au passage Stella Maris pour m'en avoir procuré un exemplaire, ce qui m'aura évité de passer un été « idiot ».

Car ce livre est un livre « tendance » qui développe avec un talent évident les dernières thèses à la mode. Un « matériel » mystérieux (documents, reliques ?) aurait traversé l'histoire en provenance de nos amis Templiers qui auraient mis la main dessus à Jérusalem. Un matériel ultra-sensible, susceptible de faire trembler l'Eglise Catholique sur ses fondations. Ce «matériel» bien sûr a trait à la «vraie vie du Christ», à son mariage avec Marie Madeleine et à sa descendance. Soulignons au passage que la partie historique de cette thèse est remarquablement bien étayée, assise sur les évangiles apocryphes, les textes gnostiques, les actes du Concile de Nicée… etc… Mais tous les saunièrologues avisés connaissent cette saga, popularisée par l'Enigme Sacrée et qui vient d'être magistralement illustrée par Didier Convard dans «*Le Triangle Secret*» (Glénat). Une

---

81    Edition française publiée en mars 2004 chez JC Lattès. (NDA)

saga qui continue d'inspirer bien des chercheurs (je pense à Christian Doumergue) et notamment les tenants de la piste Bigou ; ce «matériel» aurait été découvert dans l'église de RLC par notre brave abbé Bigou (prédécesseur à RLC de Saunière) qui l'aurait emmené avec lui lors de sa fuite en Espagne, non sans avoir au préalable laissé quelques indications (sur l'endroit où il allait cacher le dépôt ?) à l'attention de ses successeurs. Mais ceci est une autre histoire.

Revenons à notre pavé, en nous arrêtant quelques instants sur les principaux protagonistes:

• Jacques Saunière (mais oui), conservateur au musée du Louvre et retrouvé mystérieusement assassiné (cf note 4 sur un autre Saunière de fiction)... Dans une position qui est celle de l'homme « Vitruvian » de Léonard de Vinci. Et en ayant gribouillé avant de mourir un certain nombre de messages codés.

• Sophie Neveu, petite-fille du précédent, et cryptographe à la Police Judiciaire.

• Robert Langdon, professeur américain spécialisé dans le symbolisme. De passage à Paris et invité par Saunière à venir le voir à Paris.

• Sir Teabing, un érudit anglais qui vit dans un château près de Versailles. L'objet de sa recherche et de sa passion : le Saint Graal.

• Mgr Aringarosa, haut dignitaire de l'Opus Dei, chargé de protéger l'Eglise catholique par tous les moyens ou de sauver son organisation de plus en plus contestée par le Vatican ?

• The Teacher, personnage mystérieux coordonnant les actions de défense.

• Silas, un redoutable moine albinos, membre de l'Opus, et homme de main des précédents.

Le Prieuré de Sion est chargé de protéger le Saint Graal et ses secrets. Le Graal est un personnage, Marie-Madeleine. Concrètement, le PoS détient la « Keystone », dépôt précieux qui indique l'endroit où est enterrée la femme de Jésus. Enterrée avec un certain nombre de documents, comme les « Purists Documents », évangiles apocryphes racontant la véritable histoire du prophète, le journal de la Sainte ainsi que le fameux « Q'Document », ouvrage dans lequel le Christ a consigné ses enseignements. Mais le PoS a également pour charge de protéger la « bloodline » ou descendance sacrée de Jésus. Marie-Madeleine était enceinte lors de la crucifixion et a donné naissance à une fille, Sarah, lors de son exil en France. La filiation christique s'est croisée avec la filiation mérovingienne, et les noms de Plantard et de Saint Clair sont évoqués comme faisant aujourd'hui partie de cette descendance.

On va donc assister à une course-poursuite effrénée pour retrouver le précieux dépôt, dans les galeries du musée du Louvre, dans un château versaillais, dans la salle des coffres d'une banque suisse à Paris, mais aussi dans le quartier du Temple à Londres, dans l'abbaye de Westminster et bien sûr à Rosslyn. Tout résumé a tendance à caricaturer et à ne pas rendre compte de la richesse de l'ouvrage étudié. Car le Da Vinci Code est un livre foisonnant, remarquable sur le plan de la cryptographie qui est le véritable fil conducteur de la saga. Il faut à chaque fois décrypter les messages laissés par Saunière, en faisant appel à de vieux codes oubliés, aux mathématiques les plus sophistiquées, ou à des souvenirs… familiaux, ceux de Sophie Neveu. Il est également fascinant par la place qu'il accorde au symbolisme, véhicule de transmission d'une Tradition Primordiale au travers de l'espace et du temps. Il est perturbant par ses analyses de l'œuvre de Léonard de Vinci, grand initié qui aurait laissé de nombreux éléments attestant de la Thèse. Il est enfin émouvant par la place qu'il accorde à la femme et au « sacré féminin », courant étouffé par des siècles d'obscurantisme religieux. Je n'ai pu m'empêcher de faire le lien, sur ce dernier thème, avec les déclarations de Gino Sandri, chantre actuel du PoS, dans les interviews récemment données à la Lettre de Thot.

On l'aura compris, j'ai adoré cet ouvrage. Certainement parce que beaucoup de livres sur RLC sont tellement fantaisistes qu'après chaque lecture je ne peux m'empêcher de regretter qu'il ne soit pas mentionné « roman » sur la couverture.

Et bien voici un roman de qualité, à mettre à une place d'honneur dans sa bibliothèque, aux côtés de « l'Or du Diable » de Jean-Michel Thibaut.

Suit une analyse des raisons du succès rencontré par ce livre, signée de Gérard Klein, un des auteurs majeurs de la science-fiction française :

J'ai achevé la lecture du Da Vinci Code et les raisons de  son succès me semblent tout à fait évidentes :

•    C'est un thriller bien ficelé. Il ne laissera pas de traces décelables dans l'histoire de la littérature mais il soutient tout à fait la comparaison avec Chrichton, Koontz et autres auteurs de thrillers dans sa manière d'entrelacer une course poursuite à rebondissements, une sorte de rallye d'énigmes et une succession de révélations fracassantes, et il n'est jamais ridicule même s'il accumule des erreurs grossières dont l'auteur n'est pas dupe, ainsi le rôle d'Interpol super- police sur le modèle d'un FBI mondial alors qu'il ne s'agit que d'un organisme d'échange d'informations entre polices nationales. J'en passe et des meilleures.

•    C'est surtout un roman des origines et de la révélation, ce que tout psychanalyste sait irrésistible; origines des religions et en l'occurrence évocation directe de la scène primitive sexuelle ; révélations sur le sacré, les religions et très accessoirement, car l'auteur s'en moque et s'est amusé, sur la descendance du

Christ ; révélations sur des puissances occultes, Vatican et Opus Dei, ce qui marche toujours (se souvenir du succès du roman et du film Le Cardinal, ou quelque chose comme ça). Origines et révélations ont trait au mystère des parents, réels ou symboliques, ce qui marche toujours.

• Brown utilise très intelligemment, contrairement à ce qu'on aurait pu craindre, les décors français et en particulier parisiens. Il convoie même quelques superstitions typiquement parisiennes comme l'idée des 666 carreaux de verre imposés par Mitterrand sur la pyramide du Louvre, dont je doute qu'elles aient voyagé jusqu'en Amérique encore qu'avec le net, on ne sait jamais.

• Il a donné à son roman la touche «people» des magazines super-riches et super-luxe.

• Ecrivant pour un public américain en majorité protestant évangélique, il cultive un habile anti-papisme tout en se gardant d'en faire trop. Même chose pour l'Opus Dei souvent considéré outre-atlantique comme jadis les Jésuites ici.

• Il vise un public majoritairement féminin (celui du livre en général) qu'il caresse dans le sens du poil pubien à toutes sortes de niveaux : héroïne, féminisme de la Grande Mère, condamnation de la répression machiste, goût de la religion et en même temps doute à son propos, secrets et papotages, intrigue sentimentale convenable.

• Et surtout, il joue sur le désir de savoir et de culture (sans effort) qui anime tant de lecteurs, exactement à la façon d'un Umberto Eco, comme je l'avais pressenti. Le lecteur a le sentiment d'apprendre quelque chose (et en plus quelque chose de caché) ce qui, sur un autre registre avait fait aussi le succès des *Fourmis* (de celui dont Il ne faut pas prononcer le Nom).

• Il est très astucieux dans la gradation de ses révélations que la plupart du temps le lecteur un peu au courant peut avoir la satisfaction de deviner juste avant que la solution des énigmes ne lui soit révélée. Si bien qu'il se sent par là intelligent et au courant, presque dans la même catégorie que les héros super-cultivés.

• Les lecteurs qui se précipitent à Saint-Sulpice et autres lieux ne cherchent certainement pas dans leur grande majorité une confirmation des thèses loufoques de Brown mais, comme dans un jeu de piste, la simple confirmation qu'il ne les a pas menés gratuitement en bateau. Il a été très malin en tissant à partir de sources identifiables une intrigue énorme. Et là, il a parfaitement retenu la leçon du *Pendule de Foucault* d'Eco.

• Il connaît sans doute d'autres classiques populaires sur le bout du doigt: ainsi la description de la Bible de Constantin recouvre presque trait pour trait celle de la Bible Catholique Orange des annexes de *Dune*. A moins évidemment que Herbert ne soit parti de la constitution de la Bible de Constantin, dont je ne sais rien et dont je doute qu'elle se soit passée comme le dit Brown.

• Il est très malin aussi dans sa façon de secouer les dogmes religieux tout en concluant que ça n'a pas d'importance et que l'essentiel est dans le symbolisme et l'amélioration de l'humanité, ce qui correspond exactement, selon toutes les enquêtes, à la position de la majorité des opinions religieuses aujourd'hui, les fondamentalistes mis à part. Mais ceux-là ne lisent pas ou seulement la Bible ou le Coran.

Ce Brown est manifestement quelqu'un de cultivé, voire de très cultivé et de très intelligent. Ce n'est pas un écrivain mais c'est un bon sémiologue. Certainement un universitaire. J'aurais certainement recommandé à un éditeur l'achat de ce livre quoique je ne sais pas si je l'aurais fait sur un simple synopsis comme ça a été le cas. Bien entendu, comme toujours, l'énormité du succès n'était aucunement prévisible. Mais dans l'après-coup, il est complètement explicable. Ce qui n'est pas toujours le cas. Même EUX n'ont pas réussi à l'entraver ; j'ai pourtant relevé page 145 une apparente coquille qui indique clairement que des Manipulateurs du temps sont intervenus. Gérard Klein

### 2003 : Roman ésotérico / initiatique

Un hors sujet, mais que je me dois de citer :

Je crois beaucoup à la théorie du « réservoir à idées ». Celles-ci flottent quelque part et il n'est pas surprenant qu'il arrive que deux personnes, au même moment, ouvrent le même tiroir pour fabriquer des produits parallèles. Tel est le cas de Henri Loevenbuck qui, avec **Le Testament des Siècles** (Flammarion 2003) nous donne une version alternative… du Da Vinci Code.

Résumé : Installé aux États-Unis depuis la mort de sa mère, Damien Louvel, scénariste d'une série télévisée à succès, doit rentrer en France à la suite du décès tragique de son père. Il découvre alors que celui-ci menait d'étranges recherches historico-philosophiques autour d'un mystérieux objet – la pierre de Iorden –, qui semblent lui avoir coûté la vie. Aidé d'une journaliste, dont il tombe amoureux, Damien décide de poursuivre les investigations de son père, et se lance dans une course effrénée, de bibliothèques en sociétés secrètes, de Gordes à Londres et au cœur de Paris. Une enquête qui va bouleverser sa vie à jamais et le mener sur les pistes des templiers, des francs-maçons, de Léonard de Vinci et de Napoléon… Hackés, traqués, menacés, Sophie et Damien n'auront de cesse de mettre au jour le plus vieux secret de l'Humanité : le dernier message laissé par le Christ. Mais à quel prix…

L'auteur le reconnaît lui-même sur son site internet (http://www.testament-des-siecles. com/index.php), le tiroir dans lequel il a puisé est la fameuse *Enigme Sacrée*. Certes, la trame du thriller n'est pas castelrennaise, et on n'y croise pas plus le Prieuré de Sion que la sulfureuse

Marie-Madeleine. Mais quand même : le Christ a laissé un message caché et le décodage de celui-ci fait appel à un tableau d'Albrecht Dürer, *Melencholia*, et à l'incontournable *Joconde* de Léonard de Vinci. Et de plus, ce secret est assurément redoutable, car deux organisations chercheront à éliminer les décrypteurs, l'une à couleur mondialiste, le Bildeberg, l'autre à l'odeur de la Sainte Maffia, puisqu'il s'agit d'un groupe gravitant autour de l'Opus Dei ! Enfin, et cerise sur la gâteau, l'héroïne de l'affaire se prénomme Sophie, comme une certaine Sophie Neveu avec laquelle elle partage une belle érudition stéganographique...

Un livre excellent, haletant et bien écrit que l'ouvrage de Dan Brown ne doit pas éclipser !

### 2003 : Pastiche lovecraftien

Nous parvient encore, sous la plume de Jean-Christophe Macquet, un petit livre intitulé **L'Intrus** (Editions Henry). La couverture fait penser à celle d'un livre d'enfant ; mais qu'importe le flacon, car l'ivresse est assurée, du moins pour tous ceux qui, parallèlement à la Saunièrologie, se sont plongés avec terreur dans les Etudes Lovecraftiennes. Fabrice et Daniel Kircher, dans leur B.A.BA sur RLC (Pardès 2003) avaient déjà osé instiller quelques pincées cthuluhiennes dans le décryptage du monument funéraire de la Dame d'Hautpoul. Mais là, au bénéfice de la liberté totale que laisse le genre romanesque, c'est toute la saga de Rennes-le-Château qui rejoint le Mythe des Grands Anciens.

Nous sommes au début du XX^{ème} siècle et un militaire de carrière part se reposer dans l'Aude en compagnie de la célèbre cantatrice de l'époque. Ils sont invités par le châtelain d'un petit village haut perché où règne un mystérieux curé. Et il se passe d'étranges choses dans les sous-sols du village ! Notamment des séances de spiritisme où la diva est largement mise à contribution. Pour essayer de mettre la main sur un sulfureux ouvrage laissé dans le passé lors des invasions barbares. On l'aura compris, il s'agit du *Necronomicon* !

Je ne serais pas complet en disant que sont également en villégiature dans la région une poétesse américaine accompagnée d'un jeune homme du nom de Howard P. Lovecraft. Un jeune homme qui collaborera activement à la résolution de l'énigme... et y trouvera une fabuleuse source d'inspiration pour sa future carrière littéraire.

Merci à Jean-Christophe.

### 2003 : Roman historique

René Daniel nous propose avec **Jordana, mais où est donc passé l'or de Toulouse** (DS éditions, décembre 2003) un excellent roman historique, sur un sujet, à ma connaissance, peu traité : celui du trésor des wisigoths. La trame en est classique, avec en alternance deux actions.

La première se passe de nos jours, mettant en scène un chercheur de trésor très « Dupont la Joie ». Mais ses beuveries avec le châtelain de notre village préféré ont un objectif bien clair : endormir son comparse pour aller explorer en douce les souterrains de la demeure ! La seconde met en scène la fin du règne d'Alaric II, terrassé par Clovis, et la fuite éperdue de sa compagne Jordana pour sauver le trésor (celui bien sûr de Jérusalem, pillé à Rome). On devine aisément où sera dissimulé le colossal magot... Un récit haut en couleurs qui mêle la furie barbare et la douceur d'une belle histoire d'amour. Un petit regret pourtant : pourquoi l'auteur s'est- il cru obligé de nous infliger une pincée d'ovni du Bugarach pour clore une saga qui aurait été sans cela totalement réussie ?

*L'opinion de Marie-Christine Lignon* :

Cela devient une habitude, me semble-t-il, mais depuis quelque temps, je trouve des livres dans une étagère où ils ne devraient pas se trouver.

Dernier exemple : lundi, je me dirige, pour des raisons trop longues à expliquer, vers la Librairie Castela, place du Capitole, endroit où je ne remets plus les pieds depuis longtemps pour des raisons encore plus longues à expliquer. Je recherche un livre sur Toulouse. Facile. Toulouse..., etc, etc,... mais pas celui que je souhaite. La jeune et gentille vendeuse à qui je demande des renseignements me questionne : «C'est vous qui avez téléphoné il y a une heure pour demander des renseignements au sujet de ce livre ?». «Non, non.» Déçue, je retourne à mon étagère et que vois-je ? Nul ne me croira... 3 exemplaires du livre de notre ami Gèrard de Sède, celui de 1988 ! Etonnement, mais cela m'arrange car j'en achète un pour sa copine Nadine. Et à côté, René Daniel : «**Jordana, Mais où est donc passé l'or de Toulouse ?**» Roman historique. (DS éditions, 2003).

Selon la quatrième de couverture, cela paraît intéressant, du moins pour moi qui traque, sans chercher ce genre de livre : le héros Joseph Arz, descendant des Wisigoths par ses deux parents, va refaire le parcours de Jordana et Thontic, à la recherche du trésor. Ses pas vont l'amener à Rennes-le- Château... Il va découvrir, avec l'or, le secret de l'Humanité. Ce représentant en papiers peints ne savait pas, lorsque son aventure allait commencer grâce à la «Dépêche du Midi», qu'il allait perdre l'amour de sa femme, son emploi, sa maison, sa tranquillité !

Je ne dévoilerai rien de plus sinon que notre Joseph a pensé que le trésor se trouvait dans le château de Rennes. Mais comment décider le propriétaire à ouvrir les portes ? Tout simplement en lui apportant du whisky, de l'armagnac, des cigares (d'Andorre) et des... barrettes de haschich (de Toulouse), car il avait entendu dire que cela annihilait toute résistance.

304 pages pour 20 euros. En prime dans la

bibliographie, un livre que vous chercherez vous-mêmes : Arcasi : «*De Rhadea à Bérenger Saunière*» (sic).

## 2004 : Roman policier

Retour au roman policier. Corinne Fournier, avec **Les Rivières de Plomb** (Hors Noir/Hors Commerce, 2004), nous propose un thriller aux belles couleurs du Razès et au parfum castelrennais. Marion est une jeune veuve très occupée puisqu'elle dirige un restaurant gastronomique et... une association écologique. Son combat : traquer les pollueurs en tous genre. Et l'enquête qu'elle va mener pour aider un ami, dont le vignoble est attaqué par le plomb et le mercure, lui fera faire d'étranges découvertes ; et notamment celle d'une secte, installée près de Rennes-le- Château, dirigée par un gourou/ chercheur fou du secret de Saunière. Un secret qui sent la transmutation alchimique dont la materia prima est... de petits enfants. Une enquête haletante au cours de laquelle on rencontrera même la maquette « dite de l'abbé Saunière ». C'est dire que la documentation de l'auteur est fort exhaustive !

## 2005 : Roman fantaisiste

Vilain défaut ! Lorsque je lis une fiction castelrennaise, je ne peux m'empêcher d'essayer de classer l'ouvrage dans la typologie classique des littératures de l'imaginaire. **Opération Jésus**

**Genetic**, de Viam della Rosa (Editions Fortuna, janvier 2005), se prête mal à l'exercice. Il porte certes comme sous titre « De Hitler à Rennes-le-Château », mais ce n'est pas un roman historique. Il indique également sur la couverture « Ce que le « Da Vinci Code » et le film sur Hitler « la Chute » ne vous ont pas révélé », mais ce n'est pas un thriller initiatique. Ou plutôt c'est un mélange de tout cela sur fond d'humour, un humour bien gras et difficile à digérer. Alors faute de mieux, et pour ne pas polluer les catégories « histoire » et « initiation », j'ouvrirai une nouvelle catégorie, celle du « roman fantaisiste ». Un roman sous forme de pavé qui pèse ses 574 pages, réparties en 107 chapitres. Mais le découpage n'obéit pas à la technique classique d'une gestion parallèle d'actions multiples. C'est plutôt pour ne pas infliger au lecteur des chapitres de plus de 100 pages et lui permettre de retrouver son souffle. Bon, mais de quoi s'agit-il ?

D'un combat caricatural entre les gentils et les méchants, les Forces de la Lumière et celles de l'Ombre. Les méchants se sont emparés de la fameuse lance qui aurait transpercé le flanc du Christ et qui aurait été l'objet fétiche du Führer… Pour récupérer l'ADN de Jésus et d'en opérer le clonage. Simple, non ? Mais la réalité de cet ouvrage est bien plus complexe. C'est pour son auteur – présenté comme un spécialiste des groupements secrets et mouvements occultes – un vaste prétexte. Un prétexte pour nous infliger une série de cours magistraux sur les sujets les plus étonnants qui vont de l'affaire de Rennes-le-Château à la vie du Comte Saint-Germain, en passant par la jeunesse d'Hitler, le numérologie, l'origine des religions et j'en oublie des charrettes. Et toujours avec cet humour pesant que je qualifierais volontiers de franchouillard même si l'auteur est manifestement belge !!!

Ah oui, j'oublie de dire qu'il est passé la saison dernière à Rennes-le-Château et que sa Jaguar s'est ramassée quelques coups de fusils. Cela pour vous faire saliver puisque son prochain ouvrage sera consacré aux mystères de notre colline préférée, avec ses deux tombeaux et son trésor matériel. Mais chuttttttt…

# LES ENSEIGNEMENTS DE L'ANALYSE

## ENSEIGNEMENTS QUANTITATIFS

<u>Sur le plan des thématiques :</u>

Bien que quantitativement limitée (quinze titres), cette production couvre assez bien les différents domaines de la littérature de l'imaginaire. On y trouve en effet :

• du roman historique (3 titres, *L'Or du Diable, L'Eglise de Satan, Jordana*)

• du roman ésotérico-initiatique (3 titres, *Le Cheval de Dieu, Ils m'ont appelée Vilaine, Da Vinci Code*)

• du roman policier (3 titres *L'Enfer de Rennes-le- Château, Trésor, vous avez dit trésor ? Les Rivières de Plomb*)

• des pastiches (2 titres, *Le Mystère des Trois Presbytères, L'Intrus*)

• de la SF (1 titre, *Frères de Sang*)

• de la biographie romancée (1 titre, *Journal de Bérenger Saunière*)

• du théâtre (1 pièce, *L'Etrange invité de l'abbé Saunière*)

• du roman comique (1 titre, *Opération Jésus Genetic*). Sans tomber dans des querelles de typologie qui alimentent souvent les conversations enflammées des fans, notons que le genre fantastique n'est pas représenté en tant que tel. Mais les ingrédients de ce genre littéraire sont présents dans beaucoup des ouvrages étudiés. On retrouve ainsi des thématiques classiques comme celle des monstres (Asmodée dans *l'Or du Diable* ou les créatures cthulhuiennes dans *l'Intrus le Cheval de Dieu*), des livres maudits (également les deux derniers ouvrages), du savant fou (*Opération Jésus Genetic*), du vampirisme (*Frères de sang et Rivières de plomb*)…

Cette littérature, par ailleurs, comporte ses best sellers avec *l'Or du Diable et le Da Vinci Code*. Deux ouvrages qui ont eu ou auront des prolongements cinématographiques.

Sur le plan chronologique :

Sur le plan chronologique, et si l'on fait démarrer l'affaire de Rennes-le-Château en 1967 avec le livre fondateur de Gérard de Sède, la première création remonte à 1985 ; la production reste épisodique jusqu'en 2000, année à partir de laquelle le mouvement s'accélère (5 ouvrages avant 2000 ; 10 à partir de 2000).

## ENSEIGNEMENTS QUALITATIFS

Il semble évident que c'est *L'Enigme Sacrée*, publiée en 1982, qui a été le catalyseur de ce mouvement littéraire. Le premier ouvrage, celui de Jerry Ahern (1985), annonce très clairement la couleur en utilisant le thème de la descendance du Christ. Et même si *L'Or du Diable* (1987) est la mise en forme romancée de « la belle histoire », l'un des protagonistes de la fiction est le Prieuré de Sion, sulfureuse société secrète qui n'était pas évoquée dans le livre fondateur de Gérard de Sède (1967). Celle-ci pointera discrètement le bout de son nez dans les années 70 au travers de diverses publications pour exploser au grand jour dans l'ouvrage de nos trois anglais. Elle connaîtra son apothéose finale ( ?) dans le best seller de Dan Brown dont elle est le véritable héros.

Au fond, la question que l'on peut se poser, c'est de savoir face à quel type de fiction nous nous trouvons ? Sommes nous en présence d'une littérature de pur divertissement, ou plutôt face à des écrits qui, sous prétexte d'imaginaire, cherchent à véhiculer un véritable message ?

Nous pouvons classer sans hésitation dans la première catégorie :

- les trois romans policiers

- les trois romans historiques, y compris *L'Or du Diable*, qui, je me répète, ne cherche à rien d'autre que de nous raconter la « belle histoire »

- les deux pastiches

- la biographie romancée

- la pièce de théâtre

- je mets également dans cette catégorie l'un des roman qualifié «d'ésotérico-initiatique» par l'auteur (*Ils m'ont appelée Vilaine*), dans la mesure où je n'en ai pas saisi le sens caché ! Ce qui m'a surtout marqué, ce sont les récits de bonnes bouffes et de siestes coquines !

- je classe également dans cette rubrique

*Opération Jésus Genetic,* malgré les efforts faits par l'auteur pour nous délivrer une succession de cours d'ésotérisme primaire qui font penser aux monographies de l'Amorc ! Le sens – pas caché du tout – de ce bouquin est de nous faire rigoler, et en cela l'auteur a parfaitement atteint son objectif.

Le doute subsiste donc pour :

• *Le Cheval de Dieu,* même si la thèse manichéenne du combat entre le bien et le mal est désormais du domaine public, celui du Café du Commerce.

• *Le Da Vinci Code*[82] bien sûr qui, voulu ou

---

82    Dan Brown avait créé le personnage de Jacques Saunière. Les deux compères (Arvid Nelson & Eric Johnson) du premier tome de **Rex Mundi** (Semic 2005) donnent pour leur part vie à un certain Julien Saunière, médecin de son état, dans un Paris uchronique des années 30. La France est un royaume dirigé par Louis XXII, la Chambre des Epées est sous la domination du belliqueux Plantard de Saint Clair et le vrai pouvoir est entre les mains de l'Inquisition. Le père Marin, ancien curé de Rennes-le-Château, est maintenant le prêtre de l'église de la Madeleine. Mais ce n'est qu'une couverture : son rôle est de conserver des manuscrits hyper sulfureux, cachés dans une crypte du dit édifice. Suite à une confidence maladroite faite à une prostituée dont il cherche à sauver l'âme (la chair est faible !), la cache est éventée et un parchemin ayant trait à la localisation d'un tombeau mystérieux dans l'Aude disparaît. Son ami, Julien Saunière va mener l'enquête. Une enquête passionnante dans une capitale contrôlée par les guildes et bercée par les sciences maudites. On aura compris qu'il s'agit d'une BD, au graphisme somptueux, bourrée de clins d'œil sympathiques. L'ouvrage se termine par exemple par le

non par l'auteur, est un chef d'œuvre des thèses conspirationnistes.

Nous sommes ici au confluent du *Livre Jaune*[83]

reprint de plusieurs numéros du journal de l'époque, *Le Journal de la Liberté*, qui compte parmi ses Editeurs Emérites Clark A. Smith, Howard P. Lovecraft et Robert E. Howard. On peut difficilement souhaiter meilleure compagnie.
Au total un excellent ouvrage qui vous permettra de souffler agréablement après avoir étudié un traité sur les mystères du Carré Vigenère et avant d'attaquer une nouvelle somme sur la Vraie Langue Celtique. (NDA)
83      *Le Livre Jaune* n°5. Collectif d'auteurs anonymes. Editions Félix (65 Grande Rue, 06140 Tourrettes sur Loup). Cet étrange ouvrage se présente d'emblée comme une «bible» de la conspiration mondiale. Les ingrédients sont bien connus : « on ne vous dit pas tout », « la vérité est autre », « ouvrez vos yeux »… Le tout reposant sur une mécanique hélas bien huilée : le Protocole des Sages de Sion, dont il a pourtant été démontré qu'il s'agissait d'un faux, créé de toutes pièces pour alimenter l'anti-sémitisme. Une sombre machination sioniste, donc, pilotée par les banques et les milieux industriels avec au sommet la famille Rothschild ; un complot qui utilise de bonnes vieilles techniques : aiguiser les antagonismes, financer les ennemis et éliminer les pacifistes. Tout y passe, de l'origine des deux guerres mondiales à l'assassinat de Kennedy, sans oublier les contacts secrets entre les extraterrestres et les gouvernements, contacts soigneusement occultés tant les visions en faveur de la paix galactique de nos visiteurs sont insoutenables. On n'oubliera pas un couplet très documenté sur « nazisme et sociétés secrètes » montrant, dans la foulée du « *Matin des Magiciens* » comment Hitler était manipulé par des forces supérieures.
Le tout se termine de façon bizarre sur le thème « humains, prenez vous en main » avec un rappel des grandes lois cosmiques universelles qui n'est pas sans évoquer ce qu'enseignent nombre de sociétés initiatiques, comme par exemple l'AMORC.

et de la série X-Files, le tout servi avec une sauce épaisse de théologie alternative. Une recette particulièrement efficace, que l'on retrouvera du reste dans Angels & Demons du même Dan Brown.

Bérenger Saunière a fait couler beaucoup d'encre, et notamment de la part des chercheurs qui ont tenté de percer son mystère. Force est de constater que nul n'a encore pu forcer les portes du coffre secret du Razès. C'est certainement ce qui explique que la littérature d'imaginaire a pris le relais, permettant de la sorte aux auteurs de s'affranchir des contingences matérielles décidément têtues et de poursuivre ce qui pour moi fut l'œuvre fondamentale du prêtre, à savoir… nous faire rêver.

Merci à eux et qu'il continuent le plus longtemps possible !

---

Au total un ouvrage équivoque dont la lecture suscite un malaise certain. Amalgames et raccourcis rendent ce travail dangereux pour le lecteur qui en ferait une approche au premier degré. En refermant « *le Livre Jaune* », je me suis dit qu'il restait à écrire un autre ouvrage conspirationniste, celui qui expliquerait pourquoi les juifs ont été persécutés tout au long de l'histoire. (NDA)

# NOTRE-DAME de MARCEILLE ET RENNES-LE-CHÂTEAU, DEUX AFFAIRES LIEES ?[84]

L'histoire de l'église de Notre-Dame de Marceille (commune de Limoux) croise celle de Rennes-le-Château d'une bien curieuse façon : par le biais de Monseigneur Billard, evêque-protecteur de Bérenger Saunière, mais aussi propriétaire du domaine lazariste de Marceille. Une propriété dont l'acquisition s'est faite de façon pour le moins sulfureuse : l'évêque hérita en effet, en 1891, et ce à titre privé, d'une somme très importante (environ 1.200.000 francs de l'époque) de Madame Rose Denise Marguerite Victorine Sabatier, résidant à Coursan. La famille de la défunte contesta, sans succès, cette donation qu'elle considérait être une captation d'héritage. Cette somme permit à Billard d'acquérir Notre-Dame de Marceille en 1893. Les chercheurs anglais (Picknett et Prince notamment, dans la *Révélation des Templiers*, 1997) investiguèrent sur ce domaine, à la suite d'un chercheur belge, Jos Bertaulet, qui consacra en 1991 une étude à ce site (*De verloren koning en de bronnen van de graallegende*). Il en résulte que deux grandes salles souterraines se déploient sous l'église ; on parle alors de chapelle secrète et, si l'on suit Jos Bertaulet qui aurait décrypté *La Vraie Langue Celtique*, d'un reliquaire contenant la tête d'un roi sacré ! L'auteur ajoute que Boudet rattachait cette salle aux légendes du Saint Graal... Et de fait ! Revenons aux sources authentiques pour nous faire une idée précise de ce site entré dans la légende. L'ouvrage de référence est certainement *L'Histoire du Pèlerinage de Notre-Dame de Marceille* de l'abbé Lasserre, publié en 1891 et réédité chez Lacour en 1998. Un ouvrage qui d'emblée renvoie effectivement à *La Vraie Langue Celtique* puisque l'auteur commence par nous expliquer que c'est Boudet qui, le premier, a trouvé l'origine de Marceille. L'église est construite sur un site païen, remarquable par son allée qui monte des rives de l'Aude jusqu'à l'esplanade où fut construite l'église (Voie Sacrée), ainsi que par sa fontaine miraculeuse en ce sens que son eau serait d'une excellente thérapie pour les troubles de la vision. L'étude qui nous est proposée sur les traditions bibliques, druidiques et sibyllines concernant la Vierge qui devait enfanter est tout à fait pertinente. Car l'autre curiosité de l'église est sa fameuse Vierge Noire, dont l'origine se confond avec une pieuse légende :

« *A une époque bien lointaine qui se perd dans la nuit des temps, un laboureur qui cultivait son champ sur le coteau de Marcellan voit ses bœufs arrêtés soudain par un obstacle invisible. Il a beau les presser, les exciter, ils demeurent immobiles et résistent à l'aiguillon. Le laboureur, d'abord stupéfait, se sent bientôt envahir par une impression indéfinissable : il se prosterne en invoquant le secours du Ciel. Poussé par une inspiration subite, il creuse la terre pour découvrir l'obstacle qui arrête ses bœufs.*

*Tout à coup une madone de bois, à la figure brune, au sourire céleste, se présente à ses regards étonnés. Il prend avec respect la statue de Notre-Dame et la porte dans sa maison où elle est accueillie avec bonheur par toute la famille. Mais hélas ! le lendemain la madone a disparu !!! Le laboureur revient à son champ, et il retrouve l'image vénérée dans le lieu où la veille, il avait eu le bonheur de la découvrir. Vainement il l'emporte une deuxième et une troisième fois : la statue miraculeuse disparaît toujours pour regagner la Colline de Prédilection »*

Suit toute l'histoire des pèlerinages organisés sur ce lieu au travers de l'histoire, afin de remercier la Vierge à laquelle on prêta de nombreux miracles.

L'auteur part ensuite à la recherche de la localisation de la chapelle primitive autour de laquelle fut construite l'église actuelle. Il nous décrit ensuite par le menu détail l'édifice, sans du reste faire allusion aux nombreux symboles alchimiques que certains chercheurs croient voir sur les murs et le plafond. Il nous parle également de la Comtesse de Chambord qui connaissait bien ce haut lieu de pèlerinages, par son cousin, le docteur Carrière de Limoux. La Comtesse a du reste donné à l'église un tableau très précieux, représentant la Vierge-Mère avec l'enfant Jésus sur son bras.

Pas d'allusion dans ce livre aux salles souterraines, mais une évocation intéressante : celle d'un vaste réservoir souterrain construit aux bord de l'Aude permettant, grâce à un mécanisme ingénieux, de faire monter l'eau dans le domaine et d'alimenter un vaste bassin. On trouve du reste également, dans l'église elle-même, l'entrée d'un puits (aujourd'hui fermé).

L'abbé Lasserre enfin, tout au long de son étude, rend hommage à Monseigneur Billard, considéré comme étant le véritable bienfaiteur des lieux. Il ne croyait pas si bien dire !

## L'APPORT DE FRANCK DAFFOS

Avec le *Secret Dérobé*, Franck Daffos effectue un pas supplémentaire et structure de façon indissoluble le lien existant entre les deux sites. Il n'est plus question de « reliquaire sacré », mais de trésor. L'auteur résume de la sorte sa thèse[85]: « Il existait un trésor caché depuis des temps lointains dans la région des deux Rennes et oublié de TOUS. Ce trésor fut retrouvé de manière fortuite au milieu du 17$^{ème}$ siècle, ce qui donna lieu à de sérieuses empoignades entre ceux qui se le disputaient. Mais le Roi de France s'en mêla et mit tout le monde d'accord. On décida de partager le trésor en deux. La part du roi fut amenée en plusieurs versements sous Notre-Dame de Marceille. C'est cette cache redécouverte par hasard vers 1830 qui donna la «filière des prêtres» jusqu'à Boudet qui fut «téléguidé» depuis pratiquement le séminaire jusqu'à la cure de Rennes-les-Bains pour y retrouver la cache initiale du trésor, ce qu'il réussit à faire au

---

85	Extrait du forum de discussion de www. renneslechateau.com.

milieu des années 1880. En 1891, il fit cadeau du secret de Notre-Dame de Marceille à Mgr Billard pour ne pas que le sanctuaire quitte le giron de l'église. Mgr Billard (après avoir acheté le lieu) exploita alors le restant du dépôt avec l'aide d'un commissionnaire  nommé : Bérenger Saunière...»

La journée du 6 août sera pour Franck Daffos l'occasion d'étayer, devant un public nombreux, sa thèse et notamment de nous proposer un décryptage du chemin de croix de l'église. C'est à la suite d'un tel décryptage que des prêtres du sanctuaire, tombèrent, au XIX$^{ème}$ siècle sur le trésor. L'auteur nous précisera du reste que la cache n'est pas celle retrouvée précédemment le long de l'Aude par les chercheurs belgo-anglais. Elle se situerait plus simplement sous l'église, en dessous de la chaire.

## LA TOMBE DE VALS (Ariège)[86]

La tombe de la dame d'Hautpoul fait intrinsèquement partie de la légende de Rennes-le-Château. C'est à Gérard de Sède, dans l'*Or de Rennes* (1967), de la mettre pour la première fois en scène :

*Marie de Negri d'Ables, dame d'Hautpoul de Blanchefort mourut en son château de Rennes âgée de soixante-sept ans, le 17 janvier 1781. L'abbé Antoine Bigou mit autant de soin à composer son épitaphe que Bérenger Saunière, cent ans plus tard, allait en employer à en effacer une partie. Quand on sait qu'il y passa deux ans, on est surpris de lire ce texte étrange, dépourvu de sens apparent, dont chaque ligne comporte faute ou anomalie, et où les noms mêmes d'une si illustre dame ont été deux fois écorchés.*

Suivent les premières reproductions de la stèle et de la dalle de la tombe.

Notre propos n'est pas de retracer ici l'histoire castelrennaise à la lumière de ces inscriptions. Retenons simplement :

• que personne n'a jamais vu les deux pièces (stèle et dalle) de cette tombe avec leurs inscriptions (et pour cause, puisque Saunière les aurait effacées !)

• que son « décryptage » a donné lieu à une très abondante littérature, d'autant plus passionnée que ces mystérieuses inscriptions

---

86    Actes du Colloque d'Etudes et de Recherches su Rennes-le-Château, EODS, 2008.

permettraient de décrypter à leur tour d'autres non moins mystérieux documents, les fameux parchemins qui auraient été découverts par l'abbé. Des parchemins (le Grand et le Petit) dont personne non plus n'a jamais vu les originaux.

On sait que l'authenticité de ces derniers parchemins a été sérieusement contestée. Ils feraient partie de la grande mystification montée par Pierre Plantard sur l'affaire de Rennes-le-Château. Philippe de Cherisey, comparse de Plantard, s'est attribué la paternité de la supercherie dès 1977 dans *L'Enigme de Rennes*. Jean Robin, dans *La Colline Envoûtée*, est le premier à avoir démonté en 1982 l'ensemble des mécanismes mis au point par les faussaires. Alors, si les parchemins sont des faux, quid des inscriptions de la tombe qui… serviraient à décrypter ces documents.

• Philippe de Cherisey, dans un document récemment publié, Pierre et Papier (in *Rennes-le-Château, Gisors ; le Testament du Prieuré de Sion ; le Crépuscule d'une Ténébreuse Affaire ;* Jean-Luc Chaumeil, Pégase, juillet 2006) revient sur les détails de la mystification et évoque le cas de la tombe. Celle-ci, d'après la littérature castelrennaise, est évoquée à trois reprises :

• dans l'œuvre d'un certain Stublein, *Pierres Gravées du Languedoc*, cité par Gérard de Sède dans son livre et référencé à la Bibliothèque Nationale. Une référence à un ouvrage bidon dont personne n'a jamais vu l'original, référence soufflée par de Chérisey à l'auteur de *L'Or de Rennes*. *EXTRAIT DE LA BIBLIOTHÈQUE DE BÉRENGER : **Pierres Gravées du Languedoc** par Eugène Stublein (Limoux 1884), réédité par l'abbé Joseph Courtauly en avril 1962. Un recueil assez grossier de diverses planches qui sont le prétexte pour introduire la tête de Saint Dagobert qui serait gravée sur un menhir à Rennes-les-Bains ; le carré Sator qui fera les choux gras de tous les hermétistes saunièrisants[87] ; les fameuses dalle et stèle de la Dame de Blanchefort sur lesquelles s'épuiseront des générations de décrypteurs; enfin la dalle dite des chevaliers qui serait celle de la sépulture des princes Sigebert IV, V et Béra III dans l'église de Rennes-le-Château.*

• le rapport d'Ernest Cros, personnage réel qui a bien connu Saunière. *Pour autant que je sache, écrit de Chérisey, et que je les ai eues entre les mains, ces feuilles pourraient bien être mon œuvre que j'aurais fait passer à Monsieur Noël Corbu de Rennes-le-Château, exactement de la même façon que j'ai fait passer les documents I et II (lire les parchemins) à Gérard de Sède.*

• reste le compte-rendu d'une expédition effectuée en 1905 par la Société d'Etudes Scientifiques du Département de l'Aude, document qui évoque la stèle et reproduit ses inscriptions. Le propos du mystificateur est ici

---

87    Ce carré Sator serait gravé au dos de la tête de Saint Dagobert II.

plus ambigu : *En fait, tant que les curieux pourront se procurer cet ancien numéro, je serai qu'un demi-farceur, c'est-à-dire l'héritier d'une farce lancée il y a une soixantaine d'années. Mais attendez un peu que paraisse le présent ouvrage et je ne donne pas six mois pour que, raflé par des curieux, l'on ne trouve plus aucun exemplaire ce de Bulletin.*

Le chercheur Patrick Mensior, dans le numéro de l'année 2006 de sa revue *Parle-moi de Rennes-le-Château*, revient sur cette expédition du 25 juin 1905 de la SESA et sur le rapport qui en fut rédigé par Elie Tisseyre. Il en ressort que :

• cette mission scientifique a bien eu lieu, de nombreux témoignages en attestent. Saunière lui-même, dans ses Carnets, en fait état.

• la stèle (appelée dalle dans le rapport) a bien été observée : *une visite au cimetière nous a fait découvrir dans un coin une large dalle, brisée en son milieu, où on peut lire une inscription gravée très grossièrement. Cette dalle mesure 1m30 sur 0m65.* Suit une reproduction de la stèle (identique à celle reprise par Gérard de Sède).

• de nombreuses questions restent en suspens. La reproduction ne montre aucune brisure. Par contre, les inscriptions sont parfaitement lisibles. L'abbé Saunière a-t-il gratté l'épitaphe ?

Patrick Mensior penche en faveur de la thèse suivante ; le relevé des inscriptions n'a pas été opéré durant l'expédition, mais réalisé par la suite et ajouté au rapport. Le mystère reste entier, d'autant que la version originale du Bulletin de la SESA semble introuvable aujourd'hui. Clin d'œil à Philippe de Cherisey ?

Nous n'irons certes pas jusqu'à la théorie développée par Franck Daffos, mais que nous versons au dossier :

Extrait d'une conférence donnée à la Table de l'Abbé* par Franck Daffos en août 2005 :

*La seule retranscription avérée que nous ayons de la fameuse stèle de la marquise de Blanchefort provient d'une communication de la SESA relatant un voyage à RLC supposé s'être déroulé en 1905. Ce qui est étonnant, c'est que la TOTALITE des chercheurs ont pris ce texte pour argent comptant au vu de l'excellente (et méritée) réputation de cette docte assemblée. Pourtant, pour un esprit assez critique, quand on reprend la relation de cette excursion et qu'on la décortique comme je viens de le faire, on s'aperçoit rapidement qu'elle est TRUFFEE d'erreurs grossières de toutes sortes qui sont VOULUES et qui ne sont là, à mon sens, que pour nous faire comprendre que cette excursion n'a jamais eu lieu. Je peux d'ailleurs, à la lumière de mes recherches, très facilement le prouver. On peut donc dire que la Stèle de la Dame de Blanchefort n'a JAMAIS EXISTE en tant que telle en réalité et n'a existé que sur le papier. Quand on connaît son importance en ce qui connaît le décryptage du Grand Parchemin, il est évident qu'elle ne peut donc être que de la main de celui qui, dans la deuxième partie du XIX^{ème} siècle a «composé» (au moins) ce Parchemin. Il est donc tout à fait illusoire de croire que Saunière a passé ses nuits à gratter cette stèle puisqu'elle n'existait pas...*

*La communication de la SESA, parue sous la, plume (de complaisance) d'un ami de Boudet, Mr Elie Tisseyre, n'a eu pour but que de ré-introduire dans cette affaire les Parchemins codés et leur corollaire obligé la dalle de Blanchefort. Nous étions en 1906 : comme par hasard, l'édification du domaine «de» Saunière venait de s'achever. Tout était donc en place pour attirer l'attention sur le village de RLC et surtout sur son église donc la décoration intérieure était achevée de puis 1897 et donc le décodage complet était possible depuis 1903 avec la création du tombeau des Pontils... Au su de tout cela, il n'est donc pas très compliqué de comprendre quel fut le réel auteur de cette fameuse communication de la SESA, d'autant plus qu'il en était l'éminent correspondant pour la Haute Vallée de l'Aude : l'abbé Henri Boudet.*

Sans aller aussi loin dans le « négationnisme », Pierre Jarnac dans le numéro de sa revue *Pégase* daté de mai 2007 émet lui aussi de sérieuses réserves quant à l'existence des inscriptions relevées par la SESA. *Or le texte publié a paru si entaché d'anomalies graphiques que, lorsqu'il fut placé dans le contexte d'une recherche d'un trésor, théorie envisagée pour expliquer l'étonnante fortune de l'abbé Saunière, beaucoup y virent les éléments d'un code secret ! Même si quelques esprits cartésiens ont tenté de minimiser la portée des bizarreries de cette épitaphe, ils n'ont pu se départir du fait que tant d'erreurs accumulées touchaient à l'incongruité !*

*

**

Nous avons « hérité » d'une partie des archives de Gérard de Sède, et plus particulièrement de certains des documents préparatoires à la rédaction de *L'Or de Rennes* (Fonds Philippe Marlin/Rennes-le-Château). Un ensemble de photos prises par l'auteur, une collection des Dossiers dits Secrets, des notes etc… Beaucoup des documents portent le cachet « Pierre Plantard ». Dans une chemise ainsi estampillée, nous avons trouvé :

• une photo d'une pierre tombale portant des inscriptions qui ne sont pas sans évoquer celles de la tombe d'Hautpoul. Il est indiqué au verso de la photo : Vals, Ariège.

• un document manuscrit avec des croquis annotés de la stèle et de la dalle Hautpoul.

• une photo de la stèle et de la dalle Hautpoul qui fait penser à une « maquette » réalisée pour les besoins de la cause. Il est indiqué au dos : « la tombe de la marquise de Blanchefort avant l'effacement par Bérenger Saunière ». A noter que le cachet « Plantard » est biffé.

• une photo de la dalle Hautpoul extraite du faux rapport Stublein.

Ce petit dossier laisse un sentiment

indéfinissable : On a l'impression d'assister à la fabrication d'un faux, en s'inspirant des inscriptions relevées sur une tombe bien réelle.

*

**

Les associations ODS (Œil du Sphinx) et ARTBS (Association pour les recherches thématiques sur Bérenger Saunière) ont organisé leur « Mission Scientifique » de janvier 2007 en Ariège, à l'occasion de la fête dite des Pommes Bleues. Une occasion pour se rendre à Vals et d'entreprendre les recherches nécessaires.

Vals est situé à quelques kilomètres de Mirepoix et de Pamiers

Quelques notes de présentation générale, tirées de http://www.ariege.com/patrimoine/eglisedevals/index.html et signées Olivier de Robert ©

*Vals s'est endormi, il y a quelques siècles de cela…*

*Le voyageur de passage en ces lieux n'y trouvera que quelques anciens et une poignée de chats montant la garde à l'ombre des ruelles.*

*Le silence règne ici en maitre absolu, sans aucune concession aux rumeurs de ce siècle. Les maisons de pierres jaunes, ventrues et débonnaires, sont frileusement serrées les unes contre les autres, cherchant dans les murs voisins quelques soutiens pour résister au passage du temps. Vals n'aurait pu être qu'un point sur la carte, un nom inconnu pour qui n'y est pas né.*

*Mais au cœur de ce village, il y a l'église...*

*Le même voyageur pourra croire dans un premier temps que ce bâtiment, austère et massif, n'est qu'une citadelle, un château laissé là par quelques seigneurs locaux. Prudent, il en fera le tour, cherchant un aspect dérobé à la puissante bâtisse, montant au Sud-est, sur la pelouse que les anciens nomment « plate-forme du Rahus ». Là, au milieu des blocs de poudinge, subsistent les vestiges d'un village médiéval, semi trogloditique, qui s'agglutinait tout contre le rocher. Sur les flancs de la colline, une large encoche semi-cubique, très régulière, attire le regard. Les archéologues hésitent encore pour définir l'âge et l'utilité de ce site, certains y voient une partie de l'habitat médiéval, d'autres un site religieux antérieur à l'invasion romaine... Quoiqu'il en soit, c'est une preuve supplémentaire de l'antiquité du lieu et l'on peut deviner que bien des témoignages encore dorment sous nos pieds. Mais malgré la douceur du lieu, les pas du voyageur sont toujours attirés par la porte de chêne qui garde l'accès à l'église. En grinçant, elle tourne sur ses gonds, laissant plonger le regard dans la pénombre. Et là, c'est le choc... Utilisant au mieux une faille naturelle, un escalier de pierre paraît s'enfoncer dans les entrailles de la terre. Une dizaine de degrés mène jusqu'à une vieille porte qui donne dans la partie inférieure de l'église, abusivement qualifiée de crypte. Nous sommes là dans les restes de l'édifice du X<sup>ème</sup> siècle, celui que les premiers chrétiens de la contrée avaient bâti avec un évident sens de la mise en scène... Cela fait mille ans que le temps dort, blotti dans un coin sombre, laissant le visiteur remonter en silence sur l'échelle du* *temps. Après un regard sur le baptistère massif dans son encoche de rocher, l'émotion nous guide jusqu'à la lumière : celle que laisse filtrer une fenêtre, taillée dans le mur d'une abside rectangulaire. Et à l'émotion succède l'éblouissement, les voûtes de cette partie du bâtiment laissent apparaitre de merveilleuses fresques romanes. Evoquant la parousie et des scènes de l'enfance du Christ, ces fresques ont la rigueur et les couleurs propres à cette période. Ici, pas d'effet de perspectives, pas de grande recherche esthétique : l'image doit instruire et non charmer. Saint Michel, Saint Mathieu, Raphaël et Gabriel entourent le Christ en majesté et gardent le site. Mais au-delà des couleurs, des habits et des positions des divers personnages, un détail frappe : les yeux. Fixes, immenses, ils pèsent sur le visiteur, et les regards des Saints ne paraissent jamais lâcher ceux qui pénètrent en ces lieux… Quelques marches conduisent ensuite jusqu'à la nef principale, autrefois plus basse et plus intimiste mais que le XIX<sup>ème</sup> siècle a transformé, sous l'égide de la marquise de Portes. Là encore le rocher affleure et les pics des bâtisseurs ont œuvré pour laisser assez de place aux fidèles. Au fond de cette nef, un escalier de bois, grinçant et sombre, monte rudement jusqu'à l'ancienne chapelle Saint Michel. Probablement bâtie au XII<sup>ème</sup> siècle, comme l'indique son bel appareil, elle cache un embryon de chœur curieusement orienté au sud. La tour qui le domine date du XIV<sup>ème</sup>. De sa haute stature, elle protégeait le village de l'avidité des routiers de la guerre de cent ans. Le visiteur devra faire l'effort d'imaginer cette chapelle isolée de la chapelle Saint Marie et des fresques. Ce n'est en effet qu'au*

*XIV^{ème} qu'on ouvrit le mur oriental pour construire la nef précédemment traversée.*

*Puis voici la terrasse. De là, dans les lueurs du matin, le regard va danser sur les crêtes pyrénéennes. Du St Barthélémy au Crabère, l'immensité des montagnes contraste avec ces vieilles pierres repliées sur l'histoire.*

*La découverte de Vals est toujours un moment fort et même le plus cartésien des hommes se fait ici un peu pèlerin.*

Notre premier sentiment lors de la visite de l'église de Vals sera la déception ; ses fameuses fresques sont en réfection et recouvertes par des draps. Reste que l'endroit est fort curieux puisque l'entrée se fait par une pseudo crypte, séparée de l'église proprement dite par une salle voûtée plongée dans la pénombre. Alors que nous visitons le cimetière, Monsieur Guillaume, libraire de Rennes-les- Bains, qui était resté dans l'édifice, nous appelle. Il vient de découvrir une étrange tombe au niveau intermédiaire. Les lampes de poches s'éclairent et les flashs crépitent. Bobi de Saint Girons est bouleversé.

Et pour cause, puisqu'il s'agit de la pierre tombale correspondant à la photo retrouvée dans les archives de Gérard de Sède. En fait, pour être précis, nous devrions parler de deux pierres tombales, situées côte à côte.

**Celle de gauche**, est sans conteste celle que nous recherchions. Nous en donnons une première tentative de transcription. Quelques remarques :

• Il semble impossible de lire le nom de la Dame Françoise de... sur la photo d'origine. Il manque une lettre avant le E. Sur nos photos, on devine un S, ce qui donnerait comme nom SERRES.

• Impossible (sur les deux versions) de lire le nom de son époux : veuve de MRE IFA DE CASE, les mots étant entrecoupés par trois sigles.

• le N est inversé dans CONS.

• ER est surélevé.

• Sur notre photo, et contrairement à celle de de Sède/Plantard, on peut lire à la dernière ligne la date de 1760 !!!

**Celle de droite** est encore plus étrange. Nous en donnons également une tentative de transcription.

• l'année 1760 est cette fois parfaitement lisible.

• Les deux figurines à gauche et à droite de la croix sont pour le moins singulières sur ce type de « monument »... Celle de gauche n'est pas sans rappeler le poulpe cher à l'iconographie plantardienne.

Il conviendra bien évidemment de poursuivre les recherches et de localiser cette Dame Françoise de Serres, décédée en 1760. Torkain l'ariégeois nous apportera à notre retour les précisions suivantes :

*La dalle 1760 est celle de Dame Germaine de Cases, comtesse de Lascaris-Vintimille. L'autre tombe est celle de sa mère Françoise de Serres, épouse de Jean de Cases, conseiller au Présidial de Pamiers. Je me suis rendu sur place après le 19 janvier. Après observation détaillée des « poulpes », il semble bien que ces 2 personnages aux bras écartés placés de chaque côté de la croix soient Dismas et Gesmas, les Larrons. L'un grimaçant, conforte cette analyse. « 41. Jésus crucifié et les deux larrons. L'un des larrons priait, l'autre insultait Jésus qui dominait un peu Dismas en lui parlant. Ces hommes, sur leur croix, présentaient un horrible spectacle, surtout celui de gauche, hideux scélérat, à peu près ivre, qui avait toujours l'imprécation et l'injure à la bouche. Leurs corps suspendus en l'air étaient disloqués, gonflés et cruellement garrottés ».*

Quoiqu'il en soit, il ne semble pas douteux que nous sommes bien ici en présence de la source d'inspiration des inscriptions relevées sur la dalle d'Hautpoul.

# CE QUE L'ON SAIT DES LIENS AYANT EXISTÉ ENTRE BOUDET ET SAUNIERE

Il est toujours utile de se demander quand et comment ont été intégrés les différents éléments de La Belle Histoire. Dans une autre étude, nous nous sommes interrogés sur la tombe de la dame de Hautpoul et sur ses mystérieuses inscriptions, à la lumière d'une découverte « plantardienne » dans l'église de Vals en Ariège[88]. Examinons aujourd'hui ce qu'il en est d'Henri Boudet, prêtre de Rennes-les-Bains, et de son lien supposé avec Bérenger Saunière.

Cet article avait été écrit pour l'édition 2007 de la revue de Patrick Mensior, *Parle-moi de Rennes-le-Château*. Il nous est apparu intéressant de la reprendre, au vu de la récente mise en évidence du lien ayant existé entre Boudet et Grasset d'Orcet. Car il est en effet facile de tirer de ce nouvel élément la conclusion suivante : Henri Boudet était un adepte de la langue des oiseaux ; donc son œuvre est manifestement codée. Et de verser dans le légendaire du trésor du Razès, popularisé par la saga de Bérenger Saunière.

***

C'est bien sûr à Gérard de Sède, porte-parole de la « fine équipe » (Plantard et de Chérisey), de tirer l'abbé Boudet de son oubli. Dans *L'Or de*

*Rennes* (1967), il introduit notre personnage de la sorte :

*Mais là où Antoine Bigou n'avait fait, somme toute, qu'exercer, de façon certes insolite, l'art de la cryptographie, un homme, après lui, concevra et mettra à exécution une entreprise vraiment fantastique : après avoir grimé un atlas en traité de linguistique, il truquera tout le paysage qui entoure Rennes-les-Bains.*

*En apparence, cet homme était pourtant très ordinaire. Henri Boudet était né en 1837 à Quillan d'une famille misérable. Son intelligence était exceptionnelle, aussi fut-il très tôt remarqué par un riche ecclésiastique, l'abbé de Cayron, qui finança toutes ses études. Il entra jeune dans les ordres et c'est en 1872 qu'il devint curé de Rennes-les- Bains. Pauvre mais généreux, il laissa aux fidèles le souvenir d'un saint, aux autres celui d'un bienfaiteur de la petite ville. Il connaissait la région pierre par pierre et les revues savantes du Midi ouvrirent volontiers leurs colonnes à ses travaux d'érudition.*

Suit une longue analyse de *la Vraie Langue Celtique*, de la topographie de Rennes-les-Bains et de son « paysage truqué » :

*C'est à Carcassonne qu'Henri Boudet publia « La Vraie Langue Celtique et le Cromlech de Rennes-les-Bains ». Si vous lisez un peu trop vite cet ouvrage, votre premier mouvement sera à coup sûr de classer l'auteur dans la catégorie des « fous littéraires ». Il affirme en effet sans sourciller que la langue mère de l'humanité est celle des Celtes, qu'elle s'est maintenue intacte jusqu'à nos jours dans ces deux langues jumelles que sont l'anglais et le parler d'oc, langues dont, par voie de conséquence, dérivent toutes les autres, y compris l'hébreu, le basque et le kabyle. Les exemples étymologiques avancés à l'appui de cette thèse sont savoureux : ainsi les Numides doivent, paraît-il, leur nom au fait qu'ils menaient paître leurs troupeaux dans de nouvelles prairies, en anglais new meads !*

Or, Henri Boudet n'a pas laissé la réputation d'un fou ni celle d'un ignorant. Tout au contraire. En présentant un remarquable article de lui sur la phonétique des dialectes languedociens, les Mémoires de la Société des Arts et Sciences de Carcassonne écrivaient sous la plume autorisée de l'historien Louis Fédié : « Nous devons louer M. L'abbé Boudet de nous avoir prouvé qu'il s'était préparé par de fortes études et de patientes recherches à traiter en homme compétent le sujet qu'il avait choisi ». Et à sa mort, « La Semaine Religieuse de Carcassonne » rendit hommage à « sa vaste érudition ».

Alors, un doute saisit le lecteur de « La Vraie Langue Celtique » : tant d'absurdités accumulées à chaque page comme à plaisir n'ont-elles pas pour objet de nous inciter à relire, mais cette fois avec une extrême attention et, quand il le faut, entre les lignes ? Or ce nouvel exercice, si l'on s'y livre minutieusement, est fort instructif.

En tête de l'ouvrage, on lit comme date de publication celle de 1886 imprimée en chiffres énormes dans un cartouche et, comme nom d'éditeur, celui de

*François Pomiès, à Carcassonne.*

*Or, l'éditeur Pomiès n'existait plus depuis 1880. Donc, de deux choses l'une : ou bien l'ouvrage fut édité chez Pomiès et la date de 1886, sur laquelle l'auteur attire notre attention par une typographie tapageuse, est fausse, ou bien la date de 1886 est exacte et c'est le nom de l'éditeur qui est faux, ce nom de Pomiès qui, dans la langue d'oc signifie « pommiers ».*

*Voici donc une première anomalie, et elle est de taille. Mais on en découvre bientôt une seconde : le livre ne connut qu'une seule édition mais la carte géographique de la région de Rennes-les-Bains qui est insérée dedans fut, elle, éditée deux fois : une fois en petit format, une autre fois en grand format. De surcroît, alors que le nom de l'auteur était Jean-Jacques-Henri Boudet, cette carte est signée Edmond Boudet.*

*L'esprit mis en alerte par ces anomalies, allons plus avant dans notre lecture). Comme le titre lui-même l'annonce, les fantaisies étymologiques ne sont pour l'auteur qu'un masque ; son vrai propos est d'ordre géographique : c'est la description de l'enceinte prétendument mégalithique dont Rennes-les-Bains forme le centre. Ce prétendu traité de linguistique est d'ailleurs illustré de gravures figurant menhirs ou rochers. De plus, dès la première page, Boudet nous avertit non sans humour : « L'étude du magnifique monument celtique existant à Rennes-les-Bains nous a conduit avec sûreté à des déductions étymologiques qui nous semblent difficiles à réfuter ». C'est indiquer d'emblée au lecteur qu'on va lui parler géographie, mais dans un langage codé.*

*Dans son principe, le système de codage de Boudet est très simple et c'est l'auteur lui-même qui nous l'expose de façon transparente sous couleur de dissertation sur une langue prétendue punique, pur produit de sa fantaisie : « Remarquez, écrit-il, avec quelle facilité la langue punique, par ses jeux de mots, savait créer les noms propres d'hommes. Les noms communs offrent aussi des combinaisons semblables et représentent, en plusieurs monosyllabes, des phrases entières avec un sens rigoureux et précis. Nous choisirons quelques-unes de ces expressions pour que l'on puisse remarquer avec quel soin admirable les mots, substantifs ou verbes, sont composés ». On ne saurait annoncer plus clairement que l'ouvrage est codé à l'aide d'un procédé cher entre tous aux hermétistes : celui du calembour et du rébus, qui consiste, en effet, à former des phrases entières à partir de mots monosyllabiques. Les divagations pseudo-linguistiques n'ont ainsi d'autre rôle qu'égarer le lecteur inattentif et mettre en éveil le lecteur perspicace ; elles forment un « habillage » permettant de dissimuler dans un ouvrage de trois cent dix pages quelques passages clefs qui se déchiffrent soit de façon purement phonétique comme les calembours soit, comme les jeux de mots, en devinant derrière le sens propre le sens figuré.*

*Ces passages sont généralement signalés par l'introduction saugrenue du mot « clef ». Un exemple : « Cayrolo », nom de lieu fréquent an pays d'oc, vient de caire qui désigne une pierre équarrie en latin quadrum. Mais Boudet prétend contre toute évidence* que « Cayrolo » vient des trois mots anglais *key* (clef), *ear* (épi de blé) et *hole* (creux). Cette énormité n'est mise là que pour nous signaler le « passage clef » qui suit immédiatement : Le Cayrolo des Redones, silo ou souterrain renfermant la précieuse céréale, était situé au sud de Montferrand, tout près du chemin conduisant au ruisseau de la Coume et aux Artigues. La production de blé étant même fort abondante, on avait recours à des mains étrangères à ces contrées afin de moissonner avec plus de célérité. Quiconque connaît la petite région ici indiquée constate que le blé y est pratiquement inexistant. En revanche, comme chacun sait, le blé, en argot, c'est l'or. Le souterrain proche de Montferrand renfermant la précieuse céréale n'est donc autre que l'ancienne mine située à cet endroit et mentionnée dans le rapport du préfet Barante, et dans les moissonneurs étrangers de jadis, le lecteur informé reconnaît sans peine les mineurs et fondeurs allemands appelés en ces lieux au XIIe siècle par les Templiers.

Au fil des pages, les exemples de ce genre se multiplient et bientôt le lecteur s'interroge : Que diable l'abbé Boudet voulait-il confier à des *happy few* tout en le dissimulant au plus grand nombre ? La réponse, pour stupéfiante qu'elle soit, est celle-ci : le secret d'un lieu, les précautions à prendre pour y accéder, le silence à garder après sa découverte.

Sur ce lieu, l'ouvrage nous apprend presque tout : qu'il n'est accessible qu'en certaines saisons, qu'il faut s'y rendre seul et chaudement vêtu, qu'il faut partir au lever du soleil, marcher d'abord péniblement en altitude, rependre la marche en terrain plus facile *jusqu'à ce qu'on trouve un champ, puis une fontaine, puis une bergerie peuplée de moutons et où il faut craindre les morsures des tiques, qu'il s'agit d'une caverne naturelle, qu'on ne doit pas s'y aventurer étourdiment car l'entrée est interdite par un siphon dangereux, qu'il y a péril à s'y éclairer, que les yeux y pleurent mais qu'il ne faut pas les frotter, qu'on risque de s'y briser une jambe, qu'on y trouve un spectacle horrifiant mais qu'on peut s'y livrer au pillage, qu'on en sort avec les cheveux blancs et qu'il faut alors respecter les instructions qui ordonnent de n'en parler qu'à mots couverts.*

*Tout cela est dit aux pages 120 à 126 de l'étrange ouvrage. Dépouillé de son habillage, le texte est en effet le suivant : Janvier : le mauvais temps arrête les travaux. Février : la chaleur est suffisante pour déterminer la débâcle des glaces. Mars : les pluies continuelles changent le terrain en marécage. Juillet : différer les grandes réunions, les assemblées. Août : les ruisseaux cessent de couler. Septembre : désirer de se terrer, s'enfermer dans les cavernes. Octobre : se hâter dans les travaux, se couvrir de vêtements de laine. Lever du soleil : l'homme harassé de fatigue. Le matin : marcher avec facilité. Le soir : courir en hâte vers le logis. Un champ. Une source : commencer à hâter sa course. Cabane : une foule de têtes sous le même toit ; tuer avec une épingle les insectes dégoûtants qui démangent. Maison : méditer. Cave : partie de la maison où l'on pourrait être hébété à force de boire. Tonnerre : voir en haut l'éclair qui est sûr de faire du mal. Ténèbres : apaiser les bourdonnements. L'œil se referme comme sous l'effet d'un coup. Pleurs.*

*Refuser le nécessaire. Se casser la jambe. Pousser des cris d'horreur. Piller. Etre obligé d'avoir les cheveux blancs. Avoir l'œil sur les instructions : parler un certain jargon pour l'extérieur ».*

*Ce laconique mais intrigant carnet de route n'est qu'un échantillon des multiples indications dont fourmille l'ouvrage. Une seule manque mais, comme on pouvait le prévoir, c'est la plus importante ; l'abbé Boudet ne nous dit pas où se trouve le dangereux et fascinant endroit qu'il décrit.*

*Il y a bien la carte, point central du livre qui n'en est que le commentaire, mais nous ne pouvons évidemment espérer que l'auteur y a inscrit noir sur blanc le nom d'un lieu qu'il a pris tant de soin pour cacher à la majorité de ses lecteurs.*

*Et, en effet, la cartographie de l'abbé Boudet n'est pas moins subtile que sa linguistique : il a dressé une carte bien plus détaillée que celle de l'état-major au 50.000ᵉᵐᵉ mais muette en certains de ses points. Les points non désignés sont pourtant repérables car ils se trouvent à l'intersection de certains alignements. Les éléments permettant de déterminer ces alignements de même que les nombres correspondant aux longitudes, aux latitudes, aux niveaux, etc., figurent dans l'ouvrage, mais épars et dissimulés. Enfin, parmi ces éléments figurent des dates car l'auteur, utilisant le cromlech comme un gnomon, a établi ses alignements en fonction de l'ombre projetée par le soleil sur certains repères.*

*On voit toute la complexité du système et aussi la difficulté majeure de sa mise en œuvre sur le terrain : en effet, chaque « point muet » étant volontairement indéterminé sur la carte, il faut, pour le situer, disposer sur le terrain de quatre points-repères rigoureusement déterminés. Le nombre de points-repères nécessaires à la constitution d'un itinéraire complet est ainsi très élevé. Or, la nature, ici chaotique et sauvage à l'extrême, n'est pas géomètre : aucune providence n'a placé autour de Rennes les repères convenables, en nombre suffisant et aux endroits voulus.*

*Mais l'abbé Boudet n'était pas homme à se laisser arrêter pour si peu. Le paysage résistait à ses desseins ? Qu'à cela ne tienne : ce ne furent pas ses desseins qu'il modifia, ce fut le paysage.*

*Complétant l'étrange piste déjà ébauchée par d'autres avant lui, il parcourut inlassablement la montagne, créant des repères partout où il en manquait ; non seulement il jalonna le chemin de croix, mais il fit scier et déplacer les menhirs, remodela la silhouette de son église et alla jusqu'à truquer plusieurs tombes du cimetière de Rennes-les-Bains.*

*Sur cette piste insolite, le voyageur curieux apprend à chaque pas quelque nouveau rudiment d'une langue étrange dont les mots sont parfois un tableau, parfois une sculpture, parfois une roche, parfois même une ombre portée.*

Mais si l'existence d'un « lieu secret » semble bien évoquée, le lien avec Rennes-le-Château n'est pas clairement établi. Tout au plus est-il suggéré un alignement qui part de la tombe de la famille Boudet, passe sur le toit de l'église de Rennes-les-Bains, croise le menhir décapité du Cap de l'Homme pour aboutir à l'église de Rennes-le- Château. C'est bien maigre ! Il faut du reste souligner que Gérard de Sède complétera cette étude en 1978, dans une préface à *La Vraie Langue Celtique*[89], sans encore une fois évoquer l'abbé Saunière.

Mais reprenons la chronologie de la littérature castelrennaise. Il est intéressant de noter que le premier livre à faire état de notre Belle Histoire, *Trésors du monde* de Robert Charroux (Fayard 1962), ne fait aucune allusion à Boudet. Il est vrai que sa principale source d'inspiration était Noël Corbu. Et si l'on se réfère au document de « lancement de l'affaire », la fameuse bande magnétique de 1955 dans laquelle Noël Corbu racontait l'histoire du trésor de Blanche de Castille, force est de constater qu'on n'y trouve effectivement aucune trace du curé de l'autre Rennes. Du reste si vous demandez à sa fille Claire si elle a entendu Marie Dénarnaud évoquer le prêtre de Rennes-les- Bains, elle vous répondra simplement : « jamais ! ». Ajoutons que nous avons eu l'occasion de rencontrer dernièrement Alice Bart[90], une personne âgée de la descendance de la famille de Saunière, et qui a longtemps vécu auprès de la servante du curé. A la même question, elle nous a fait... la même réponse.

---

89    La Demeure Philosophale, puis Editions de l'Œil du Sphinx 2006.
90    Voir son étude sur l'église de Rennes-le-Château dans la livraison 2008 des *Cahiers de Terre de Rhedae*. Alice Bart est en train de rédiger un livre de souvenirs.

En fait, c'est en fouillant dans *Les Dossiers Secrets* de la fine équipe que l'on verra apparaître le lien. Dans *Les Descendants Mérovingiens ou l'Enigme du Razès Wisigoth* (Madeleine Blancasall, 1965), on peut lire en effet :

*Sa Grandeur glisse négligemment dans la conversation un mot sur la vie exemplaire et l'extrême générosité de l'abbé Boudet, puis dit quelques mots sur une tradition de « parchemin » dans l'église Sainte Madeleine. Enfin, en partant, Monseigneur (Billard) prête à l'abbé Saunière le livre du curé de Rennes-les-Bains, La Vraie Langue Celtique.* Le tour est joué et l'information est passée au travers de Gérard de Sède qui citera en effet l'ouvrage « bidon » de Blancasall dans sa bibliographie. L'auteur de *L'Or de Rennes* fait ici office de « passe-plat ».

René Descadeillas, dans la première version (1971) de son ouvrage de « débunking » *Mythologie du Trésor de Rennes* (Mémoires de la Société des Arts et des Sciences de Carcassonne), passe rapidement sur le caractère farfelu de l'ouvrage de Boudet (et dans la foulée sur celui de de Sède). Pour d'autres auteurs, en revanche, la graine est en train de prendre germe. L'ouvrage de l'abbé Boudet renfermerait bien la clef du mystère de la région. Mathieu Paoli, dans *Les Dessous d'une Ambition Politique* (Editeurs Associés, 1973), reprend à son compte cette hypothèse : ... *sous le couvert d'un traité de linguistique, fantaisiste à l'excès, il livre le secret du Razès, un secret qu'il avait pénétré. A lire attentivement son ouvrage, on trouve, parsemées au fil des pages, de véritables indications topographiques qui, accolées les unes aux autres, livrent non seulement un itinéraire, mais aussi les précautions à prendre pour l'emprunter...*

Une thèse similaire est développée par Jean-Pierre Monteils dans *Nouveaux Trésors à Rennes-le-Château*, (Bélisane, 1974). Henri de Lens ira, quant à lui, dans *Cent Trésors, une énigme* (1977), jusqu'à conjuguer l'ouvrage de Boudet aux constellations zodiacales pour cerner de plus près la cache au trésor...

Mais c'est sans conteste Franck Marie, dans Rennes-le-Château, étude critique (Vérités Anciennes, 1978), qui le premier a jeté les bases de la relation légendaire entre les deux hommes. *Des liens étroits s'établirent entre les deux prêtres, leurs rencontres furent fréquentes. Leur sympathie est réciproque. Leurs goûts sont communs comme en témoignent des photos[91] où on voit les deux hommes poser sur le Dé de Serbaïrou ; preuve, quelque peu ironique, de leur attrait commun pour l'insolite.* Suivront deux décryptages, celui de *La Vraie Langue Celtique* et celui du *Nom de Narbonne*, décryptages nous conduisant également à la cache... Cette thèse va véritablement exploser après que Jean-Pierre Deloux et Jacques Brétigny, dans *Rennes-le-Château, capitale secrète de l'Histoire de France* (Editions Atlas, 1980), aient structuré la version officielle du Mythe : Boudet était au

---

91     L'auteur précise que ces photos seraient détenues par Pierre Jarnac.

courant de l'existence d'un grand secret en partie caché dans l'église de Saunière. Il a financé les fouilles de son collègue avec, comme prime, la réfection de son église... etc... Les variantes de cette doctrine officielle se multiplieront à l'infini, les unes faisant de Boudet le gardien des deux caches du trésor, l'une près de Rennes-les-Bains, l'autre à Notre-Dame de Marceille, certaines autres allant même jusqu'à faire du pasteur balnorennais un agent du Prieuré de Sion... Quant à Saunière, il sera souvent représenté comme le porte-serviette de son mentor. Jean Michel Thibault s'en donnera à cœur joie, sur ces diverses thématiques fantaisistes, dans son roman *l'Or du Diable* (Olivier Orban 1986).

***

Laurent Octonovo a entrepris récemment de gros travaux sur la comptabilité et la correspondance de Bérenger Saunière[92]. Je cite ses conclusions sur le sujet :

*LES SURPRISES. C'est ainsi que Laurent qualifie les révélations contenues dans le carnet de correspondance.*

*- A partir de 1896 du moins, les relations entre Boudet et Saunière sont distantes, voire inexistantes. Peu de relations financières (comme beaucoup,*

---

92    cf DVD 2004 de l'Atelier Empreinte, *Nouvelles Lumières sur la Comptabilité de l'Abbé Saunière ; ainsi que Actes du Colloque d'Etudes et de Recherches sur Rennes-le-Château, Stenay 2005*, Editions de l'Œil du Sphinx 2006 ; et également *Rennes-le-Château, une affaire paradoxale*, Editions de l'Œil du Sphinx 2008.

*Boudet a fait quelques dons à Saunière), mais un simple échange de vœux. Saunière n'assistera pas aux obsèques de Boudet. Il n'avait du reste pas été prévenu de la mort de ce dernier.*

*-      Ceci dit, Saunière a des relations étroites et amicales avec un autre curé de Rennes-les-Bains, Justin Sarda, aumônier de l'établissement thermal. Un ami qui est également un généreux « pourvoyeur de fonds ».*

***

Difficile de conclure ces quelques notes, sinon sous forme de point d'étape :

-      les tenants de la thèse de la relation Boudet/Saunière ont encore un sérieux travail de documentation à fournir. !

-      la relation Boudet/Grasset d'Orcet, pour intéressante qu'elle soit, n'est pas un élément «révolutionnaire». Boudet était un passionné de linguistique et on l'a vu participer à de nombreuses sociétés savantes en ce domaine. Qu'il ait noué contact avec un autre linguiste, versé dans la cryptographie, n'est pas franchement étonnant.

-      quoiqu'il en soit, son livre reste fascinant et continuera, j'en suis persuadé, à faire couler… beaucoup d'encre.

# EN LISANT « TERRE DE RHEDAE »[93]

J'ai l'habitude, prise il y a bien longtemps lorsque je faisais des chroniques pour différentes revues littéraires de fiction, de rédiger de petites notes sur toutes mes lectures. Aussi ai-je proposé à *Terre de Rhedae* de ressortir ce que j'avais écrit[94] à la lecture du *Bulletin* de l'association, sans autre prétention que de tenter de voir s'il s'en dégageait quelques lignes directrices. Je précise que je n'ai pas apporté de modifications de fond au matériel brut, me bornant simplement à corriger les inévitables coquilles. Je souligne aussi que, à quelques exceptions près, je n'ai rencontré « en vrai » la majorité des personnes citées qu'à partir de la fin des années 90.

## NOTES DE LECTURE

L'association **Terre de Rhedae** voit le jour en 1989, à l'initiative d'une équipe locale motivée par la promotion du site et de son histoire. Claire Corbu en est la première présidente et le **numéro 1** du Bulletin témoigne d'une belle unanimité : élus locaux, commerçants, chercheurs se mobilisent autour du « musée Bérenger Saunière ».

Le **numéro 2** de *Terre de Rhedae* (1990), simple feuille recto-verso photocopiée fait état du projet

---

93     Bulletin de l'association « Terre de Rhedae », 2005.

de l'association de racheter le Domaine, alors propriété d'Henri Buthion. On y fait également écho d'un premier « colloque », tenu à Toulouse avec de nombreuses interventions et un mini-concert.

Le **numéro 3** du Bulletin de *Terre de Rhedae* (1991) prend le look que nous lui avons longtemps connu. Il est envahi par la publicité locale, les mots du Président de Région et du Conseiller Général, ce qui est du reste preuve de dynamisme et d'intérêt. Un beau papier d'Emile Saunière affiche les ambitions de l'association et apparaissent les premiers articles sur l'histoire de Rhedae (Georges Kiess, Jean Fourié, Jean-Claude Danis, Alain Sipra, etc…).

Le **numéro 4** du *Bulletin de Terre de Rhedae* (1991) fait le point sur les travaux réalisés par l'association (rénovation du presbytère et gestion du musée) et continue de s'interroger sur les moyens nécessaires pour racheter le Domaine mis en vente par Henri Buthion. Et puis sous forme de clin d'œil, nous apprenons que le sympathique Antoine Captier a été nommé « Conseiller Culturel ».

Le **numéro 5** du *Bulletin de Terre de Rhedae* (1992) annonce que le prochain Bulletin se transformera en revue avec des articles de fond, l'essai effectué avec le numéro 3 ayant été jugé positif… La toiture du presbytère est en cours de rénovation, grâce aux subventions obtenues par une bonne collaboration avec les autorités locales.

Après les nouvelles locales (aménagement du site, moulage des dalles afin de préserver les originaux), le **numéro 6** (1992) offre de bons dossiers sur l'histoire de Rennes et sur les présences cathares et templières dans la région (décidément, un sujet très controversé sur lequel les érudits aiment se battre...). Puis on peut y lire une « révélation » d'un certain Roger-René Dagobert, président fondateur du Cercle Général Dagobert : le secret de Saunière, ce sont des documents dynastiques que lui a transmis son frère Alfred, précepteur de la famille Chefdebien ; archives d'une société secrète fondée par Cagliostro... On y trouve encore des documents sur Jules Verne, et sur les promenades mystérieuses de l'abbé à l'église de Pico l'Ordy. Quel marcheur ce BS !!!

Le **numéro 7** de *Terre de Rhedae* (1993) s'ouvre également sur les nouvelles locales (rénovation du musée). On y parle ensuite d'une histoire à la Don Camillo, celle des relations orageuses entre Saunière et l'instituteur du village, Prosper Estieu, radical et poète félibre. Suivent les dossiers sur l'histoire de Rennes et la polémique sur les templiers, puis un amusant papier de Christian Aumard sur le tableau de Poussin.

Beaucoup de choses dans le **numéro 8** de *Terre de Rhedae* (1994) et pour commencer une étude de Joseph Thijs faisant le lien entre Rennes et Notre-Dame de Marceille (d'après Boudet, l'une des caves voûtées sise sous l'édifice serait liée aux légendes du Graal). On nous explique ensuite que le mystère de la « croix inversée » est en relation avec le mysticisme templier, que les photos traditionnelles de Bérenger Saunière représentent en fait son frère Alfred, ou encore que le mythe du « Grand Monarque » du Razès figure explicitement dans les centuries de Nostradamus... L'étrange Roger-René Dagobert nous narre une nouvelle fois l'histoire de sa famille, marquée par les sociétés secrètes.... et les mines d'or. Mais le morceau de choix revient à un certain Elie Punnars qui a retrouvé, dans le grenier d'une pension de famille, une lettre du 22 janvier 1917 adressée à BS et retournée avec la mention DCD... Une lettre d'un certain Paul Sennier se proposant d'aller rendre visite à l'abbé pour lui parler de ce qu'il a découvert dans les archives de son feu père, un mystérieux Monsieur de Saint-Jean : une brassée bien sûr de manuscrits (dont certains de l'abbé Bigou), faisant état de sulfureux trésors enfouis à RLC et dans la région. Cette lettre sent la mystification et rappelle par son érudition de fameux « vrais-faux documents ». Elle est en effet difficilement crédible, dans la mesure où son auteur raconte au destinataire l'objet de la mission de ce dernier, et les découvertes qu'il a déjà faites... Une façon un peu grosse de mettre le lecteur dans le bain.

Décidément, le Bulletin de l'Association ouvre toutes grandes ses portes à « la belle histoire » !

Tout comme le numéro précédent du reste, le **numéro 9** de *Terre de Rhedae* (1995) bruisse des querelles de clocher... Le climat semble s'être détérioré dans le village, à la suite du départ d'Henri Buthion, entre l'association, la municipalité et le nouveau propriétaire du Domaine de l'Abbé. L'éditorial laisse également transparaître une grande lassitude, du fait des dérives éso-zharbies de l'affaire qui, avec *L'Enigme Sacrée*, a pris une douteuse dimension religieuse. Alors la parole est laissée aux membres, chacun y allant de sa petite spéculation personnelle, sans grand intérêt il faut bien l'avouer. Une fois de plus, Roger-René Dagobert vient noircir quelques pages, cette fois pour s'esbaudir devant la grandeur de Jules Verne, lequel, selon Michel Lamy, aurait percé les Mystères du Razès. Le morceau de choix revient cependant à celui qui signe sous le pseudo d'Aldébaran, dans la mesure où il nous offre une magistrale leçon de « débunking », passant à la moulinette les théories bien connues sur la descendance mérovingienne et/ou christique. Il poursuit du reste son œuvre de désintégration en s'attaquant à la fameuse maquette d'André Douzet. *Il s'avéra vite nécessaire de conclure que le* *but de l'opération était d'obtenir des renseignements topographiques, ensuite de monnayer la chose...* Et plus loin : *En attendant, cet objet étant désormais tombé dans le domaine public, il est inévitable que des chercheurs totalement irresponsables n'identifient les lieux et n'aillent inutilement les saccager...*

La plaie n'est pas refermée, et le **numéro 10** de *Terre de Rhedae* (1996) se fait encore l'écho des « tentatives de dissolution de l'association »... *Ce n'est pas la première fois que certaines personnes tentent de déclencher des guerres picrocholines pour tenter d'occuper la place...* Le numéro est léger, 24 pages seulement, mais propose quelques belles pièces. Comme cet étonnant article de J.A Spira faisant état de la découverte, par relevé aérien de l'IGN en 1980, des traces d'une ancienne et importante agglomération humaine sur l'emplacement étendu du village de RLC ; *on voit donc qu'il existe un très sérieux faisceau d'indices, qui permet de penser que les vestiges enterrés de Rhedae ne sont autres que ceux de l'édifice mortuaire et commémoratif élevé à la mémoire du malheureux empereur Constant...* Etonnant en effet, car on parle généralement assez peu de cette découverte... Des fouilles ont-elles été entreprises ? Plus saugrenue est l'étude qui nous est soumise sur le décryptage du « petit manuscrit » dont le caractère « bidon » était déjà largement connu... Intéressante en revanche l'analyse purement religieuse de l'église de Rennes effectuée par Henri Mertal ; elle replace la décoration dans l'ambiance de ferveur mariale de l'époque et établit des parallèles bien vus avec une médaille dite miraculeuse mise sur le marché en 1832.

Mais le morceau de choix revient encore une fois à Aldébaran qui poursuit le débunking de la maquette d'André Douzet, critique ouverte dans le précédent numéro. Il montre que cette maquette est représentée dans un ouvrage religieux italien, *l'Evangile de Jésus*, publié à Vicenze en Italie puis à Montréal. Il se demande, pertinemment, pourquoi des copies en ont été réalisées et mises récemment sur le marché ? Et d'y voir la trace d'une société secrète religieuse, l'AA... Par ailleurs, il explique, « *le mal ayant déjà été accompli par des fouilleurs irresponsables* », que le relief figuré par la maquette correspond à une portion du territoire de Rennes-les-Bains. On sait que cette affaire sera ultérieurement relancée par André Douzet, cette fois sur la commune d'Opoul/Périllos.

Le **numéro 11** de *Terre de Rhedae* (1997) se place résolument dans le cadre du centenaire de la consécration de l'église Sainte-Madeleine de RLC par Monseigneur Billard (1897) ; aussi est-il pour l'essentiel dédié à une évocation de la sainte, ainsi qu'à diverses études sur le passé de Rennes. On y trouvera également quelques analyses curieuses, comme celle de Descadeillas sur la réglementation canonique du nombre de messes susceptibles d'être dites par un prêtre ; ou encore la suite du travail précédent de décryptage, cette fois sur le Grand Manuscrit. Les auteurs (Vander Heyden) ont dû recevoir quelques remarques à la suite de la publication de leur étude de 1996 et prennent le soin de préciser que l'authenticité de ces manuscrits est sujette à caution ! Beau papier en revanche que celui d'Alain Sipra sur le Graal et éclat de rire à la lecture du coup de gueule de Patrick Rivière : l'ouvrage de Richard Andrew & Paul Schellenberger (*The Tomb of God*) qui localise le tombeau de Jésus au sein du pech Cardou est manifestement difficile à digérer… On partagera sans peine son indignation !

Le **numéro 12** de *Terre de Rhedae* (1998) s'ouvre sur un article fort pertinent de Patrick Mensior sur les faux documents dont le Mythe de Rennes est truffé. Et de s'interroger – comme nous-même- sur l'acharnement dont Lincoln et son équipe continuent de faire preuve pour considérer ces grosses farces comme de l'argent comptant ! Suivent des articles érudits sur Nicolas Pavillon, évêque d'Alet et sur la famille de Nègre d'Able, ainsi que les habituelles contributions sur l'histoire de la région. On ne nous épargnera pas, bien sûr, un nouveau décryptage savant de la tombe de la dame de Hautpoul, cette fois sous la signature d'Antoine Bruzeau (Patrick Berlier). Benoît Rivière (pseudo d'André Douzet), enfin, qui nous propose un petit article, très sommaire, pour nous présenter la fameuse maquette… d'André Douzet… On s'y perd !

Fort éclectique est le **numéro 13** de *Terre de Rhedae* (1999). Charly Samson nous propose un décryptage… alchimique de l'église alors que Patrick Mensior nous analyse à son tour la fameuse stèle, cette fois de façon simple et rigoureuse, mettant en évidence… un évident sceau de Salomon. Alain Sipra nous conduit à la recherche du Grand Monarque, en compagnie de Nostradamus et Eliette Gensac nous convie à une joyeuse digression mathématique sur le chiffre 17. A noter encore une intéressante étude de Henri Mertal sur l'arrière plan religieux du Mythe, avec quelques informations inédites sur la fameuse société secrète angélique, l'AA.

Après pratiquement deux ans de silence, le bulletin *Terre de Rhedae* nous revient (2001) avec un **numéro 14** quelque peu maigrelet. Mais ne boudons pas notre plaisir, l'association survit malgré ses démêlés avec la municipalité du village. Je ne connais pas les dessous de cette querelle, mais c'est encore à mettre dans la série noire de « conjuguons nos talents »… Il est bien connu que plus on est petit, plus on s'étripe… une vieille loi sociologique…

A noter qu'est joint à l'envoi de ce dernier bulletin un étrange dossier. Photocopie d'un document approximativement dactylographié, il porte le titre UN PARENT ELOIGNE et est signé par W. Shiny… Il s'agit d'un très curieux décryptage géographique de la région de RLC par lequel l'auteur voit des allusions et symboles égyptiens un peu partout... Bigre...

La revue proprement dite s'ouvre sur un éditorial d'André Sire qui prend de sérieuses distances avec l'affaire dite « des fouilles ». «... *ne nous laissons pas entraîner dans des rêveries. Nous ne serons pas associés à quelque fouilles que ce soit qui, d'ailleurs, sont pour le moment purement hypothétiques* »... La première étude, signée Daniel Dugès, nous propose un x ième décryptage de la tombe « Poussin », avec cette fois la mise en évidence (sauf pour moi !) des initiales de l'AA, la fameuse société secrète religieuse. L'auteur voit même dans l'agencement du jardin de BS les initiales magiques... Suit une étude historique de Jean-Alain Sipra, fouillée et documentée comme à son habitude, sur le trésor des wisigoths. Puis Christian Doumergue revient sur Marie-Madeleine, clef du mystère de Rennes. Une étude à la fois exégétique (les écrits religieux et notamment apocryphes) et spéculative qui nous conduit, bien sûr, à l'inévitable tombeau du Christ. Le numéro se termine par un papier d'André Douzet sur le dernier souffle de BS qui aurait murmuré ces mots étranges : « Jean vingt trois ». Suit toute une batterie de spéculations sur le sens de ces dernières paroles. Je serais pour ma part très curieux de connaître la source de ce « dernier souffle »... Qui a colporté cette information douteuse ?

Et bien si, l'association Terre de Rhedae vit toujours et vient de tenir son AG. Elle compte du reste 180 adhérents et, si elle ne gère plus le presbytère de Saunière repris par la municipalité, elle continue de publier son excellent bulletin annuel. A relever donc dans le **numéro 15** (2003) un papier bien documenté de Francis Ortega sur *Marie-Madelaine*, qui reprend la tradition biblique, la légende de la Sainte-Baume et d'étranges révélations : une photographie aérienne de 1967 montrerait, sur la région de Rennes, le portrait... de notre Sainte ! Un portrait qui a disparu sur les prises de vue ultérieures. Autre papier qui mérite notre attention, celui de Daniel Dugues sur l'analyse des tableaux de l'église *Saint-Polycarpe*. Un décryptage sur base du carré de Vigenère et selon le code Mortépée. Une lecture qui fait appel à l'un des apocryphes de l'Eglise, le manuscrit Didache.

Mais c'est le petit texte d'Antoine Captier qui m'a paru le plus curieux. Il y est question des fameux manuscrits qui auraient été découverts par Saunière. « *Il n'est de secret pour personne, au sein de notre association, que nos deux amis (Gérard Thome et Daniel Dugues) détiennent des parchemins originaux, similaires à ceux publiés par de Sède... ».* Et plus loin : « *Pendant la restauration de l'église, une pierre fut soulevée, à côté de la chaire. Sous cette pierre on trouva une boîte renfermant des documents signalant une autre pierre ».*

S'agit-il des documents de Sède and co. ? Antoine Captier ne se prononce pas mais admet que ces parchemins sont indiscutablement liés à l'affaire de Rennes puisqu'ils se décryptent à l'aide de la clef Mortépée qui figure sur la stèle funéraire de Marie de Nègre d'Able. Une tombe, qui selon un membre de la famille Hautpoul, n'aurait jamais été celle de son aïeule...

« *Ce qui est troublant, c'est que cette connaissance ait été gardée, de génération en génération, au sein d'une mystérieuse société secrète, par un groupe de prêtres catholiques...* ». Antoine Captier en dit trop... ou trop peu ! André Salaün nous parle encore de façon succincte des *Sociétés Secrètes* à RLC et Jean-Alain Sipra essaye de retrouver la trace d'un certain *Constantin Caihol* dont il est fait état dans le livre de Boudet. Une étude qui parle longuement de ce qu'il est convenu d'appeler la maquette de Bérenger Saunière qui, pour l'auteur, semble représenter *le relief vallonné du confluent Blanque-Salz.*

La revue se termine, comme elle s'est ouverte, avec *Marie-Madelaine.* Christian Doumergue, pour sa part, s'interroge sur la nature exacte des relations entre la sainte... et le Christ.


L'association rennaise Terre de Rhedae publie le **numéro 16** de son bulletin, à l'occasion de son assemblée annuelle de mai 2004. On commence par une correspondance inédite de l'abbé Gazel, relation de Saunière et retrouvée par Christian Doumergue ; assez anecdotique il est vrai. Tout comme le papier de Patrick Mensior qui cherche un lien entre le manuscrit dit du «Sot Pêcheur» et une légende populaire de la région de la

Montagne Noire, la Saurimonde. Plus troublant le papier de W. Shiny qui sous le titre « Saunière et les extraterrestres » fait un lien entre les deux mythes et leurs manifestations géométriques, tracés de pentacles en tous sens sur la carte de la région de Rennes et l'orthoténie[95]. Troublant, car tout en dénonçant les délires de la zharbitologie (les écrits de Jean d'Argoun par exemple), l'auteur en arrive à la conclusion : *dès qu'on admet que la somme des désordres, rencontrés dans le clair-obscur rennais, est une « anormalité extérieure » qui est assujettie à un ordre caché, c'est à l'intuition et à l'attention apportée aux signes qu'il faut principalement recourir, si l'on veut comprendre ce qui est « là-bas » une extraordinaire réalité.*

Suit une belle analyse de Christian Doumergue sur certains tableaux des églises de St Polycarpe et de l'Assomption à Limoux. Puis un décryptage signé Jissé de l'ouvrage de Boudet, qui veut voir, par une analyse tout ce qu'il y a de plus cabalistique, une approche du Christ fort hérétique sous la plume de notre celtisant préféré. Daniel Dugès poursuit, en étudiant la carte du brave frère Edmond, mais je n'ai pas tout compris ! Enfin, J.A Spira conclut sur « les extravagances de l'abbé Boudet » en voyant Marie-Madeleine cachée à chaque détour du Cromlech.

Ce sera à Roger Correard de conclure en toute fraîcheur en nous expliquant que Théopolis et

---

95    Méthode inventée dans les années 50 et consistant, entre autres, à tracer sur carte des axes rectilignes d'après l'analyse des rapports d'apparitions d'OVNIS.

Rennes-le-Château, même combat.

Un beau numéro dont je me suis régalé !


Le **numéro 17** du bulletin de *Terre de Rhedae* (avril 2005) sent bon la mauvaise humeur. L'éditorial dénonce les dérives du *Da Vinci Code* dont les adeptes se précipitent désormais sur notre colline préférée pour chercher le tombeau de Marie-Madeleine. Puis d'étriper le maire de la commune qui a réalisé un transfert de la dépouille de notre pauvre curé à des fins lucratives. Et d'imaginer (mais est-ce vraiment de la fiction ?) la prochaine mise sous contrôle (payant) de l'église du village.

Antoine Captier s'interroge ensuite, et à nouveau, sur les parchemins, sur thème « sont-ils vraiment faux ? » et Octonovo reprend la synthèse de ses recherches sur la comptabilité de l'abbé. Christian Doumergue s'interroge – avec l'érudition qu'on lui connaît – sur Marie-Madeleine et les Cathares. Jean-Alain Sipra, autre érudit, cherche à démêler le vrai du faux sur la présence de la Sainte dans le midi de la France. Franck Daffos, enfin, nous parle de ses recherches sur les « deux caches » du trésor.

Une lecture stimulante.


*Terre de Rhedae* nous revient avec son Bulletin **numéro 18** (avril 2006) et quelques contributions originales.

Je citerai en premier lieu l'article de Daniel Dugès sur le vrai/faux livre d'Henri Boudet,

*Lazare Veni Fora*. Un ouvrage considéré par la critique, et notamment Pierre Jarnac, comme une supercherie manifeste. L'ouvrage d'un autre auteur que l'on aurait glissé dans une couverture à la Pomiès avec le nom de l'abbé de Rennes-les-Bains. Il est vrai que ce livre ne traite pas de linguistique, mais de Marie-Madeleine. Il est vrai aussi, comme le souligne le chercheur, que beaucoup d'éléments renvoient à *la Vraie Langue Celtique*. « *Il y a de grandes chances, malgré les on-dit, que ce travail soit de lui. Il en existe peut-être d'autres versions, peut-être sont elles retouchées, mais tant qu'on aura pas retrouvé un autre livre d'où pourrait provenir ce texte, je serais enclin à penser qu'il est bien d'Henri Boudet* ».

L'affaire du Monastère Dynamité du Carol est à la mode, et c'est au tour de Christian Doumergue de nous livrer le résultat de ses investigations. Un résultat curieux puisque le chercheur voit dans la symbolique des constructions étranges du Père de Coma une empreinte égyptienne ; et quelle empreinte ! « *Vue du pied de Jésus agonisant, une des immenses colonnes de pierre de l'ensemble épouse en effet singulièrement le profil d'une déesse égyptienne au ventre doucement rebondi... * ». Marie-Madeleine ne doit pas être très loin !

*Le Bulletin de Terre de Rhedae* fait peu neuve et se transforme en *Les Cahiers de Terre de Rhedae* dont le **numéro 1** sort en avril 2007. Daniel Dugès ouvre le feu, en fustigeant avec humour ceux qui prétendent qu'il ne s'est rien passé à Rennes-le-Château. Patrick Mensior, pour sa part, revient sur un sujet polémique, celui des tableaux dans l'église de Rennes-les-Bains. Une polémique de datation et de paternité des œuvres qui s'est enflammée sur internet alors que sur le fond, ces sujets n'apportent pas grand-chose à la compréhension de notre affaire. Fidèle à ses convictions, Christian Doumergue nous explique que la présence du tombeau de Jésus dans le Razès est clairement supposée dans *L'Or de Rennes* de Gérard de Sède et dans les travaux de ses inspirateurs, Plantard et de Chérisey. On y parlera encore de Boudet, de l'APARC et des cartes postales de Saunière.

*Les Cahiers de Terre de Rhedae* (nouvelle série, **numéro 2**, avril 2008) ont un parfum de fête triste. Car pour une bonne nouvelle (le changement de municipalité qui permet de mettre fin au « bannissement » de l'association), que de disparitions sur la Colline. Celle d'André Sire, courageux président du groupe pendant la période de traversée du désert ; et celle de Jean-Luc Robin, écrivain-restaurateur de la Table de l'Abbé et véritable animateur des activités du village. Sinon, le bulletin propose une série d'articles d'intérêt varié : digressions sur une photo retrouvée des les archives Corbu-Captier et qui pourrait représenter Emma Calvé ; commentaires savants sur le sautoir maçonnique soit-disant également retrouvé dans les affaires de l'abbé ; reprise des commentaires de Gérard Jean au colloque ARTBS 2007 sur la réalité du croquis de la stèle relevé lors de l'excursion 1905 de la SESA ; article sans surprise de Christian Doumergue sur la présence de Marie-Madeleine et de la dépouille du Christ dans la région ; décryptages habituels des travaux de Boudet.

A vrai dire, c'est un papier anodin de Alice Bart sur l'église de Saunière qui a le plus retenu mon attention. La revue indique que l'auteure, toujours en vie, aurait recueilli maintes confidences de Marie Dénarnaud dont elle était proche et accréditant la thèse du trésor. Elle serait en train d'écrire un ouvrage de souvenirs sur le sujet.

*Les Cahiers de Terre de Rhedae* changent encore de look avec leur **numéro 3** (mai 2009), adoptant maintenant la formule Mag avec une jolie couverture couleur. Les équipes se félicitent, à juste titre, de la rénovation des expositions entreprise sous la houlette de Mariano Tomatis dans le musée du Domaine. Je passe sur les habituels travaux de décryptage pour retenir quelques contributions originales. Celle d'André Salaün, qui a exhumé du fonds Corbu/Captier une lettre en provenance de Bugarach et donnant à Saunière «conseil au sujet de l'argent trouvé». Un travail de Daniel Dugès sur d'anciennes photos sur lesquelles pourrait bien figurer Boudet. Une recherche de Henri Doumergue qui identifie le correspondant de Saunière connu sous le pseudonyme de « Le Vieux » comme étant l'abbé Gachet. Une étude d'Octonovo sur la succession de Saunière. Une documentation très fournie de Christian Doumergue sur Marie Cavailhé, bienfaitrice de l'abbé Saunière, royaliste et poétesse. Enfin, du même auteur, une recherche sur Alfred Saunière montrant son implication politique dans *Le Courrier de Narbonne Et Dans Le Cercle Catholique de Narbonne*.

Coup de chapeau au **numéro 4** des *Cahiers de Terre de Rhedae* (mai 2010) dont le look est désormais pratiquement celui d'une revue professionnelle. On aimera aussi les nouvelles rubriques, comme « un an à RLC » ou « la bibliothèque de l'abbé Saunière », une façon agréable de coller à l'actualité. Quant au matériel éditorial, il se divise comme à l'accoutumée en deux parties.

La partie « spéculative » s'ouvre sur une interview de Jean- Patrick Pourtal qui, entre la réalisation de deux vidéos, continue de frémir face aux lourds secrets que ne peut que cacher le Prieuré de Sion. Daniel Dugès poursuit son nouveau chemin, nous entraînant dans une abbaye (Bénevent dans la Creuse) au décorum selon lui maçonnique. Quant à Alain Sipra, il reprend l'affaire Gélis en nous expliquant que celui-ci faisait partie du « Cercle Angélina », organisation secrète chargé de monnayer des objets de valeur. Thierry Espalion, encore, nous propose un résumé de l'ouvrage écrit avec Gérard Piedevigne, *La Clef du Domaine,* relevant de troublantes coïncidences entre le plan de Rennes-le-Château et celui de Rennes-les-Bains.

La partie « investigations » débute par une pièce de choix, l'enquête de Christian Doumergue sur « Le Cercle Catholique de Narbonne » et Alfred Saunière. Un très bon travail sur un personnage de premier plan jusqu'ici peu documenté. Autre belle pièce, celle signée Georges Michel sur « Les donateurs d'Yzernay ». Une recherche intéressante pour essayer de donner « de la chair » aux nombreux donateurs de l'abbé Saunière, tels que recensés dans sa comptabilité. Mentionnons encore Michaël Smorowski qui a enquêté sur la Banque Fritz Dörge à Budapest qui gérait une loterie dont notre abbé était friand. Une lecture agréable.

## COMMENTAIRES

Il faut certainement commencer par le commencement et souligner la belle vitalité de ce Bulletin qui, malgré les différentes tempêtes traversées par l'association, a su maintenir la barre ; 23 numéros (avec celui que vous tenez entre les mains) force le respect et lui confère une véritable légitimité dans l'univers volatile des publications castelrennaises.

Les quelques feuilles de départ étaient conçues comme un outil d'information sur les travaux entrepris pour préserver le presbytère, notamment, et assurer la mémoire du lieu en le dotant d'un musée. Il s'est très vite enrichi d'une dimension historique, le passé de Rhedae devenant le terrain d'investigation privilégié des primo-collaborateurs comme J.A Sipra. Mais en dehors de cette trame de fond, au demeurant parfois très légère dans certaines parutions, la publication n'a pas réellement de ligne éditoriale, malgré la volonté des « anciens » de rester centrés sur la véritable histoire de Bérenger Saunière. Car ce bulletin est typiquement associatif, ouvert aux contributions des adhérents régulièrement sollicités à ce sujet.

On constate pourtant que les «mystifications» ne sont pas en odeur de sainteté, qu'elles soient clairement « désintégrées » (la maquette) ou prises « avec des pincettes ». On sent bien que les « fondateurs » n'ont aucune sympathie pour tout ce qui touche au Prieuré de Sion et prennent leurs distances vis-à-vis de de Sède, Lincoln et Dan Brown. Mais une position de fond battue en brèche par l'apparition d'une nouvelle génération de chercheurs, comme Christian Doumergue, voyant dans « la Tombe Perdue » le Grand Secret du Razès. On peut également citer Daniel Dugès, reprenant à son compte les thèses de de Sède sur l'inspiration maçonnique du décor de l'église du village.

Autre ambigüité, la place consacrée à Boudet et à son ouvrage culte dans le Bulletin. Boudet ne fait pas partie, pour les uns, de l'histoire de Rennes-le-Château. Mais son livre a suscité un tel engouement que les colonnes s'ouvrent régulièrement à des décryptages variés. A tel point du reste que l'association devrait sortir prochainement un bulletin spécial reprenant *La Vraie Langue Celtique* sous format numérique pour faciliter le travail des chercheurs.

Nous conclurons par une évidence, à savoir que le Bulletin reflète bien l'évolution des recherches sur le sujet ; et par un souhait, à savoir que les contributions ne cessent de se diversifier pour insuffler le sang nécessaire à la poursuite de cette sympathique aventure éditoriale.

# LES CONFIDENCES DE JOSETTE BARTHE[96]

**Jeudi 12 avril 2007** : je me rends avec Antoine Captier à Toulouse, rencontrer Josette Barthe, une descendante de la famille Saunière et proche de Marie Dénarnaud. Antoine est tout guilleret, car un intéressant contrat d'édition auquel il participera est à la clef. Il est intarissable en voiture, à tel point que nous raterons la sortie de l'autoroute. Il me racontera, entre autres, les aventures noires de son beau-père avec les allemands. On raconte en effet que Noël Corbu était collaborateur. La vérité est plus complexe. Il avait un faible pour les jeunes garçons et s'était amouraché d'un prisonnier de guerre. Il a voulu l'aider à fuir et à regagner l'Allemagne à la fin de la guerre. Et il s'est fait tout bêtement « gauler » par les autorités françaises... Josette Barthe a 81 ans, une forme éblouissante et une plume alerte. Il est vrai qu'elle a été longtemps journaliste à Radio France. Fâchée avec sa famille, elle consacre tout son temps et son argent à une association d'enfants handicapés. Ce qui l'amène à vendre, sur ebay (mais oui), un certain nombre de bijoux de famille. Et elle possède de beaux objets, et notamment de belles pièces provenant de Saunière. Heureusement, celles-ci n'ont pas été liquidées et nous aurons le plaisir de les voir : ouvrages provenant de la bibliothèque du curé et notamment un magnifique Saint Augustin du XVIII^ème siècle avec l'ex libris de B.S qu'elle

---

96      Inédit.

acceptera de me céder. Elle détient aussi deux coffres avec tout un matériel hétéroclite, allant du fume-cigarette du prêtre à de saintes reliques (Marie-Madeleine évidemment) en passant par des bijoux, fabriqués du temps de Saunière à partir d'éléments découverts par l'abbé. Le trésor bien sûr…

Cette dame, très liée à Marie Dénarnaud qui lui a donné les objets en question, s'est réveillée récemment à l'affaire de Rennes-le-Château, suite aux agissements discutables du Maire de la commune (transfert de la tombe du curé, réfection douteuse de la Villa Béthanie…) et s'est mise dans l'idée de raconter la véritable histoire du curé, telle que sa servante la lui avait narrée. Deux ouvrages sont en préparation, *Rennes-le-Château, le Secret Dévoilé* et un autre, plus anecdotique mais fort intéressant, *Les Bonnes Recettes de Marie Dénarnaud*. Antoine Captier apportera sa collaboration aux ouvrages et EODS prendrait en charge l'édition. J'écris prendrait car les contrats seront signés lorsque les livres seront plus avancés.

Cela dit, l'ancienne journaliste nous fait lire les bonnes feuilles du premier ouvrage. Le manuscrit est terminé et elle vient de s'acheter un ordinateur flambant neuf pour le mettre en forme.

Retenons pêle-mêle :

- Saunière a trouvé un trésor dans un

souterrain proche de Rennes. « On voit le château en en sortant ». Ce trésor était celui des évêques d'Alet (Pavillon, Vincent de Paul) qui l'ont planqué dans une parcelle de terrain qu'ils possédaient à Rennes. Cela n'a rien à voir avec les trésors mythiques régulièrement évoqués (Temple de Salomon, Wisigoths, Blanche de Castille…) mais un petit magot amassé par l'Evêché au fil du temps.

• Les pièces ont été monnayées par un juif hollandais, Salomon Léon Swaab, dont Antoine Captier a retrouvé la trace historique. Un autre « dealer » était un certain Guillaume (Willem) Meulman dont nous recherchons les coordonnées.

• Bigou avait l'information.

• Gélis était dans la combine financière.

• Une « société secrète » au sein de la Congrégation du Saint-Sacrement aurait également joué un rôle.

• Boudet est totalement étranger à l'affaire, et avait du reste très peu de relations avec Saunière.

• Il y avait dans la bibliothèque du curé des « livres en bois » que Marie aurait fait brûler par la suite. Antoine précise qu'il a vu de tels objets entre les mains d'André Douzet[97].

---

97    Allusion aux tablettes de bois que l'Homme de Tautavel prétend avoir trouvé à Montségur (cf. numéro spécial des *Carnets Secrets* sur «les Pyrénées Egyptiennes» (2006).

Sinon, de façon plus people :

• Saunière était un chaud lapin et a commencé à défrayer la chronique par une relation avec la femme du châtelain de Montazels dont son père était le régisseur.

• Saunière s'est fait exiler d'Alet où il était vicaire au Clat, trou plus que perdu, suite à une nuit de ripailles qui avait déclenché un véritable scandale.

• Outre Marie, il avait une relation amoureuse avec la cousine de sa servante, Julie.

• Marie n'était pas en reste, et a eu une relation avec un autre prêtre pour se venger des infidélités de Bérenger. On n'a pas voulu me donner le nom de ce personnage.

Nous devons donc prochainement nous revoir, après la mise au propre du texte, pour sélectionner quelques thèmes que nous développerions en annexe afin de donner une assise historique à ces « révélations ».

A noter encore que Claire Corbu travaille elle aussi sur un ouvrage consacré à Mademoiselle Marie, et qu'elle arrive au bout de son travail…

**Swaab Salomon Leon** (Antiquaire, Korte Pooten 8, Den Haag – 1823-1900) : antiquaire israélite, spécialisé dans le commerce de bijoux, d'or et de diamants. Marié en 1855. Tenait une boutique à la Haye. Ses établissements connus sont les suivants :

1863 - Korte Pooten 8

1876 - Korte Houtstraat 14a 1882 - Achterom 75

1883 - Kleine Koediefstraat 2

1884 - Javastraat 82

1899 - Javastraat 98

Sa fille, Louise Constance Swaab, née le 8.3.1856 se maria à Paris le 7.2.1882 avec E.D.Fleck.

Salomon se rendait souvent en France. Fut un des agents de la négociation du « trésor de l'abbé Saunière ».

# L'ATELIER EMPREINTE[98]

*A Laure d'Eurayne*
*Avec toute mon affection*

Je me souviendrai longtemps de cette soirée de juin 2003. Mon père, Philippe Marlin, explorateur infatigable des Terres de l'Imaginaire, rentrait d'un colloque organisé par l'une de ses nombreuses associations invraisemblables. Celle-là avait pour nom l'Association pour la Restauration de la Tombe de Bérenger Saunière (ARTBS), dédiée à une très grande cause, puisqu'il s'agissait de remettre en un état décent la sépulture du curé de Rennes-le-Château[99] ! Une opération, on le verra par la suite, qui connut

---

98    *Mon Village à l'heure du Da Vinci Code*, Jean-Luc Robin, Sud- Ouest, 2006.
99    ***ASSOCIATION POUR LES RECHERCHES THEMATIQUES SUR BERENGER SAUNIERE (ARTBS)***
Président : Yves Lignon Secrétariat : Philippe Marlin
Gérée par l'Association de l'ŒIL DU SPHINX
36.42 rue de la Villette 75019 Paris
tél : 01.42.01.05.38
mail : artbs@oeildusphinx.com
web : www.oeildusphinx.com
Créée à l'origine comme Association pour la Restauration de la Tombe de l'Abbé Saunière, l'ARTBS a changé de dénomination en 2005. L'Association organise un Colloque annuel d'Études et de Recherches sur l'affaire (Rennes-le-Château 2003, Gisors 2004, Stenay 2005, Millau 2006...) et publie sous forme de livre les actes de la rencontre. Elle délivre par ailleurs un prix annuel, le prix Bérenger, destiné à récompenser la meilleure recherche sur le sujet. Le prix Bérenger 2005 a été attribué à Paul Saussez pour ses travaux sur Le Tombeau des Seigneurs.

un dénouement inattendu. Mais là n'est pas le propos. Il était à la fois excité et effondré : « Tu te rends compte, Sonia met en vente sa librairie, l'Atelier Empreinte ! ». Je compatis volontiers à cette terrifiante nouvelle. Et lui de continuer :

« Tu comprends, Rennes-le-Château sans Sonia, c'est un peu comme Rhedae sans les wisigoths ! ». Et, argument définitif : « Dommage que je n'aie pas encore l'âge de la retraite, sinon, je foncerais… ». Je crois que c'est Céline, ma compagne, qui la première a réagi : « Mais tenir une librairie, moi c'est mon rêve ! ».

Il est vrai qu'avec Céline, nous étions déjà plongés dans de nombreux projets paternels, que ce soit l'Association l'Œil du Sphinx (AODS) dans laquelle j'exerçais la fonction de webmaster ou la SARL Les Éditions de l'Œil du Sphinx (EODS) pour laquelle ma compagne effectuait divers travaux de mise en page (PAO)[100]. Et cette idée, ma foi… Passionné par l'informatique et internet,

---

100     ***ŒIL DU SPHINX (ODS)***
Président : Philippe Marlin
36.42 rue de la Villette 75019 Paris
tél : 01.42.01.05.38
mail : ods@oeildusphinx.com
web : www.oeildusphinx.com

Une association dédiée aux disciplines de l'Imaginaire, œuvrant dans le domaine de la littérature (Fantastique, SF, roman populaire), des Mythes et Légendes et des disciplines parallèles. Organise des colloques, des voyages « Missions Scientifiques », publie des revues (Dragon & Microchips, Murmures d'Irem.). Cette association dirige par ailleurs la SARL LES EDITIONS DE L'ŒIL DU SPHINX qui publie de nombreux ouvrages dont plusieurs sont consacrés à Rennes- le-Château.

grand adepte des littératures de l'Ailleurs et secrètement tiraillé par l'envie d'avoir à gérer un projet culturel bien à moi… Si j'y ajoute la perspective de quitter Paris et d'aller vivre au grand air… Notre petite fille, Clémentine, du haut de ses deux ans, semblait alors me faire un sourire complice.

L'Atelier Empreinte est une véritable institution castelrennaise. La librairie, dédiée aux mystères de l'abbé Saunière et aux sujets connexes, n'a pas d'équivalent mais de pâles copies, car depuis la sortie d'un certain roman américain le commerce est devenu florissant sur notre Colline Envoûtée. Un concept tout à fait original, créé par Sonia Moreu et Alain Féral en mars 1986, enrichi par la suite par Torkain avec un site web de référence (www.renneslechateau.com) et une librairie virtuelle au service de tous les saunièrologues du monde entier (www.atelier-empreinte.com). Et ils sont nombreux, comme j'apprendrai à le découvrir. Je dois ici tirer ma révérence à Sonia, dont le charme, doublé d'un véritable talent d'entrepreneur, a su tisser un réseau de relations confiantes et fidèles. Reprendre une institution respectée et en pleine santé me semblait, lors de nos conversations nocturnes avec Céline, placer la barre vraiment très haut. Mais quelques dîners partagés à Montazels avec la tenancière du lieu eurent vite fait de faire fondre la glace et nous mettre en confiance. Il est vrai que Sonia, outre le fait d'être une excellente libraire, est une cuisinière hors pair dont les daubes longuement mijotées vous font… craquer. Elle tient du reste aujourd'hui avec Torkain un gîte rural dans l'Ariège dont la table (d'hôte) n'est pas le moindre des intérêts (http://www.chambre-hotes-ariege.com/).

17 Janvier 2004, jour des Pommes Bleues. Nous nous retrouvons au Domaine de Caderonne, à Espéraza, pour la soirée de passation : bon vent aux partants, bienvenue aux nouveaux. Les fidèles d'Empreinte se mélangent aux membres de l'Œil du Sphinx, venus en une délégation étoffée de Paris et de Toulouse. Je ne peux citer tous les participants, mais je revois encore Christian Doumergue en conversation fort discrète avec Patrick Rivière, l'architecte belge Paul Saussez venu faire une petite visite surprise à son amie Sonia, les fidèles Antoine Captier et Claire Corbu, André Sire alors Président de Terre de Rhedae[101] et Madame, Christopher Dawes en train de mettre la dernière touche à son roman[102] et bien sûr la légendaire Jennifer dans

---

101     ***TERRE DE RHEDAE***
Président Antoine Captier Secrétariat Atelier Empreinte
11190 Rennes-le-Château
tél : 04.68.74.14.56
mail : rhedae@renneslechateau.com
web : www.rennes-le-chateau.org/
La doyenne des associations castelrennaise, puisque fondée en 1989 pour prendre en main la gestion du presbytère et préserver le patrimoine laissé par l'abbé Saunière. Une vocation qui sera sensiblement affectée suite à la reprise du domaine par la municipalité. Le groupe organise des conférences et publie un bulletin annuel d'excellente qualité.
102     Rat Scabies and the Holy Grail (Sceptre, juin

une robe bariolée qui avait l'air de plaire à Alain Brethereau[103]...

Et bien, c'est fait, nous avons les clefs en mains...

L'année 2004 commencera en fait sur les chapeaux de roue. Pour deux raisons totalement étrangères l'une à l'autre.

La première fut la sortie, en mars, du best seller de Dan Brown, *Le Da Vinci Code*. Un livre qui va transformer notre petit village en une sorte de Mecque... alors que le bouquin ne mentionne pas une seule fois le nom de Rennes- le-Château. Mais cet ouvrage n'est finalement rien d'autre que la version romancée de la fameuse *Énigme Sacrée* de Lincoln, Baigent et Leigh, voulant que Jésus ait épousé Marie-Madeleine et lui ai donné beaucoup de petits... Mérovingiens. Et les Mérovigiens font écho, bien sûr, à l'un de piliers du Mythe qui s'est instrumentalisé sur notre Colline, à savoir le fameux Prieuré de Sion et son fantasque géniteur, Pierre Plantard. Quant au Tombeau du Christ et/ou de sa Sainte Moitié, il ne peut évidemment être que dans les parages immédiats... de l'Atelier Empreinte ! Chacun sait que parmi ses nombreux produits dérivés, le *Da Vinci Code* a donné lieu à l'organisation de

---

2005) est signé d'un certain Christopher Dawes, pseudo dissimulant (à peine) Millar's Junior, fils de John et Joe Millar, les animateurs de la très british Saunière Society.

103    Jennifer a tenu pendant longtemps la billetterie du Domaine ; Alain Brethereau est membre du Conseil de l'ODS.

circuits touristiques, dont le légendaire *Tour de Paris avec Dan Brown*. Mais les plus motivés de ces nouveaux touristes ésotériques poursuivront leurs investigations dans le Razès, cherchant l'un la clef des parchemins de l'abbé Saunière, l'autre la sépulture de l'Épouse du Christ. Et c'est le monde entier qui se précipitera dans notre échoppe, incitant le libraire en herbe à développer un important rayon d'ouvrages en langues étrangères. Je ne serais pas complet sur cette fantastique aventure sans évoquer l'afflux corollaire des médias, les principales chaînes de télévision se devant de réaliser un reportage sur cette indicible affaire. Je me souviens de ma perplexité lors de l'appel de la télévision Nord Coréenne qui envisageait une émission... La seconde raison est que Rennes-le-Château a été profondément perturbé, dès le mois d'avril 2004, par l'affaire dite du transfert de la tombe du curé. A la demande de certains descendants de l'abbé Saunière, la municipalité a annoncé le prochain transfert de la dépouille mortelle du prêtre, reposant alors dans le petit cimetière communal aux côtés de Marie Dénarnaud, sa fidèle servante. Un étrange mausolée fut érigé dans le domaine, pour accueillir le héros du village. L'opération a été réalisée le 14 septembre aux aurores, sous la protection de la maréchaussée, déclenchant des tonnes de protestations sur internet. Les uns déploreront le fait d'avoir séparé le prêtre de sa compagne ; les autres dénonceront une situation dans laquelle le curé repose désormais dans le domaine municipal dont la visite est payante… L'expression Saunière's Land est lâchée…

Mais cette première année a été aussi pour moi la découverte de la Table de l'Abbé de l'écrivain-restaurateur que nous désignons affectueusement sous le vocable de « Papé du Razès ». Un lieu gaulois comme il aime à le définir, dont le rythme est ponctué chaque année aux alentours du 15 août par le légendaire méchoui des chercheurs. L'agneau est succulent, et la galerie de portraits étonnante : Jean Pelet, le doyen auto-proclamé des chercheurs, avec son chapeau broussailleux ; Hugo Soder, le chuisse, avec son détecteur de phosphènes et bien sûr René Chua, dit le chinois, possesseur d'une phénoménale collection d'histoires drôles qu'il aime partager avec générosité…. Alain Féral torture sa guitare en souvenir des Enfants Terribles alors qu'Octonovo zappe de tables en tables, serrant les mains à la volée comme s'il était en campagne électorale…

Mais la Table de l'Abbé, c'est aussi, chaque vendredi soir, « la conférence de l'été ». Un grand moment de rencontre entre les passionnés de l'affaire et un écrivain, un chercheur ou un témoin. Nous avons eu beaucoup d'émotion à écouter Antoine Captier, Germain Blanc-Delmas et André Galaup évoquer les souvenirs du village à l'époque des premiers chercheurs de trésor dans les années 60 ; nous avons également suivi avec attention la synthèse des travaux entrepris par Octonovo pour tenter de traquer le mystère du curé au travers de sa comptabilité.

Mais la rencontre la plus marquante de cette première année se situe certainement à la fin du mois de septembre 2004…

24 & 25 septembre 2004 : un grand moment sur la Colline Envoûtée qui reçoit, comme chaque année, la visite d'Henry Lincoln. Une semaine de repos chez Jean-Luc Robin avant de piloter dans la région un groupe de membres de la Saunière Society dont il est le Président. Un passage également mis à profit pour réaliser une nouvelle vidéo. Nous avons eu le plaisir de partager nos repas avec l'écrivain anglais, et notamment un superbe dîner à l'auberge du château de Cavanac. Outre à l'indispensable séance de dédicace à l'Atelier Empreinte, nous avons également participé à une longue interview de l'auteur, organisée pour Irène Omelianenko, qui préparait pour France Culture une émission sur le phénomène *Da Vinci Code*[104].

Les journées passées avec Henry m'ont amené à découvrir une personnalité extrêmement attachante. Henry Lincoln est un vieux Monsieur (il approche les 80 ans), souffrant dans sa chair (une maladie nerveuse qui lui rend la marche difficile) et dans son âme. La récente disparition de sa chère épouse l'a profondément affecté.

---

104     Cette émission peut être écoutée sur internet (voir les archives 2004 de « Vif du Sujet » sur : http://www.radiofrance.fr/chaines/France-culture2/emissions/vifdusujet/

« Je suis seul » se plaît-il à dire et à redire. Une solitude teintée de remords. L'Affaire *Da Vinci Code* le met très mal à l'aise. Le «mariage de Jésus et de Marie-Madeleine qui eurent beaucoup de petits mérovingiens» était une simple hypothèse de travail, certainement à ne pas prendre au pied de la lettre. Et de nous raconter la genèse de cette « création ». Un déjeuner chez lui avec ses co-auteurs, Leigh et Baigent. Une promenade dans le jardin avec Leigh. Une idée qui surgit au même moment de l'esprit des deux compères. «Euréka, voilà notre trame de travail». L'auteur a aujourd'hui tellement honte de la chose que lorsqu'il dédicace *L'Énigme Sacrée*, il raye rageusement son nom de la trilogie des auteurs. Et de nous préciser qu'il ne s'associe pas au procès intenté par ses deux co-auteurs contre Dan Brown, accusé d'avoir « emprunté » le thème du *Da Vinci Code* à *L'Énigme Sacrée*. « Tout cela est une affaire d'argent et l'argent ne m'intéresse plus ».

Henry Lincoln parle parfaitement le français. Une langue qu'il a dû apprendre pour étudier en profondeur l'affaire de Rennes-le-Château.

Quelques instantanés :

• Voyant le titre d'un des derniers livres de Christian Doumergue, il murmure « Marie-Madeleine, l'épouse du Christ ! Mon Dieu ! » ; et d'ajouter « cette théorie ne repose pas sur l'ombre d'une preuve ».

• Les Grand et Petit parchemins sont-ils des

faux ? « Peut être. Il est certain qu'ils viennent de Plantard et de son ami de Chérisey. Mais il est fort probable qu'ils ne sont pas que de la pure invention ».

• « Plantard était certes un mythomane ; mais c'était un grand Monsieur que j'aimais bien. Il avait beaucoup de talent ».

• « Lorsque j'ai découvert mes premiers éléments de Géométrie Sacrée sur la région de Rennes, j'ai demandé à Plantard son sentiment. Il a répondu qu'il ne pouvait rien dire sur ce sujet».

• Il est du reste très émouvant lorsqu'il parle de ces découvertes ; il donne le sentiment d'avoir mis le doigt sur une réalité stupéfiante qui le dépasse complètement. Et il se garde bien de tenter de donner une explication à ces mystérieux pentagrammes topographiques. « Des faits, rien que des faits, et tout le monde peut vérifier ».

• Pour lui, son livre majeur, celui qu'il ne renie pas est *La Clef du Mystère de Rennes-le-Château*. Certainement parce qu'il y détruit le passé (*L'Énigme Sacrée*) et jette les bases de ses nouvelles recherches dans le domaine de la géométrie sacrée.

L'hiver 2004/2005 sera marqué par l'avalanche éditoriale déclenchée par le *Da Vinci Code*. Il nous faut pousser les murs de la librairie pour faire place aux versions illustrées, aux indispensables codages et décodages, aux révélations indispensables, et à des produits de plus en plus surprenants. L'un rédige un manuel scolaire pour faire réfléchir nos chères têtes blondes sur le message que nous a transmis Dan Brown (avec exercices et corrigés !) ; l'autre nous propose un roman… dont le *Da Vinci Code* est le héros; le troisième, dans la plus pure veine de notre chère *Série Noire*, met en scène l'assassinant de la libraire de Rennes-le-Château qui avait refusé de commercialiser le Livre! ; un autre encore, consultant pour entreprise, propose des cours de stratégie commerciale fondée sur la pensée du Maître… Et le torrent de se transformer en fleuve, faisant place à une nouvelle crue de livres, cette fois ciblés sur Marie-Madeleine dont on va bien sûr apprendre la véritable destinée. J'oublie de mentionner la tornade de vidéos qui viendra également secouer nos murs pourtant résistants, l'exploitation sans relâche du filon tendant pourtant à donner à ces produits un parfum fleurant de plus en plus le réchauffé…

Le printemps viendra, fort opportunément, nous ramener aux fondamentaux de la recherche casrelrennaise. Le premier retour aux sources sera la sortie du *Secret de Saunière*[105] de notre cher Papé du Razès dont je ne suis pas peu fier, à mon modeste niveau, d'avoir contribué à sa diffusion. Car ce mélange de souvenirs du cru et de lourds secrets dynastiques s'arrache littéralement, les magnifiques illustrations de l'ouvrage faisant, s'il en était besoin, craquer le client le plus réservé ! La

---

105    *Rennes-le-Château, le Secret de Saunière* par Jean-Luc Robin aux éditions Sud-Ouest (2005).

seconde avancée des sciences saunièrologiques portera la signature du toulousain Franck Daffos. Son *Secret Dérobé*[106] nous rappellera, s'il en était besoin, que l'affaire de Rennes-le-Château reste une affaire de trésor et que cette incroyable saga ne peut se comprendre sans étudier en profondeur le contexte ecclésiastique de l'époque.

L'été est revenu, avec son méchoui et ses conférences. Mais le succès de la formule de la Table de l'Abbé est tel qu'il suscite de plus en plus d'initiatives parallèles. La plus belle est certainement l'organisation d'une daube de sanglier des chercheurs ! Quant aux conférences, elles se multiplient comme les champignons après la pluie, les unes à caractère wisigothique[107],

---

106     *Rennes-le-Château, le Secret Dérobé* par Franck Daffos aux éditions de l'Œil du Sphinx (2005).

107     Animées par un chercheur parisien, spécialiste incontesté des wisigoths et des OVNIS du Bugarach. Extrait d'un compte-rendu de l'ODS lors d'une conférence donnée par ce dernier lors d'une réunion ufologique à Paris (7 février 2006) :
*Face à une salle pleine à craquer (plus de 100 personnes), cet éminent spécialiste vient nous parler des OVNI de Rennes-le-Château. Il nous met immédiatement dans l'ambiance en commençant par un bref historique de l'affaire qui démarre en -10.000 avant J-C. lorsque les Atlantes cachent leurs archives dans des cavernes des Pyrénées près de l'Aude. Ensuite viendront s'y ajouter le trésor de Delphes, l'Arche d'alliance, le trésor des Wisigoths, celui des Templiers, le corps de Jésus conservé en stase sans oublier le hangar avec 3 soucoupes volantes et les corps de leurs pilotes reptiliens sous le Bugarach... Bref, vous l'avez compris, ce qui est étonnant, c'est que Saunière n'ait pas eu plus d'argent... Otto Rahn, qui a été envoyé en mission par les nazis pendant la guerre à Rennes, est présenté comme la*

les autres inspirées par la philosophie d'une certaine maquette, définie par l'auteur de ce livre comme ressemblant à une «bouse de mammouth fossilisée»[108]. Dans toute cette agitation, l'association Terre de Rhedae tire avec élégance son épingle du jeu en proposant une formule originale, le pic nique des chercheurs ; deux saisons estivales pour 2005, la première au Bézu à la recherche de ses hypothétiques templiers, la seconde à Notre-Dame de Marceille, l'une des caches du trésor selon Franck Daffos. Signalons encore l'apparition d'une nouvelle association dans le paysage, *Légendes d'Oc*[109], organisant

---

*vérité vraie et révélée, d'autant plus que, suite à une question de l'ODS , j'ai appris que Jésus était né en 1959 à Espéraza et est un ami du conférencier. Lorsque celui-ci a ensuite commencé une réponse à une question sur la manière dont il procédait à ses «recherches» par «Jésus m'a dit...», même parmi cette assistance assez «ouverte», il y a eu un silence de mort ! Il a des lettres : ses références sont, entre autres, Robert Chotard, Jean Robin, David Icke. Et il y a des OVNI, des atterrissages et des humanoïdes dans tous les coins et recoins de l'Aude, cas dont il est le seul à avoir entendu parler...*

108     *Rennes-le-Château, le Secret de Saunière* aux éditions Sud-Ouest (2005), dans un chapitre plein d'humour sur les « nouveaux faussaires » de l'affaire. Voir aussi sur « la maquette dite de l'abbé Saunière » *La Gazette Fortéenne n°* 3, chapitre « Fabriquer un Mythe, mode d'emploi, le cas de Rennes-le-Château », Philippe Marlin. (Éditions de l'Œil du Sphinx, 2004).

109     **LEGENDES D'OC**
Stéphanie Buttegeg
1 rue Elie Sermet 11260 Espéraza
web : rennes-le-chateau-bs.com/
mail : legendesdoc@aol.com
Une sympathique association qui cherche à faire connaître

des circuits à la découverte des principaux lieux mystérieux de la région. Au total, une offre abondante pour nourrir matériellement et intellectuellement les sympathiques hordes de curieux qui prennent d'assaut notre belle colline. J'ai pu constater pour la première fois, en cet été 2005, la saturation physique du village, les voitures, faute de parkings suffisants, s'agglutinant en grappes échevelées sur la route sinueuse en provenance de Couiza. Un peu comme à Saint-Paul de Vence, quoi !

Et nos visiteurs ont eu bien raison, car la carte était belle à la Table de l'Abbé. Citons pêle mêle une ouverture en fanfare avec *Souvenirs d'Ondes*, autour d'Irène Omelianenko ; Antoine Captier et André Galaup se remémorent des premières émissions de Radio-France, animées par Robert Arnaud, avec Noël Corbu et Robert Charroux ; et encore Michel Lamy qui nous initiera à la langue des oiseaux au travers des œuvres de Jules Verne et de Raymond Roussel ; et une clôture fort animée, avec pour le première fois la présence publique d'Arnaud de Sède, fils de l'auteur du *Trésor Maudit*. Les participants n'auront pas manqué de

les sites mystérieux de la région. Publie A la Recherche du Secret Perdu. Un beau travail déjà réalisé au travers des différents numéros disponibles à la date d'aujourd'hui. Pas de théories sulfureuses, mais une promenade passionnée dans les endroits énigmatiques de notre belle région. On y parle de Rennes-le-Château bien sûr, mais aussi de l'abbaye d'Alet, de l'église du Clat, de celle d'Antugnac ou de Saint-Salvayre, des dolmens des environs, de la grotte du Graal de Montréal-de-Sos, du monastère dynamité du Baulou, etc...

remarquer la participation lumineuse, à plusieurs de ces soirées, de celle qu'on appelle ici *la Fée de l'Aude*, Marie-Charlotte Delmas[110]. Romancière pour la jeunesse, scénariste de bandes dessinées et folkloriste émérite, Marie-Charlotte hante la colline à des fins, semble- t-il, de repérage. La rumeur raconte en effet qu'elle préparerait une BD en plusieurs tomes sur notre énigme favorite. Certains vont même jusqu'à préciser que plusieurs des acteurs locaux pourraient se retrouver croqués dans ses planches... Le Papé du Razès n'est bien évidemment au courant de rien. Il est vrai que l'été lui a apporté un petit Clément (du Razès) et qu'il délaisse fréquemment la Table pour retrouver l'héritier et Isabelle, la jolie maman !

Il gèle à pierre fendre en cette nuit de la Saint Sylvestre. L'obscurité est dense et seul un léger halo lumineux trouble les ténèbres, en provenance du mausolée de Saunière que la municipalité n'oublie jamais de faire resplendir. Ces deux premières années ont passé à la vitesse des ovnis du Bugarach, supraluminique ! Et l'Atelier Empreinte est prêt à aborder une nouvelle aventure qui promet d'être agitée, puisque l'année 2006 verra la sortie sur nos écrans blêmes de la version cinématographique du *Da Vinci Code*. En route...

---

110    http://www.cubbik.com/mcdelmas/

# LE BUGARACH EN FOLIE[111]

**Introduction : la naissance d'une rumeur apocalyptique autour d'une montagne dans le sud de la France, le Bugarach.**

## GEOGRAPHIE

Dans l'ancien comté du Razès, aujourd'hui la Haute Vallée de l'Aude.

Dans un mouchoir de poche, un lieu très chargé puisqu'on y trouve Rennes-le-Château, Rennes-les-Bains et les deux montagnes «sacrées» que sont le Cardou (et son tombeau du Christ !) et le Bugarach. On parle ici de « pech ».

Idée des distances : RLC, RLB 5 km, RLB, Bugarach, 6 km.

Le pic culmine à 1230 mètres ; c'est le point le plus élevé des Corbières.

Le village compte un peu moins de 200 habitants. Son activité est essentiellement rurale.

Un château (en ruines, mais avec de mystérieux graffitis selon Douzet), une église avec d'étranges vitraux (personnages sans visage), deux bons restaurants dont « la Ferme de Janou » et une excellente boutique, « Le Relais de Bugarach ».

## HISTOIRE

Difficile à développer, car le sujet est très peu documenté.

---

111    Publié partiellement en postace du *Phénomèbe Bugarach*, Thomas Gottin, EODS, 2011.

### L'histoire de la montagne

Le pic est également surnommé la montagne renversée en raison de sa tectonique violemment perturbée lors de la surrection des Pyrénées. Les couches les plus anciennes sont au sommet, les plus récentes au pied.

### La montagne dans l'histoire

Elle n'a pas laissée de traces particulières. En ce qui concerne le village, on peut relever sur wikipedia :

On trouve les traces du village de Bugarach dès le XIII^{ème} siècle. Lors de la conquête par les troupes françaises de Simon de Montfort, les différents villages du secteur reviennent à son sénéchal pour Toulouse et le Razès, Pierre de Voisins. Plus tard, le village de Bugarach sera érigé en viguerie et sera mentionné dans plusieurs textes. Néanmoins, la partie la plus importante de son passé historique se situe dans le rôle considérable qui fut le sien dans le développement économique du XIX^{ème} siècle et du début du XX^{ème} siècle en Haute Vallée de l'Aude.

Durant le règne de Louis XV, la guerre de Sept ans (1756-1763) fait des prisonniers parmi la population bugarachoise. Les hommes se retrouvent en Haute Silésie (Pologne) et confectionnent des chapeaux. De retour dans leur village, ils perpétuent ce savoir-faire en utilisant les ressources de la région, laine des moutons, outils en bois, l'eau des rivières. C'est ainsi que naît l'industrie chapelière qui se déplacera sous le Second Empire à Espéraza pour des raisons pratiques (musée de la Chapellerie à Espéraza). Aujourd'hui, le village, avec ses 176 habitants (1999), a une activité essentiellement agricole évoluant avec ses gîtes et chambres d'hôtes, vers l'accueil touristique.

Le village de Bugarach détient un passé historique important et a joué un rôle considérable dans le développement économique au début du XX^{ème} siècle en Haute Vallée.

On notera également cette anecdote «métrique»[112], relevée par Alder, Ken. *Mesurer le monde. 1792-1799:*

*l'incroyable histoire de l'invention du mètre. [The measure of all things. The seven-year odyssey and hidlden errors that transformed the world]* translated by Martine Devillers-Argouarc'h. 2002; reprint, ·Paris: Flammarion [Champs Histoire], 2008 :

Au cœur du massif se dresse une montagne isolée à deux têtes, que Cassini avait utilisée lors de la Méridienne vérifiée de 1740, et que Méchain allait lui aussi reprendre : le pic de Bugarach, plus connu sous son nom occitan, Pech de Bugarach.

Le Pech du Bugarach faillit avoir raison de Méchain. Cet énorme rocher calcaire était considéré comme sacré par les gens de la vallée. La petite ville située au pied de la montagne abritait huit cent vingt habitants, un magasin,

---

112    Document communiqué par Véronique Campion Vincent.

trois moulins à eau et, tout près de là, une mine de jais, une variété de lignite noire et dure avec laquelle les gens du pays fabriquaient des bijoux. [...] Rien n'aurait pu convaincre ces hommes [qui avaient porté en haut du sommet les caisses du cercle et le bois pour le signal] de renouveler leur performance. Ils refusèrent également de monter la garde auprès des instruments la nuit, ou de rester près d'eux à les surveiller durant la journée. Le sommet en forme de dent de requin était balayé par d'effroyables coups de vent. Le nouveau signal était le troisième en place. Le mois précédent, un ouragan avait détruit celui que Tranchot [assistant de Méchain] venait de poser pour remplacer le premier, qu'il avait construit deux ans plus tôt. L'endroit était risqué. Les villageois imputaient cela aux *sinagries*, des esprits qui, disait-on, pouvaient foudroyer un homme d'un simple regard malveillant[113].

À la fin du siècle dernier, Bugarach devient une destination hippie puis New Age, une croyance se répandant au début du XXIème siècle selon laquelle le village serait épargné par la « fin du monde de décembre 2012 ».

## AUX ORIGINES DE LA LEGENDE
### *Les deux droites parallèles*

---

113      Archives de l'Observatoire de Paris, E2-19, Méchain à Lalande, 3 brumaire an IV, 25 octobre 1795

Le déclencheur :

Pose du problème : le calendrier maya annonce la fin du monde pour le 21 décembre 2012 ; seuls les « réfugiés » du Bugarach seront sauvés. Cette « information », relayée par internet, sera portée à la connaissance du Maire de Bugarach et de son conseil en décembre 2010. La presse (française mais aussi internationale) s'en emparera très vite, créant un gigantesque buzz. Un exemple, l'article du du 18 février 2011 sous la signature de Cyril Hosfein © : ... *Le pech serait une base secrète où des ovnis viennent se ravitailler. Mieux, il abriterait une cavité souterraine où les archives d'un monde surnaturel attendraient d'être découvertes par des « appelés ». Certains y recherchent des ondes telluriques bénéfiques, ou s'adonnent à des rites où se mélangent bouddhisme tibétain, rites amérindiens, hindouisme, taoïsme, civilisation celtique, fantasmes cathares et secrets des templiers. D'autres cherchent le trésor mystérieux de l'abbé Saunière, le célèbre curé du village voisin de Rennes-le-Château, tandis que des «initiés» prétendent que le survol de la montagne est interdit aux avions en raison de son magnétisme – une affirmation formellement démentie par la Direction générale de l'aviation civile – et que « tout y finira pour mieux recommencer avec les élus du nouveau monde »...*

Il est à noter que tous les textes de cette « avalanche éditoriale » se ressemblent, manifestement inspirés les uns par les autres.

En fait, nous sommes à la jonction de deux

droites parallèles qui ne devraient pas se rencontrer.

### Le calendrier maya et la thématique de l'Apocalypse

Comme beaucoup d'autres calendriers, le calendrier maya fait la distinction entre temps longs et temps courts. Tous les calendriers ont en effet leurs changements d'ère (l'ère du verseau dans le calendrier astrologique occidental ; l'ère de Kali-Yuga dans le calendrier hindou). Mais changement d'ère n'implique pas fin du monde ! Yves Lignon écrivait à ce sujet, sur le site internet d'André Galaup : *Parlons en un peu de ce calendrier Maya. Comme tous ses pareils il est basé sur la notion de cycle puisque la vie de la nature est cyclique. Sa structure est seulement plus complexe que celle que nous visualisons sur l'Almanach du Facteur. Sans doute est-ce la raison qui le rend un peu difficile à manipuler par les amateurs. Oui, d'après le calendrier Maya un cycle est actuellement proche de s'achever mais, n'en déplaise aux auteurs d'erreurs de calcul volontaires ou non, proche, pour les Mayas, c'est l'an 2220 de notre ère. Et prière de ne pas s'imaginer que, rectification faite, nous ne disposons que d'un sursis de 208 ans pour mettre nos affaires en ordre. Le calendrier Maya ne présente nullement le cycle en question comme devant être le dernier de l'histoire de l'humanité.* (http://www.rennes-le- chateau-en-quete-de-verite.com/bugarach_2012.htm)

### La Mythologie récente du Bugarach

L'irruption du Bugarach sur la planète

«fantastique» est relativement récente. Le pech n'est pas mentionné dans l'ouvrage culte de Gérard de Sède sur Rennes-le-Château (*L'or de Rennes*, Julliard 1967[114]). L'auteur y vient en revanche longuement dans *Rennes-le-Château, le dossier, les impostures, les fantasmes, les hypothèses* (Robert Laffont, 1988). Il y signale en effet une des premières sources de la mythologie. Il s'agit de *Refuge of The Apocalypse : Doorways into others Dimensions* de Elisabeth Van Buren (C.W Daniel, 1986) : *Projetant une carte du ciel sur une carte de la région (l'auteur) croit apercevoir sur le terrain l'image de toutes les constellations zodiacales et même quelques autres. Dès lors, la symbolique et l'horoscope des lieux s'élaborent, pour ainsi dire, d'eux-mêmes. Certes, cette transfiguration ne s'opère qu'à la faveur d'une propension accusée à la rêverie et d'une boulimie de lectures occultistes. Elle exige une étourdissante habileté à jouer avec les mots et les images, cette singulière alchimie du verbe qui permet, par exemple, à notre sympathique magicienne de voir dans Sainte-Germaine de Pibrac, statufiée dans l'église de Rennes-le-Château… la représentation féminine du Comte de Saint-Germain. La région de Rennes-le-Château/ Rennes-les-Bains étant ainsi promue au rang de «Temple des Etoiles», il suffit de lui appliquer l'adage hermétique «Tout ce qui est en Haut est comme tout ce qui est en Bas» pour être assuré qu'au «Temple des Etoiles» doit nécessairement correspondre un « Temple Souterrain ». Et ici Elisabeth Van Buren n'hésite pas à poser cette fascinante question : ce temple*

---

114    Réédition EODS 2007 avec de nombreux documents inédits.

*souterrain ne serait-il pas l'Agartha, le royaume chtonien des Maîtres du Monde, lieu « promis au pôle de refuge pour une petite élite spirituelle lors des catastrophes cosmiques ? ».*

## LE DEVELOPPEMENT DU MYTHE

Mais c'est en 1996 que Jimmy Guieu va porter un grand coup à la fabrication de la légende. Jimmy n'était pas seulement l'écrivain de science-fiction bien connu, mais aussi un enquêteur de l'étrange pour le moins passionné. La série Les Portes du Futur, réalisée par Ciné Horizon, retrace ses recherches. Celles-ci sont bien évidemment passées par Rennes-le-Château. Les deux cassettes[115] produites sur le sujet (*Le Grand Mystère, L'Héritage*) ne ressortent assurément pas de la catégorie « documentaire ». Il s'agit d'un travail à thèse, spéculatif, qui n'est pas à prendre au premier degré ! Pour ce qui concerne le Bugarach, tout y est. Jean de Rignies (Jean Charlatte), qui réside au domaine de la Sals au pied du Bugarach, nous parle de la base d'ovnis souterraine et produit ses enregistrements de « moteurs ». Il sera par la suite démontré qu'il s'agissait de l'enregistrement du « moteur » du magnétophone !

*Oui, que j'ai enregistré à plusieurs endroits d'ailleurs, dans le salon de la maison et ici, où l'on entend comme si l'on était dans une imprimerie avec des rotatives. Un bruit mécanique, oui, un bruit de moteur carrément. Alors, il y a quelques années, des*

---

115      Réédition sous forme de DVD par EODS (2008)

*amis qui sont dans des sphères officielles (évidemment je tairai le nom, vous comprendrez pourquoi) ont amené un de leurs amis qui était en Amérique, à la NASA. Ils sont venus avec un appareil de détection souterrain, un magnétomètre à protons mais doublé de VHL, enfin il paraît qu'il n'y en avait que 7 dans le monde à l'époque et il s'est avéré qu'une fois la cassette passée à l'ordinateur et à l'imprimante, nous avons eu la radiographie du sous-sol. Il se trouve qu'à 25 mètres de profondeur, il y a une coupole «métallique» qui fait 30 mètres de long sur 15 mètres de large, d'une forme ellipsoïde avec 1 mètre d'épaisseur et 3 mètres de flèche. Alors naturellement, ce n'est pas une construction humaine. C'est une des constructions de la base spatiale qui se trouve ici, en dessous, une base souterraine extraterrestre qui s'étale sur des kilomètres et des kilomètres.*

Jean-Michel Thibaux[116], pour sa part, laisse entendre que cette région est particulièrement surveillée par les services secrets :

*Sous Rennes-le-Château, c'est comme une coquille vide. Il s'est passé beaucoup de choses mais il n'y a plus rien à l'intérieur. Il faut chercher ailleurs, savoir pourquoi l'abbé Saunière se déplaçait, pourquoi il faisait des recherches autour de Rennes, assez loin d'ailleurs parce que d'après ce que l'on a pu en estimer, il allait au moins à 5, 6 voire 10 km de l'église pour faire ses recherches. Où allait-il ?*

---

116     Auteur de nombreux romans dont *L'Or du Diable* sur Rennes-le-Château (Orban, 1987), roman qui sera repris sous forme de série télévisée.

Alors, certains vont chercher en direction du Bugarach, qui est une montagne. Et là, ça devient passionnant car l'on s'aperçoit que cette montagne, c'est un couloir qui est interdit, cela n'a jamais été dit, je pense, c'est un couloir qui est interdit aux vols aériens, pour la bonne raison que lorsqu'on passe au-dessus de la montagne, tous les appareils électroniques et les compas magnétiques sont déréglés.

C'est une montagne qui est plus au moins sous la surveillance d'un régiment de parachutistes, tout à fait officiellement, et de la gendarmerie. C'est un lieu qui est hautement convoité, ainsi que des lieux voisins par, je dirai, les Allemands en général, qui s'y intéressent depuis très, très longtemps. Il y a aussi, sous le couvert du ministère de la culture des gens qui, tout officiellement, cherchent et fouillent dans le coin et là, il y a un budget qui est assez conséquent pour ces fouilles. Lorsqu'on les interroge, ils nous disent qu'ils sont à la recherche d'un ancien manuscrit qui expliquerait l'histoire de l'humanité. Alors ça fait beaucoup de choses : les militaires, la gendarmerie, des groupes allemands vraisemblablement mandatés par des banques allemandes, l'état français, sans compter tous les autres, les privés.

Alors, on se dit : qu'est-ce qu'il peut y avoir là dessus ? Heureusement que j'ai encore pas mal d'amis, que ce soit au Ministère de l'Intérieur ou au Ministère des Armées et j'apprends qu'il existe un dossier classé confidentiel sous le titre «mérovingien». Et là, on retrouve tout un tas de personnages historiques depuis le 17ème siècle jusqu'à nos jours, avec des conservateurs de musées actuels, avec Emma Calvé dans le listing qui est sous le sigle «mérovingien». Et *c'est très, très étonnant. On apprend aussi que peut-être le CNRS s'intéresserait aussi de très, très près à cette question et d'après ce que je sais, je vous dis sous toutes réserves, ce sont des sources intéressantes c'est vrai, de première main mais encore faudrait-il qu'on puisse les vérifier, je vous le livre comme on me l'a livré, le CNRS et l'armée chercheraient, dans la région de Rennes, une porte temporelle, un nœud du temps.*

Ces « hypothèses fantastiques » seront reprises tout à loisir par Henri Buthion, propriétaire du domaine de l'abbé Saunière à l'époque, qui les partagera volontiers avec les visiteurs de l'époque.

Mais ce sont certainement les ouvrages de Jean d'Argoun (Philippe Julien) qui ont fabriqué la « Mythologie grand public ». Retenons, dans une abondante production[117], *Issahâ, la Lumière qui vient* (Tredaniel, 1997), *La Révélation d'Issahâ* (id, 1998), *Bugarach, la Montagne Sacrée* (id, 2001), *L'Ultime Secret de Rennes-le-Château* id, 2003), *Rennes-le-Château, l'œil de Dieu* (Lanore, 2005), *Révélation sur le Mont Bugarach* (Chante Perle, 2006).

Jean d'Argoun est un auteur « militant », souvent présent dans la région où il organise des circuits-conférences. Il se présente comme un « contacté », ayant rencontré (sous forme holographique) un être appelé Arkâ, ummite[118]

---

117    Jean d'Argoun a également beaucoup publié sous support vidéo auprès de Debowska Productions (Rennes-les-Bains).

118    D'après wikipédia : **Ummo** (dans la transcription

en provenance du système d'Altair dont la divinité est Issahâ. Ce visiteur d'ailleurs aurait remis à l'auteur un texte, sous forme de «logions», annonçant la future apparition, au sommet du Bugarach, d'un immense vaisseau spatial. Il rencontra ultérieurement un autre être, Orthûs, qui serait l'un des Sept Veilleurs du Bugarach. Ce dernier protégerait la terre contre les visées maléfiques de la race maudite des Azrias. Il confia à Jean d'Argoun un gros cristal mauve qui le transporta dans une salle souterraine… Ultérieurement, l'auteur vit un immense vaisseau spatial envoyé par Arkâ, et on lui annonça que la Maître Nemrod-Yhwh allait reprendre un corps sommeillant pour l'instant au cœur du Bugarach. On apprend aussi que le lien entre la planète Arkâ et la terre se fait par un tunnel de lumière qu'il appelle vortex, que le mont est surveillé par un satellite-espion de la NASA… Les «révélations» de l'auteur vont ultérieurement se corser par l'entrée en scène de Patricia, une amie décédée depuis, qui vivait en ermite sur le Pech. Témoin de nombreuses apparitions et de rencontres

---

espagnole « initiale ») ou **Oummo** (en prononciation française) est le nom d'une planète hypothétique qui se trouverait à environ 14,4 années-lumière de la Terre, suivant les « révélations » faites par l'intermédiaire de divers courriers dactylographiés reçus à partir du milieu des années 1960, en grande majorité en Espagne mais également dans d'autres pays. Ces lettres auraient été écrites par des membres d'une civilisation extraterrestre, les « Ummites », se présentant comme les habitants de cette planète. Certains analystes considèrent cette affaire comme un canular élaboré.

avec d'étranges personnages, elle mettra Jean d'Argoun sur la piste du mystère de la forêt de Sougraine où vivait une ethnie inconnue, « le Peuple des Châtaigniers ».

Mais le plus incroyable reste à venir. La conscience d'Issahâ lui révèle que son corps repose depuis des millénaires dans un vaisseau (un vimana) contenant tout l'ancien héritage scientifique, culturel et spirituel des Atlantes. Le corps de ce Messie est en léthargie à l'intérieur du Bugarach.

J'arrête là l'analyse des travaux[119] de ce contacté, travaux de plus en plus touffus au fil des ouvrages et souvent truffés de contradictions. Mais on aura compris l'essentiel :

le Bugarach est une montagne sacrée, abritant un immense vaisseau, une divinité qui se « réveillera un jour ». D'après les confidences d'un autre émissaire, Monsieur Thot, la divinité devient du reste le roi Nemrod…

Une autre belle pièce, qui n'a pas été publiée à ce jour, est le projet *Opération Mélusine* de Franck Marie. Le synopsis, daté de 2000, se propose de mener une enquête serrée pour retrouver, sous le Bugarach, une base d'OVNIS et des extraterrestres « congelés », suite à un crash survenu il y a bien longtemps. Guy Tarade

---

119    Une analyse très complète des travaux de Jean d'Argoun figure sur le site internet « ufologie » : http://www.mondenouveau.fr/index.php?option=com_content&task=view&id=41&Itemid=50

figure parmi les conseillers-documentalistes de l'opération.

Cela dit, la tonalité « cosmogonique » est lancée.


En 2004[120] paraît en effet chez Ariane un très curieux ouvrage intitulé : *Révélations d'Arcturus*. Le *channel* espagnol ayant canalisé les informations provenant des sources extraterrestres concernées est connu sous le pseudonyme de Ramathis-Mam. Voici ce que l'on peut lire à propos du mont Bugarach : *Ajoutons quelques mots sur ce lieu. Autrefois une base souterraine de la Confédération, il a été abandonné pour des raisons de logistique et de fonctionnement. Toutefois, à cet endroit se trouve un grand modulateur d'énergie qui sert à capter, à distribuer et à relier la radiation cosmique que la Confédération est en train de distribuer aux différentes villes souterraines et bases marines qui sont nôtres sur votre planète.*


En 2004[121] paraît, toujours chez Ariane, un livre dont le contenu a été transmis à une jeune *channel* française, Nathalie Chintanavitch : *La Délivrance par le Soleil*. Les intervenants (ou sources « canalisées ») sont Chandra, Hildon et Flex, de la « civilisation ascensionnée Inca ».

---

120    Cité par le site internet « ufologie ».
121    Idem.

Voici un passage de ce livre : *Très prochainement, vos guides vous mèneront vers deux centres énergétiques sous lesquels sont établies deux villes souterraines qui oeuvrent actuellement pour les hommes de la Terre. Ces centres sont situés dans la chaîne montagneuse que vous appelez les Alpes. Un troisième s'ouvrira également sous vos pieds, dans une région que beaucoup connaissent déjà, au pied des Pyrénées dans le sud de la France.*

Ce troisième centre correspond probablement au Bugarach. L'ouvrage d'André Douzet (en fait un fanzine) est peut-être le plus complet sur le sujet (ce qui ne veut pas dire le plus fiable) : le Bugarach est une montagne sacrée et la brochure qu'il propose, *Et in Burgario ou les Enigmes du Bugarach* (auto-édition 2005) veut nous en administrer la preuve. Comme d'habitude chez cet auteur, il nous est proposé une série d'éléments sans liens apparents, mais dont l'accumulation laisse supposer l'existence de lourds mystères. Le cœur du dossier s'articule autour de deux ventricules. La première consiste en une reproduction d'étranges graffitis relevés dans le château de la commune et en une tentative de décryptage symbolique. Le second est la relation d'une mystérieuse affaire Bettex, du nom d'un chercheur qui serait décédé après avoir exploré l'un des souterrains de la montagne. Une affaire qui, hélas, n'est nullement documentée autrement que par les affirmations de l'auteur. Un large crochet est par ailleurs opéré par l'Ermitage voisin, celui de Galamus, avec un renvoi à l'ouvrage de Luc Alberny, *Le Mammouth Bleu* (1935). Un récit assurément initiatique !

Cela dit, c'est parti... Je lis dans la postface d'un roman sorti fin 2010 (*Serpent Rouge*, Henri Ludianov, Éditions Galathée) : *Depuis la seconde guerre mondiale, les autorités françaises et certaines officines, tant privées que publiques, tentent en vain de localiser La Cathédrale Blanche. En 1972, quatre agents du MOSSAD, qui effectuaient des fouilles clandestines non loin de Rennes-les-Bains, furent arrêtés et expulsés vers Israël. Entre 1983 et 1986, le président Mitterand fit secrètement réaliser une série de forages entre le Mont Cardou et le pic du Bugarach. Certains de ces puits, qui descendent à une cinquantaine de mètres sous terre, sont encore visibles de nos jours. Tout près de cette zone à l'espace aérien interdit se trouve un camp militaire strictement réservé aux hommes de la DGSE, les services secrets français. C'est le seul camp militaire de cette nature en France.*

Actualité apocalyptique oblige, les livres sur le Bugarach se mettent à pleuvoir cet été 2011. Celui de Charly Samson, 2012, *Si Bugarach m'était conté* (auto édition repris par EODS) est agréable à lire. Car l'auteur est un amoureux du mystère et c'est « la belle histoire » de la Montagne sacrée qu'il nous raconte. Le livre fourmille de souvenirs truculents partagés avec Guy Tarade, Henri Buthion, Jean de Rignies. On y entend les bruits de l'activité trépidante du garage à OVNIS, on y rencontre de bien étranges élohims à la recherche des filles des hommes, on y partage avec Jeannette Blum une curieuse expérience de voyage dans le temps. Et quant on sait que Nostradamus, Jules Verne et les Mérovingiens sont de la partie, on comprendra aisément mon enthousiasme.

Avec *La Magie de Bugarach* (auto édition, juillet 2011), Viviane Betz nous convie à une excursion chamanique dans cette belle région du Razès. A Rennes-les-Bains d'abord, à la découverte de lieux magiques qui ont pour nom Fauteuil du Diable, Roches Tremblantes, Source de la Madeleine ou Fontaine des Amours. Sur la Montagne Sacrée ensuite, en compagnie de tout le petit peuple de la région. Un hymne à l'amour de la nature et à la beauté des paysages, le tout agrémenté de très jolies photos. Qu'elle est loin, l'Apocalypse de 2012 !!!

Les « contactés » ne sont pas en reste. Marie-France Garaude et Alain Pasty témoignent, dans *Une déchirure dans l'Espace-temps* (Le Temps Présent, 2010) d'une étrange rencontre avec peut être des êtres d'un autre monde. Annonce faite par les *Repas Ufologiques Parisiens* ayant invité les auteurs en avril 2011 : *Bugarach, un lieu d'actualité à propos duquel les rumeurs les plus folles sont lancées au public par les médias. On y évoque même la fin du monde, des bases secrètes extraterrestres, le tout à partir d'indices, de témoignages, mais pas de preuves incontestables. Nous aborderons lors de notre Repas Ufologiques Parisiens du 5 avril 2011 ce haut lieu du mystère avec la présence de Marie-France Garaude*

*Pasty, Journaliste, écrivain et conférencière et de Alain Pasty, Professeur agrégé de lettre, domiciliés tous deux dans cette région et qui nous racontent une bien étrange rencontres accompagnées de nombreux phénomènes. Nous nous plongerons dans ces étranges histoires, irréelles, dans ce lieu mythique situé non loin de Rennes-Le-Château, domaine de l'étrange aventure de l'abbé Saunière. Sujet d'avant garde, aux frontières de l'impossible, c'est sous cet angle particulier que nous traiterons ce sujet, particulièrement insolite.*

Conférences ? Le sujet « Bugarach » dépasse désormais le cadre du livre et déborde sur les écrans. Un bel exemple nous a été donné par *Debowska Productions*, société venue proposer sa réalisation (*Bugarach 2012, un nouveau monde en marche*) au cinéma l'Escurial à Paris, en février 2011.

Quelques notes prises à l'issue de la projection :

La salle est maintenant pleine à craquer ; nous relevons 200 personnes. Malgorzata Debowska fait son apparition, et, avec son accent savoureux de Pologne, nous explique son bonheur de vivre à Rennes-les-Bains, à 5 km de Rennes-le-Château et 6 km de Bugarach. Elle y exploite avec son mari une petite affaire de production vidéo, centrée sur le développement personnel et les grands mystères.

Accroche publicitaire :

*Depuis quelques mois, une rumeur étrange se*

*répand, répercutée par les grands médias : le calendrier Maya laisserait prévoir la fin du monde pour le 21 décembre 2012. Et, récente « information », un site serait préservé :*

*Bugarach. Nous ne pouvions rester indifférents. Plusieurs chercheurs en diverses matières s'expriment dans le film que nous vous présentons. Ce film n'a rien d'un scénario catastrophe, au contraire. Les intervenants sont d'accord pour nier un déterminisme nous conduisant à des catastrophes inévitables. Nombreux d'entre eux voient même, dans la période agitée que vit notre planète, l'occasion de revenir aux valeurs fondamentales et de laisser le matérialisme ambiant à une place plus modeste. « Connais-toi et tu connaîtras la Nature et les dieux : La devise du Temple de Delphes semble plus que jamais d'actualité. »*

Les images sont belles, et il faut le reconnaître, le pic de Bugarach est un endroit magnifique. Selon les géologues, il s'agit d'une montagne « inversée », les couches s'étant « retournées » suite à un bouleversement tellurique. Nous entrons dans le vif du sujet par une interview fort sympathique du boulanger du village (190 habitants) qui commente d'un ton rigolard le buzz qui se développe actuellement autour de sa commune. Car il est bien certain que les modestes capacités d'accueil du lieu seront largement insuffisantes pour faire face à l'afflux de candidats à la survie que les médias annoncent en milliers, voire en millions. Le boulanger du reste de conclure, « mais c'est la terre entière qui va se retrouver ici ». Puis le film bascule doucement vers ce qu'on appelle désormais « le next âge », avec sa cohorte de paisibles chamanes, prophètes et autres éveillés qui chantent, prient et dansent (L'un d'entre eux s'appelle « Aigle Bleu »). Ce n'est plus de fin du monde dont on parle, mais de la fin d'un cycle. Il faut se débarrasser de sa vieille enveloppe, s'ouvrir à la nature et à l'amour. Au son des tambourins et avec force plumes et tatouages criards. Quelques parenthèses nous sont proposées. On y voit le chercheur Christian Doumergue crapahuter sur le mont voisin, celui du Cardou, à la recherche d'un tombeau sacré. Car la région est riche en Mythes et Légendes et celle de la Tombe Perdue est devenue très populaire. On y croise également le chercheur Jean Blum parlant à mots couverts des lourds mystères de la région et de la malédiction qui plane sur le Bugarach. Il illustre ce dernier point en faisant allusion à l'affaire dite Bettex (cf. supra). Mais le bon sens reprend rapidement le dessus et Jean Blum conteste fortement toute probabilité de fin du monde et donne rendez-vous au public début 2013 pour un apéritif géant.

Cette dernière réalisation est d'autant plus intéressante qu'elle montre parfaitement le glissement du sujet, passant insensiblement de « la fin du monde » à celui de « l'émergence d'un nouveau monde », fait d'amour et de paix. Genny Rivière, dans *L'Appel du Bugarach, Vortex de la terre* (Les 3 Monts, 2007), illustre bien cette évolution. Le Bugarach devient un centre privilégié de ressourcement et de développement personnel.

L'auteure y anime du reste des stages.

On ne serait enfin pas complet sans faire remarquer que la littérature populaire « classique » s'est elle aussi intéressée au sujet. Nous avons déjà cité *Le Mammouth Bleu* de Luc Alberny (1935,[122]) dont l'action se déroule sous le pech ; rappelons également Clovis Dardentor de Jules Verne (1896,[123]) qui fait intervenir un certain « Capitaine Bugarach ».

Se développe encore, et c'est tout à fait récent, un courant romanesque ou poétique sur le sujet :

Et bien voilà, c'est fait. Grâce à Maurice Prevel, le Bugarach inaugure un nouveau courant de fiction littéraire dédié aux mystères de la montagne sacrée. Et *La Pierre Noire de Bugarach* (Amigaya 2012) est un essai parfaitement transformé. Une énigme, bien sûr, qui tourne autour d'une mystérieuse pierre gravée que recherchent activement divers personnages pas toujours bienveillants.

Mais surtout le prétexte à nous plonger dans la mythologie locale et ses différents acteurs particulièrement bien croqués. On sent que Maurice Prevel (pseudo de trois amis) connaît bien le milieu dans lequel il s'est profondément immergé. C'est passionnant, avec des héros attachants et bien sûr la petite touche d'érotisme nécessaire à relever tout bon plat.

La littérature de fiction bugarachienne

---

122     Réédition EODS 2005.
123     Réédition EODS 2007.

continue de remplir nos bibliothèques, et c'est encore une belle surprise que nous offre Henriette Delascazes avec *Les Compagnons de Bugarach* (Edilivre 2012). L'action se déroule dans un univers clos, un hôtel restaurant près du Pech, géré par une grande famille qui a connu un drame atroce (disparition de la mère, épouse du chef de la « tribu » et de sa fille) et sur laquelle plane un lourd secret. L'action débute à la façon de « la Grande Bouffe » ; puisque c'est bientôt la fin du monde, ne sous privons pas. Et le père de famille, avec une bande de joyeux comparses, d'attaquer les huîtres et la tête de veau dès huit heures du matin. Mais ce n'est que l'arbre qui cache la forêt. Car la trame essentielle du récit est celui de la secte, une redoutable organisation passé maître dans l'art de l'escroquerie la plus sordide : capturer des femmes faibles et riches pour les forcer à donner leurs biens ; mais aussi enlever des jeunes filles fragiles auxquelles des émules du Docteur Mengele réserveront les meilleurs traitements. C'est bien écrit, haletant de bout en bout… Bravo !

Et une nouvelle fiction bugarachienne, cette fois très différente des premières : avec Fin du Monde à *Bugarach*, Wladimir Vostrikov (lulu. com, 2012) nous fait pénétrer dans un cercle très fermé, le « Phalanstère du Razès », étrange société philosophique qui réunit 12 membres, aujourd'hui septuagénaires, et éparpillés tout autour de la planète. Et l'on va participer à leurs nombreuses réunions, entre deux avions, dans les meilleurs hôtels internationaux et autour de tables respectables. Ils ont été sélectionnés par d'obscurs ecclésiastiques et ont pour point commun une généalogie qui remonte à des familles de la Haute-Vallée. Quel est leur but ? Pas évident, malgré le nombre d'exposés qui nous est infligé que d'aucuns qualifieraient de « planches » : politique, économie, finance, écologie, apocalypse bien sûr. Et avec en arrière-plan une mystérieuse force, le « V », qui n'est ni divine, ni extra- terrestre, et qui régit le monde de façon aveugle. Cela n'est pas sans rappeler les Grands Anciens de Lovecraft. L'une des dernières réunions se déroule chez le correspondant français, qui évidemment demeure à Rennes-les-Bains. Mais à part une séance de thalasso au Boulou et une dégustation de vins locaux à Rennes-le-Château, on ne saura guère ce qui est recherché. Peut être rien d'autre finalement que le plaisir de se retrouver entre copains qui manifestement ne connaissent pas de fins de mois difficiles. Le Bugarach est devenu une source d'inspiration pour les romanciers ; les poètes ne sont pas en reste et Jean-Louis Foumane Azombo, un sénégalais résidant à Marseille, publie un recueil intitulé *Et Dieu créa Bugarach* (Edifree, 2012). De la poésie hyper réaliste, puis que le récit de son ascension sur la montagne sacrée se termine de la sorte :

> *Je me hisse, épuisé !!!!*
> *Je suis aussitôt pris,*

*Comme le pauvre Amstrong,*
*Au moment de poser son pas*
*Sur l'astre lunaire,*
*Par une de ces coliques,*
*Une colique inhumaine !*

Amis poètes, bonsoir…

# LE CONTENU DE LA LÉGENDE

En fait, de tout cet ensemble « littéraire », on voit bien se développer deux courants assez différents, même s'ils se recoupent parfois :

### *Le Bugarach et les « sciences secrètes »*

Nous sommes ici sur une matière première assez proche de celle de Rennes-le-Château que l'on peut ainsi lister : Ovnis et extraterrestres (cf. en annexe un extrait du site internet « ufologie ») : de nombreuses observations ( ? ), une base secrète, un crash survenu dans l'antiquité, des cadavres d'ET congelés, des divinités ET…

Terre creuse, Shamballah, Agartha Trésor, dépôt sacré, tombeau royal

Dérèglements magnétiques affectant les avions, les appareils électroniques

L'affaire « Bettex » ou l'accident étrange arrivé à un chercheur suisse sous la montagne (cf. en annexe le compte-rendu ODS sur le sujet). Cette affaire, **qui n'a jamais été documentée** par son « inventeur », André Douzet, est régulièrement reprise comme fait avéré par toute la littérature sur le Bugarach (cf. par exemple en annexe l'article de Jocelin Morrison pour Nexus). *Opération Orth*, Trédaniel 1989.

### Le Bugarach et le « Next Age »

Nous sommes ici sur une matière première assez proche de celle de Rennes-les-Bains : cette région est un pôle de ressourcement, propice au développement personnel.

Stages de développement, fondés sur les quatre éléments et le chamanisme ; cf. l'exemple de Genny Rivière et des travaux de l'anthropologue Thomas Gottin (le public des stages).

Dès lors, 2012 ne sera pas la fin du monde, mais celle du vieux monde qui fera place à un monde nouveau fait de lumière, d'amour et de paix (cf. les films de Debowska Producions).

Conclusion : Novembre 2010, comment les deux droites parallèles se sont rencontrées.

Clin d'œil : Opération « Mort à Crédit ».

Les folles journées des 21 & 22 décembre 2012.

# L'AFFAIRE DU MONASTÈRE DYNAMITE[124]

Cette étude fait suite à celle que nous avions proposée dans le troisième numéro de la Gazette dans un article intitulé : *Comment fabriquer un Mythe ? Mode d'emploi : le cas de Rennes-le-Château.* Nous ne reprendrons pas l'histoire du « curé aux milliards », d'autant plus qu'elle a été très largement popularisée récemment par nombre de productions télévisuelles, toutes réalisées dans la foulée du succès du *Da Vinci Code* de Dan Brown[125]. Nous voudrions par contre revenir sur

---

124     *Gazette Fortéenne n° V*, EODS, 2012.

125     Il serait long et fastidieux d'énumérer toutes ces réalisations. Nous ne citerons ici à titre d'exemple que l'une des meilleures (extrait de La Bibliothèque de Bérenger, ouvrage à paraître) :

Discovery Channel nous gâte en ce début d'année avec un épisode de sa série **Legend Detectives** consacré à Rennes-le-Château (15 janvier 2006). J'adore ces histoires de « détectives de l'étrange », et l'équipe est parfaitement composée ; une animatrice, un chercheur romantique, un vilain sceptique et un médium à qui il est fait ponctuellement appel comme conseiller ! Mais qu'on ne s'y trompe pas, le reportage est sérieux et bien documenté. On démarre bien sûr par la recherche du trésor, avec les souvenirs de Claire Corbu et les déclarations d'un très grand chercheur, un certain Debrou. Une recherche qui aboutit sur une impasse, ou plutôt sur une audacieuse opération de marketing orchestrée par Noël Corbu. On s'interroge ensuite sur le phénomène littéraire déclenché par l'affaire, en oubliant du reste de Sède pour se focaliser sur l'Énigme Sacrée. Nouvelle impasse sur fond d'imposture instrumentée par Pierre Plantard. Mais alors tout est-il faux dans l'affaire des parchemins ? Antoine Captier laisse planer un doute en nous racontant l'histoire de la petite fiole retrouvée dans

la thématique suivante, évoquée dans l'article en question : on entend en effet souvent dire, dans les milieux « saunièrisants », que parmi les milliers de villages français, et au sein de la population de leurs curés, une telle « affaire » ne s'est produite qu'à Rennes-le-Château et qu'avec le seul Bérenger Saunière. Ce qui est totalement faux.

D'abord parce que dans l'entourage même du pasteur castelrennais, plusieurs ecclésiastiques se sont également retrouvés à la tête de capitaux importants, de provenance douteuse ou indéterminée. On citera l'abbé Gélis, curé de Coustaussa, qui mourra du reste mystérieusement assassin.[126] On

---

le balustre. Ceci dit, l'explication de l'enrichissement du prêtre n'est-elle pas tout simplement rationnelle ? Saunière n'était-il rien d'autre qu'un simple escroc, qui aurait quelque peu forcé son talent sur les trafics de messe ? Cela donnera l'occasion à Octonovo, chaudement installé dans les salles lambrissées des Archives Départementales de l'Aude, de nous parler de la comptabilité de l'abbé.

Mais ce serait sans compter sans la prestation du consultant-médium qui va semer joyeusement le trouble ; il sent de lourds secrets liés à la religion, il flaire la présence sulfureuse de Marie-Madeleine, il devine de noirs desseins de Saunière à l'encontre de Gélis. Et de nous retrouver chez le chercheur de Durban qui a localisé le Tombeau du Christ et qui jouera aux enquêteurs son morceau de maquette préféré. Commentaire du sceptique : tout cela est de la fiction, Douzet ne montre jamais ses preuves !

Légende ou machination occulte? Le débat ne sera (heureusement!) pas tranché, mais l'émission était assurément passionnée et passionnante.

126      Extrait de La *Bibliothèque de Bérenger* :

Cette affaire a été épluchée par Jacques Rivière, accompagné de Claude Boumendil et de G. Tappa, dans **Le Secret de l'abbé Gélis, la piste corse** (Belisane 1996). Un excellent bouquin dans la mesure où il reprend la quasi intégralité des actes judiciaires (interrogatoires, confrontations, ordonnances etc…) et permet au lecteur de se forger une opinion précise. Il est vrai que le neveu de Gélis, Joseph Pagès, fait figure de principal suspect, dans la mesure où ses problèmes structurels d'argent l'amenaient à emprunter tous azimuts et à certainement devoir solliciter son oncle qu'il savait fortuné. Gélis, du reste, avait coutume de placer son argent en faisant acheter des bons par un autre prêtre de ses amis, afin de se protéger « contre lui-même » et de pouvoir affirmer aux solliciteurs qu'il n'avait plus de cash ! Autre élément à charge contre Joseph Pagès, un alibi assez hésitant en ce qui concerne son emploi du temps la nuit du meurtre. Mais rien de concret pour amener le Tribunal à inculper formellement l'intéressé. Reprenant l'enquête, nos auteurs auront plus de chance et retrouveront la fabrique du papier à cigarettes Tsar, une certaine maison Léon de Paris, mais qui ne distribuait pas dans la région, cette marque étant plutôt destinée à l'exportation. Alors? La piste de la prostituée Angélina n'ayant elle n'ont plus rien donné, nos enquêteurs posthumes débouchent sur une piste «corse», plus à titre d'hypothèse du reste, convenons en. Une communauté religieuse corse qui aurait trouvé un trésor, une communauté en relation avec Saunière, un Saunière qui utilisait les services de Gélis comme plaque-tournante pour diverses manipulations financières, une somme qui aurait été remise à Gélis et qui aurait disparue… Autre information curieuse, nos auteurs nous apprennent avoir été contactés durant leur recherche par un mystérieux Ordre d'Alet qui semblerait en savoir long sur cette affaire. Quoiqu'il en soit, le meurtre de l'abbé Gélis s'inscrit dans un contexte qui me paraît être le cœur de l'affaire de Rennes-le-Château, si affaire il y a. Nous sommes en effet en présence d'une équipe d'ecclésiastiques qui manipulent des sommes sans commune mesure avec leurs responsabilités directes. Quelle est l'origine de ces fonds, et en dehors de évoquera également Monseigneur Billard, évêque de Carcassonne, qui réalisera plusieurs investissements importants sur ses fonds personnels, comme l'acquisition du domaine de Notre-Dame de Marceille[127].

Ensuite, et si une étude fouillée reste à faire sur l'enrichissement de certains ecclésiastiques à la fin du XIXème siècle, parce qu'il existe au moins une affaire alternative à celle de Rennes.

<u>Le lieu</u> : la commune de Baulou près de Pamiers, dans l'Ariège. Une région proche de celle du Razès, toute aussi riche en histoire ; nous sommes en terres cathares, à proximité du pog de Montségur…

<u>L'époque</u> : la seconde partie du XIXème siècle et

quelques constructions qualifiées de somptueuses, quelle fut leur destination? Laurent Octonovo, qui travaille de façon méticuleuse sur «la Comptabilité de l'abbé Saunière», me disait que tout cela ressemble fort à la mécanique d'une Société Secrète religieuse, dont la vocation reste à établir précisément.

127      Bibliographie de l'affaire du « Monastère Dynamité » :
*Le Sanctuaire Profané*, Gabriel Leucas d'Orsi (1986, Bélisane).
*Le Monastère Dynamité*, Monique Dumas et Jean-François Réglat (1995, Éditions de la Truelle).
*Rennes-le-Château et le mystère de l'abbaye de Carol*, Volterri et Piana (Sugarco Éditions, 2005, en italien).
Dossier de Stéphanie Buttegeg dans le n°4 de *A la recherche du secret perdu* (Association Légendes d'Oc, septembre 2005).
Article de Christian Doumergue dans le n°18 du bulletin de l'association *Terre de Rhedae* (avril 2006).
Chroniques Castelrennaises dans le n°17 de *Murmures d'Irem* (Association l'Œil du Sphinx, juillet 2006).

le tout début du XX^ème, comme dans l'affaire de Rennes-le- Château.

Le « héros » : le Révérend Père Louis de Coma (1822, 1911).

Les faits : un enrichissement important, sur fond de dons (on y retrouve la famille de Chambord) et de trafic de messes...; de somptueuses constructions, et notamment le grandiose monastère du Carol qui voulait rivaliser avec les projets concernant le site de Lourdes ; un culte discret rendu à Marie-Madeleine dans une crypte « intimiste » ; de curieux démêlés avec les autorités religieuses... A noter du reste que ce monastère sera détruit en 1956... à la demande de l'Évêché...

Le décor étant planté, reprenons les principaux éléments de cette affaire qui, contrairement à celle du Razès, n'a suscité à ce jour que peu de littérature. Il est intéressant, à titre de curiosité, de noter que le premier ouvrage publié sur le sujet (*Le Sanctuaire Profané*, Gabriel Leucas d'Orsi, 1986, Bélisane) se présente comme un livre codé. Certains y ont vu une approche inspirée de celle utilisée par Henri Boudet dans *La Vraie Langue Celtique*. A aucun moment l'auteur ne cite clairement le site concerné, mais cherche en permanence, par une utilisation sans ménage de « la langue des oiseaux », à mettre le lecteur sur la piste. Tel ce petit conte local repris dans l'ouvrage et intitulé «Carole et les beaux loups».[128]

---

128    Des échos dans la presse locale :

### Le cadre

Le village de Baulou est situé à quelques kilomètres de la sortie de Foix, direction Saint-Girons. Pour accéder à ce qu'il reste du monastère, suivre le panneau indiquant le lieu-dit du Carol. La première vision est fantastique : un pan de la façade, seul reste des constructions pharaoniques, posée sur un écrin de verdure. On ne peut s'empêcher de se demander pourquoi le Révérend Père de Coma avait choisi un endroit aussi reculé pour établir son prieuré ? Si vous vous rendez sur place, nous vous suggérons d'effectuer une petite escale de courtoisie au gîte rural attenant aux ruines, pour demander l'autorisation de visiter le périmètre et d'assurer la charmante Valérie Joly, responsable des lieux, de la « pureté » de vos intentions. Ce qui est la moindre des choses lorsqu'on sait que le site a été maintes fois souillé et dégradé par des chercheurs peu scrupuleux.

Nous appellerons la première crypte Grotte de Jésus ou encore de Gethsémani. Elle se situe à droite des lieux (côté nord), après ce qu'il

---

« Midi-Libre » signala ce texte l'année de sa publication. Le 21 octobre 1986, André Galaup, journaliste connu et expert dans les affaires de Rennes-le-Château, publia un article intitulé : "*Le Sanctuaire profané*", histoire qui présente un lien avec Rennes-le-Château. Dans cet article, on parle du livre de Leucas d'Orsi dans lequel est signalé un lieu de culte dont on ne fournit pas l'emplacement, mais dont on dit qu'il « se trouve à quelques kilomètres de Foix près d'un ancien monastère » et, qu'en outre, ce lieu mystérieux et Rennes sont dédiés à Marie Madeleine.

reste d'un grand bassin. Malgré un fil de fer barbelé à franchir, l'accès est relativement aisé Après quelques pas apparaît, difficilement visible sous la végétation, une fontaine en fer en forme de gros poisson (griffon). Il faudra se munir d'une torche pour contempler une cavité de profondeur moyenne, avec au fond un Christ sculpté en intense méditation. D'après deux chercheurs italiens qui ont effectué un décryptage photographique des inscriptions portées sur la statue, il serait possible d'y lire la phrase suivante « Factus in agonia prolixius orabat » extraite d'un passage de l'évangile de Luc (22:44), ce qui signifie « En proie à l'agonie, il priait plus intensément ».

Le reste de la phrase citée étant « Sa sueur se transforma en gouttes de sang qui tombaient à terre »...

On remarquera, des deux côtés de l'autel, deux tombes éventrées, qui abritaient des proches de Louis de Coma : Jenhy (Thérèse Carbone), sa sœur, et Jean Bonaventure de Coma, son père. Sous l'autel reposait le prêtre, jusqu'à ce que ses ossements soient dispersés dans la fosse commune du cimetière de Baulou (la pierre qui fermait le caveau se trouve à gauche du monument aux morts dudit cimetière ; elle porte l'inscription « Louis de Coma missionnaire »). A noter encore une belle moisson de stalagmites et stalagtiques qui n'ont rien de local : un cadeau d'une relation du prêtre pour décorer les lieux ! Sur la droite, juste avant la sortie de la grotte, on repérera un autre boyau qui mène à une autre « pièce » aujourd'hui effondrée ; dans ce boyau se trouve une autre tombe, elle aussi profanée et sans aucune mention de ses anciens destinataires.

A quelques mètres, de l'autre côté de l'entrée de l'esplanade (côté sud), nous rencontrons une fontaine en forme de cœur, et, après avoir franchi un nouveau fil de fer barbelé inoffensif, nous plongeons dans la seconde grotte. Une véritable merveille dédiée à Marie-Madeleine qui exsude la douleur tout en resplendissant d'une beauté très féminine. Lors de notre passage, un visiteur anonyme lui avait mis un petit bouquet de roses dans les mains. Elle semble plongée dans une profonde méditation, serrant un crucifix entre ses mains, le traditionnel crâne à ses pieds. Devant la statue de la sainte, une plaque en pierre fait penser qu'il s'agit peut être d'une trappe…

On complétera la découverte des lieux par une visite du calvaire (prendre le sentier à gauche de la grotte de Marie-Madeleine). La vue est magnifique du sommet de la colline dont le sentier d'accès était un chemin de croix. Lui aussi disloqué et éparpillé aux quatre vents. Pourquoi un tel massacre ? Qu'est ce qui poussa l'évêque de Pamiers à raser[129] presque tout ce que de Coma avait voulu édifier ?

---

129     Les « restes » du chemin de croix ont été transférés à La Reynaude. La cloche est partie à Montgauzy. Un autel latéral, dédié à la Vierge, se trouve dans l'église d'Orlonac.

### Le Père de Coma

L'ouvrage le plus complet sur le sujet est sans conteste *Le Monastère Dynamité, Histoire du Carol, près Baulou ; la vie du révérend père de Coma*, Monique Dumas et Jean-François Réglat (1995, Éditions de la Truelle).

Louis de Coma est né en 1822 ; il est l'un des neuf fils de Bonaventure de Coma, architecte, et de Thérèse Vidal. Il décide, à l'âge de 18 ans, de devenir prêtre, après, semble-t-il, avoir essuyé un échec sentimental avec une jolie cousine. Il ne souhaite pas intégrer un séminaire local, comme celui de Pamiers, mais rêve de monter à Paris et faire ses « classes » à Saint-Sulpice. Refus catégorique de Mgr Otric, évêque de Pamiers. Il trouvera la parade en postulant chez les jésuites, la Compagnie de Jésus, en tant qu'état du Vatican, n'ayant pas de comptes à rendre à un évêque. Après un cycle de formation très complet, il sera ordonné prêtre en 1850 et nommé « gradus », c'est à dire père jésuite à part entière, en 1855. Il est considéré comme un orateur brillant et un prédicateur redoutable…

A Noël de cette même année décède Bonaventure de Coma. Sa disparition amènera ses enfants, très unis (la devise de la famille était SPES UNICA), à entreprendre sur les terres du défunt la construction d'une abbaye. Il est intéressant de noter l'inspiration «pré-lourdienne» du projet puisque les apparitions mariales ne débuteront que le 11 février 1858.

Bonaventure de Coma avait acheté les terres du Carol en 1925 pour 17.500 francs or. Situées à un kilomètre à vol d'oiseau de la commune de Baulou, elles tirent leur nom du petit ruisseau «le Carol» qui les traverse.

Louis de Coma dirige, au sein de la Compagnie de Jésus, l'Association de la Bonne Mort, pour venir en aide aux agonisants. Encouragée par le Vatican, cette association fonctionnait selon le système de «vente d'indulgences». Un système lucratif que le père de Coma reprendra à son compte en créant l'Œuvre de Gethsémani. Des messes seront dites en faveur des agonisants moyennant un don de 100 francs. Quant à l'indulgence de 100 jours, elle est «commercialisée» au prix de 1 franc ! Les talents d'orateur du prêtre aidant, l'argent afflue dans les caisses, engrossé de dons divers comme celui du Comte de Chambord (4.000 francs or) ou encore celui d'un bienfaiteur anonyme qui remettra une somme de 10.000 francs or.

Les travaux débutent en 1860, sous le pilotage de Ferdinand de Coma, le frère aîné qui est par ailleurs l'architecte diocésain de Pamiers. La première réalisation sera celle de la crypte (cf. Grotte de Gethsémani), enrichie de nombreuses concrétions naturelles offertes par un cousin de Louis, M. de Vézian, propriétaire des grottes du Portel. Suivront le chemin de croix, puis la basilique et le couvent, ainsi qu'une ferme d'exploitation agricole. Rumeurs et médisances circulent, la Compagnie de Jésus s'interroge, car il n'est pas dans ses buts de fonder des monastères, mais l'évêché de Pamiers ferme les yeux. Cela dit, le père de Coma ne parvient pas à fonder une véritable communauté et continue à sillonner la France pour récolter des fonds pour son œuvre.

En 1879, le ministre Jules Ferry fait prononcer la dissolution de la Compagnie de Jésus et les pères partent en exil. Louis de Coma doit quitter la Compagnie pour continuer son œuvre. En 1880, Ferdinand de Coma est relevé par l'évêché de ses fonctions d'architecte officiel pour des raisons inconnues (cf. infra).

De 1881 à 1885, Louis négocie discrètement avec la Compagnie du Saint-Esprit afin d'inciter les spiritains à venir s'installer au Carol. Une promesse de donation moyennant indemnité de 40.000 francs et divers avantages en sa faveur (maintien dans les lieux, supervision des aménagements etc…) est signée en avril 1885. Une première équipe conduite par le père Decressol s'installe au mois de mai. En août l'évêque de Pamiers rend officiellement visite aux nouveaux résidents alors que l'acte de donation définitif est ratifié. Mais la cohabitation entre les deux parties se déroule mal, de Coma restant omniprésent et refusant de surcroît, contrairement à ses engagements, de céder un ensemble de terres agricoles génératrices de revenus. Les spiritains quitteront le domaine en 1886 et revendront les possessions à l'ex propriétaire pour une somme de 15.000 francs. Une belle transaction pour de

Coma dont les comptes, en 1886, font état d'un total de rentrées de 400.000 francs, majorés des 25.000 francs des spiritains. Le monastère quant à lui était estimé à 40.000 francs. A quoi a pu servir le solde de tout cet argent, même s'il est probable que le prédicateur ait reversé une partie du produit de ses revenus « religieux » (achats d'indulgences et d'intentions de messes) aux jésuites ?

Suite à ce fiasco, Louis de Coma perdra toute crédibilité, et en premier lieu auprès de Mgr Rougerie, évêque de Pamiers. Il obtiendra pourtant pour subsister la cure de Baulou, mais se fera remarquer en louant le presbytère et  en disant fréquemment la messe non dans l'église paroissiale mais dans son abbaye. Selon les humeurs et ses ressources, il continue les constructions dans le domaine, cette fois sous la houlette de Jean Bardiès.

Nouvel espoir : en 1903, Louis de Coma cède au père Lambert, pour une somme de 57.000 francs, le domaine (le père Lambert contractera pour ce faire un emprunt auprès de la Séquanaise). Le but était de créer une école apostolique à la place de celle que ce prêtre dirigeait à Pamiers, mais où il était entré en conflit avec l'évêché. Cette opération ne se réalisera pourtant jamais, la séparation entre l'Église et l'État en 1904 faisant planer une menace d'expropriation...

Le père de Coma s'éteindra dans sa chambre du monastère le 14 novembre 1911, à l'âge de 89 ans.

Le domaine sera racheté par l'une des sœurs du père, Claire, qui en fera don à l'évêché. Il perdra progressivement toute vocation religieuse, abritant successivement des résistants (pendant la guerre), des colonies de vacances et servant de lieu pour organiser... des surboums ou des parties fines ! Il sera vendu en 1956 à Henri Baurès, à la condition expresse que toutes les constructions religieuses soient détruites. Ce qui sera réalisé en novembre 1956, après du reste une première tentative de dynamitage qui échouera...

### *Similitudes ou liens entre l'affaire de Rennes-le-Château et celle du Baulou ?*

Reprenons les dates ; Bérenger Saunière est né en 1852 ; il s'est éteint en 1917. Louis de Coma (1822-1911) était donc son aîné. Saunière prend possession de la cure de Rennes-le-Château en 1885 alors que le père de Coma cède (pour peu de temps) son domaine aux spiritains. L'hypothèse d'un financement par Saunière des travaux du Carol ne tient donc pas la route, le père de Coma ayant déjà réalisé l'essentiel de son œuvre immobilière lorsque Bérenger débute son « œuvre terrestre ». Quant à l'inverse, c'est à dire un financement de Saunière par de Coma, rien dans la comptabilité de l'abbé ne permet de l'avancer. De façon plus générale, du reste, les travaux méticuleux effectués par Octonovo[130] sur

---

130    Cf. www.octonovo.org et *Les Actes du Colloque d'Études et de Recherches sur Rennes-le-Château 2005* (ARTBS,

les papiers du pasteur du Razès ne font aucune mention d'une quelconque relation entre les deux hommes.

Il nous faut donc, faute d'éléments, abandonner la piste des liens. Le champ des similitudes, en revanche, est particulièrement riche. Un peu comme si nos deux curés étaient plongés dans une sorte d'air du temps... Un air qui ferait une place de choix à Sainte-Marie Madeleine (crypte du Carol et nom de l'église de Rennes-le-Château sans oublier la fameuse tour Magdala) et aux grottes artificielles (Bérenger Saunière a également construit une grotte devant son église) ; un refrain qui évoque le Mont des Oliviers avec Gethsémani (la grotte) et Béthanie (la villa de Saunière). Mais une musique dont la connotation d'ensemble reste fondamentalement financière. Reprenons ici le commentaire de Monique Dumas et Jean-François Réglat :

« Les messes ! Évidemment les ressources principales d'une Œuvre. Le père de Coma dût s'efforcer de dire les messes promises. Il fera le reproche aux pères du Saint- Esprit de ne pas avoir de prêtres en nombre suffisant pour dire les messes. Il sera dans l'obligation de déléguer ces missions sacerdotales, ce qui entraînera des dépenses supplémentaires. Si le père de Coma avait été suspecté de simonie, M. Larue vicaire général en contentieux avec le père Lambert, n'aurait pas manqué d'en faire état.

---

Éditions de l'Œil du Sphinx 2006).

Bérenger Saunière n'avait pas les mêmes scrupules à tel point que Mgr de Beauséjour traduisit l'abbé en cour de Rome et le 5 décembre 1910, il fut déclaré « suspens à divinis » (interdit de célébrer la Messe).

Ces coïncidences sont pour le moins surprenantes ! Il ne serait pas impossible qu'Alfred Saunière, alors qu'il se trouvait enseignant chez les Jésuites ou au Petit Séminaire de Narbonne, ait pu rencontrer le père de Coma à l'occasion, par exemple, d'une retraite de première Communion qu'il serait venu prêcher. Par la suite, Saunière aurait pu venir au Carol visiter le monastère. Ou plus simplement lire l'une des multiples brochures que le père de Coma faisait circuler sur l'œuvre de Gethsémani. Une chose est certaine, la comtesse de Chambord ayant adressé aux deux prêtres des fonds pour leurs œuvres respectives, ils ne pouvaient s'ignorer l'un, l'autre.

La présence de Joan-Salvador de Habsbourg, archiduc d'Autriche, se faisant appeler dans l'Aude « Monsieur Guillaume », et connu sous le nom de Joan Orth après son abdication, s'explique par les dons de sa famille pour les œuvres. Cet étrange personnage, appréhendé par les gendarmes de Couiza pour un contrôle d'identité n'était pas venu par hasard à Rennes. Très certainement, il venait constater que les fonds versés aux œuvres avaient été bien employés et son voyage dût le conduire à

Baulou[131]. Un élément commun pouvait réunir les frères Saunière et le père de Coma : leurs opinions légitimistes. Dans ce cas, il serait plus vraisemblable d'envisager une rencontre du père de Coma et de l'abbé Boudet. Mais pour quelles raisons ?

Nous avons la fâcheuse habitude d'interpréter les faits et coutumes des siècles précédents et la tendance à les comparer aux moeurs de notre presque XXI^ème siècle. Nos villages de France sont fleuris d'églises, basiliques et monastères érigés au XIX^ème siècle et réalisés grâce aux dons de notables ou de bourgeois industriels. Ceux-ci, pour apaiser leur conscience, n'ont pas hésité à investir dans ces édifices. Avec satisfaction, ils voyaient leurs noms gravés dans le marbre et assistaient à l'office sur les prie-Dieu de velours, au premier rang des fidèles.

A cette époque-là, investir dans la pierre, en édifices religieux, valorisait davantage que de soulager dans la discrétion la misère des pauvres gens. Contre toute attente, la Séparation de l'Église et de l'État en 1905 poussa les fidèles à délier leur bourse, dans un élan inattendu de générosité. Le père de Coma et Bérenger

---

131    Nous avons intentionnellement laissé ce passage sur « Monsieur Guillaume ». Cette information, tirée des écrits de Descadeillas (*Mythologie du Trésor de Rennes*, Collot 1991 pour la dernière édition) et reprise par Pierre Jarnac (*Histoire du Trésor de Rennes-le-Château*, Bélisane 1985) ne repose sur aucun élément concret et fait à notre avis partie de « la Belle Histoire ». Cf. sur Jean Orth le n° 17 de *Murmures d'Irem* (Association Œil du Sphinx 2006).

Saunière n'avaient aucune raison d'entretenir des relations, bien au contraire. Connaissant son tempérament fougueux, on imagine facilement que le père Louis devait voir d'un œil soupçonneux ce rival indélicat ».

### La Clef des Grands Mystères

On a raconté beaucoup de choses sur les raisons du dynamitage du monastère. Écartons tout de suite l'hypothèse selon laquelle Louis de Coma était un personnage sulfureux, hérétique ou maudit dont l'Église devait éliminer toute trace. Nous avons vu que notre bon père bénéficiait de la sympathie de l'évêché de Pamiers et que Mgr de Rougerie avait donné sa bénédiction à l'installation des pères du Saint-Esprit. Par ailleurs, aucun des ecclésiastiques ayant fréquenté le « missionnaire » n'a été inquiété pour avoir entretenu des... relations coupables !

On a pourtant beaucoup parlé de géométrie hérétique... L'église du Carol était exposée nord-est. La destruction aurait été la conséquence d'une exposition incorrecte de l'autel. Les auteurs du Monastère dynamité donnent une liste impressionnante d'autres édifices religieux construits suivant la même direction. Il est vrai que l'orientation des autels n'est plus un critère de construction depuis le moyen-âge.

Last but not least, un chercheur bien connu dans le milieu castelrennais, Christian

Doumergue, vient d'émettre une théorie pour le moins décapante[132]. Selon lui, la symbolique des constructions du Carol obéit à un courant très clairement ésotérique. En effet, l'héroïne des lieux, Marie-Madeleine, est très explicitement rattachée à la figure d'Isis. La structure de « sa grotte » épouse, à la perfection, la forme d'une croix de vie égyptienne. De surcroît, le bassin à demi recouvert par la végétation, qui se trouve à l'autre extrémité de l'allée qui conduit à cette grotte, a la forme d'une tête de vache. C'est bien sûr, selon l'auteur, l'attribut de Hator qui porte le soleil entre ses deux cornes. Quant à la physionomie générale du monticule au sommet duquel se trouve le calvaire, il n'est pas sans rappeler celle d'une pyramide !

Mais le plus fort, croquis à l'appui, est que les différentes constructions analysées se situent pour le chercheur sur une ligne droite, avec deux bassins en forme de cœur, tournés l'un vers l'autre. « Dans le silence de la crypte funéraire, au milieu des tombes profanées, nous avons été saisi de surprendre dans le faisceau d'une lampe, la silhouette d'une femme enceinte : vue du pied de Jésus agonisant, une des immenses colonnes de pierre de l'ensemble épouse en effet singulièrement le profil d'une déesse égyptienne au ventre doucement rebondi… ». Une telle symbolique hérétique n'expliquerait-elle pas pourquoi, Ferdinand de Coma, l'architecte

---

132    Article de Christian Doumergue dans le n°18 du bulletin de l'association *Terre de Rhedae* (avril 2006).

des lieux, se fit révoquer de ses responsabilités diocésaines ?… La boucle est bouclée, et l'affaire du Monastère Dynamité rejoint celle du *Da Vinci Code* !

Mais laissons là ces spéculations pour revenir à ce qui semble le plus probable. Face à la désaffection religieuse des lieux et à leur utilisation à des fins assez spéciales, l'évêché a certainement voulu mettre fin à une situation qu'il ne pouvait plus contrôler. Il prenait de surcroît le risque, en laissant perdurer la vacance, de voir un jour débarquer un groupement indésirable, comme ce qui se produisit en 1971 dans un petit village du Lot-et-Garonne, à Notre-Dame du Frechou[133]. Le monastère du Carol était celui de

133    L'affaire de Notre-Dame du Frechou (Lot et Garonne), d'après le Centre de Consultation sur les Nouvelles Religions. (http://www.religion.qc.ca/Fiches/fiche119.htm ©)
Jean-Marie Kozik (né le 22 avril 1945 près de Cambrai) d'origine polonaise, et Michel Fernandez (né en 1944 à Albi) d'origine espagnole, s'installent en 1971 dans un petit village de Lot-et-Garonne avec projet de vie communautaire. Ils sont au départ autorisés à vivre cette expérience par l'évêque du lieu. Mais leur attitude et leurs propos commencent à poser question à l'évêché qui met fin à l'expérience en 1974. Roger Kozik (Père Jean-Marie) se fait ordonner prêtre une première fois en juin 1974 par Mgr Laborie de l'Église Catholique Latine, puis une seconde fois par Mgr André Enos (janvier 1976). Il est consacré évêque par le « Pape » Grégoire XVI Clémente Dominguez en même temps que Michel Fernandez (Père Emmanuel Marie) le 27 mai 1977 au Palmar de Troya (Séville) – ce qui enclenchera leur excommunication par Rome (mars 1983, avril 1989). Mais le 10 juin 1977 Roger Kozik a déclaré avoir vu la Vierge dans un bois proche du

l'œuvre de Gethsémani, et l'œuvre était celle du père de Coma. La disparition de ce dernier a enlevé tout sens à l'existence de son domaine...

Est-ce à dire que ce dossier ne recèle aucun mystère ? Certainement pas, car comme nous l'avons vu, son aspect financier reste loin d'être expliqué. Le Révérend Père faisait-il aussi partie de ce réseau de plates-formes financières ecclésiastiques qu'Octonovo a cru déceler au cours de ses recherches ? Un travail approfondi reste à faire sur le sujet...

Et puis, et pour laisser sa juste place au rêve, citons en guise de conclusion cette remarque troublante des deux chercheurs italiens, Volterri et Piana :

---

Fréchou, qui demanderait de faire de cet endroit (Andiran) un lieu de pèlerinage. Divers phénomènes se produiraient : apparition d'un grand rideau bleu le 1er novembre 1977, larmes de sang de la statue le 14 octobre 1982, mouvements du soleil, multiplication d'hosties, guérisons, bilocation.
Un culte de style traditionaliste s'instaure avec sanctuaire, médailles, prophéties, attaques contre l'évêché et l'Église Romaine, fondation de communautés religieuses féminine et masculine, d'une école (47 Mézin, Neyrac), mais aussi démêlés judiciaires avec inculpation des responsables, contestée par eux, pour escroquerie (février 1988) en divers épisodes. La position de l'Église catholique à leur égard (Évêché d'Agen 18 février 1982) a été rappelée plusieurs fois par Rome (23 janvier 1989, 23 janvier 1990) : les deux « évêques » sont excommuniés, L'Église Catholique ne reconnaît et ne reconnaîtra pas à l'avenir leurs ordinations sacerdotales et épiscopales, ni celles qu'ils conféreraient ; elle ne reconnaît pas la communauté qui ne fait pas partie de l'Église Catholique.

« C'est en 1956 que l'on reparle des deux événements importants.

En janvier quelques journaux locaux commencent à s'occuper du mystère de Rennes-le-Château, provoquant ainsi une véritable «chasse au trésor» et c'est à la fin de cette année-là que l'on fait exploser, à l'aide de charges de dynamite, la monumentale abbaye édifiée par Louis de Coma.

Sommes-nous face à l'habituel hasard, ou bien étant donné que l'on parlait trop de l'affaire de Rennes, l'évêque de Pamiers en profita t-il pour éviter, dans cette région aussi, les hordes de « chasseurs de trésor » ou de « quelque chose d'autre » ? ».

# STENAY ET LE MYTHE

*(Extraits d'un article publié dans Murmures d'Irem n°13 et sur www.renneslechateau.com)*

Je suis natif de Sedan, dans les Ardennes, à quelques dizaines de kilomètres de la bonne ville de Stenay. Une cité paisible, comme beaucoup de petites villes de province qui n'attirent guère l'attention et flirtent souvent avec l'ennui. C'est tout juste si son Musée de la Bière arrivait à m'arracher, lors de mes rares passages, un minimum d'intérêt ; il est vrai que la visite d'une impressionnante série d'alambics se termine généralement par une dégustation... de fée mousseuse... Le temps fit son œuvre, et j'avais fini par oublier cette localité sans relief particulier. Je la retrouve aujourd'hui dotée de l'enviable statut de cité magique, liée par de mystérieux réseaux à Gisors et à ses templiers, à Rennes-le-Château et à son trésor. Je la redécouvre frappée du sceau de Satan. Je la surprends étouffant en son sein les derniers soupirs d'une dynastie mérovingienne qui ne veut pas s'éteindre. Et j'apprends qu'elle cache une pierre mystérieuse à la lourde signification ésotérique. Arrêtons là la description des nouveaux atouts sulfureux de la cité meusienne pour nous pencher sur la genèse de cet étrange mythe.

L'histoire officielle de Stenay est pourtant

assez simple…L'excellent petit guide[134] édité par le Cercle Saint- Dagobert II, nous dit :

« Au Nord-Ouest de la forêt de Woëvre, sur la rive droite de la Meuse, au milieu d'un bassin arrosé par ce fleuve, et sur le canal de l'Est, la ville fut toujours une importante place de guerre.

Connu déjà à l'époque celtique, devenu oppidum à la période romaine, le lieu était particulièrement recherché à cause de son importante position sur la Meuse, à l'entrée de la Woëvre. Thierry, fils de Clovis, devenu roi d'Austrasie, frappé de la position de Stenay, y fit bâtir un palais ; le bourg devint villa regia et chef-lieu d'un comté. Lui-même, son fils et son petit-fils se firent enterrer dans la chapelle castrale. En 679, Dagobert Il y demeura.

Au X$^{\text{ème}}$ siècle, Stenay appartenait à la maison d'Ardenne ; elle devint ensuite la possession des ducs de Bouillon ; en partant pour la Croisade, Godefroy de Bouillon vendit la ville avec le château qu'il avait fait construire en 1077 à l'évêque de Verdun qui l'engagea au comte de Luxembourg en 1110. Ce dernier vendit Stenay à Renaud, comte de Bar, et jusqu'en 1641 la ville demeura presque constamment en la possession des maisons de Bar puis de Lorraine.

De 1609 à 1611, elle reçut de nouvelles fortifications et devint une importante place de guerre. Louis XIV en donna la propriété en

---

134    *Guide des Chemins du Roi Dagobert*, par Jean-Pierre Bousigues, Éditions du Cercle Saint-Dagobert, 3 place Poincarré, 55700 Stenay, 2001. (NDA)

1646 au prince de Condé. Comme celui-ci était passé au parti de l'Espagne, le roi en ordonna le siège. Fabert l'entreprit en 1654 en présence du souverain lui-même ; il dura 56 jours. Par le traité des Pyrénées en 1659, il lui rendit Stenay qui fut néanmoins démantelé en 1689. Ses descendants en jouirent jusqu'à la Révolution française. Stenay fut un chef-lieu de bailliage de 1639 à 1697 puis d'une prévôté et en 1790 d'un district comprenant 75 municipalités. La cité tint tête aux Autrichiens en 1792 et fut occupée pendant toute la guerre de 1914-1918 par les Allemands. Le Kronprinz y eut son Quartier Général.

Il reste à Stenay une usine métallurgique et une papeterie ».

## AUX SOURCES DU MYTHE

En fait le mythe va se former en 1973, à la publication par Gérard de Sède d'un ouvrage au titre sensationnel, *La Race Fabuleuse, extra-terrestres et mythologie mérovingienne* (éditions J'ai Lu, collection l'Aventure Mystérieuse). De Sède est un para-historien bien connu, ayant déjà oeuvré sur Gisors et son trésor ainsi que sur Rennes-le-Château et le secret de l'abbé Saunière. Il récidive cette fois pour nous expliquer, en substance, que la dynastie mérovingienne était... d'origine extra-terrestre... Et d'opérer, dans le cadre de sa démonstration, un large détour par Stenay. Essayons de reprendre les points marquants de l'ouvrage tout en précisant que la source de l'auteur est largement spéculative, puisqu'elle repose sur une série d'entretiens avec un mystérieux Marquis de B. dont l'identité ne nous sera pas révélée[135]...

– Sur le blason de la ville figure la face grimaçante et cornue du démon, une figure pourtant jamais utilisée en héraldisme... Après enquête locale, étude des travaux d'un archéologue du XIXème siècle, un certain Jeantin, et conversations avec le Marquis de B, de Sède arrive à la conclusion que Stenay s'est autrefois appelée Shatan, puis Shatenay. Toujours d'après l'archéologue, « l'appellation de Shatan est à la fois géologique, cosmogonique et hébraïco-celtique, c'est là le brevet d'antiquité le plus incontestable de Stenay ». Et de voir effectivement une connexion hébraïque évidente avec notre paisible région qui abrite les villages de Baalon (le dieu Baal) et d'Avioth (av en hébreu signifie ancêtre)...

– Notre archéologue romantique, pour reprendre la fameuse expression de Jacques Bergier[136], se met ensuite à la recherche de l'église

---

135     Il s'agissait en fait du Marquis Philippe de Chérisey, comparse de Pierre Plantard. Lors d'une émission sur Ici & Maintenant en juin 2005, Jean-Luc Chaumeil donne une interprétation différente : « Le Marquis de B. évoqué par de Sède dans *La Race Fabuleuse* n'était pas de Chérisey, mais le Grand Maître de l'obédience à laquelle appartenait Paul Rouelle ». (NDA)

136     Voir par exemple *Les Livres Maudits* dans la même collection J'ai Lu (Aventure Mystérieuse). (NDA)

Saint Dagobert, édifiée sur les ruines d'un temple dédié à Saturne, mais dont on a perdu la trace au cours de l'histoire. Grâce à une vieille gravure, il finit par la localiser sous les maisons Matton et Laplante[137].

   – Le lien étant opéré avec les Mérovingiens, on nous explique alors que cette dynastie était d'origine hébraïque et sacrée. Les sources sont toujours notre bon Marquis de B et un ouvrage écrit sous le pseudo d'Henri Lobineau[138], Généalogie des Rois Mérovingiens, trouvé à la Bibliothèque Nationale. On nous apprend également que les rois mérovingiens ont été «faits néant», car oubliés progressivement par l'histoire... Le dernier des souverains, Dagobert II, fut assassiné près de Stenay, dans la forêt de la Woëvre. Et de fait, Dagobert avait bien un fils, Sigebert, mais qui fut tué lors d'une chasse au sanglier. Là s'arrête l'histoire officielle. Mais elle cède rapidement la place à l'histoire romantique, puisque d'après une chronique de l'époque, Le Livre des Evêques de Strasbourg de Bruschius, Sigebert fut ressuscité grâce à l'intervention de Saint Argobaste. De Sède, bien connu pour son rationalisme, précise utilement qu'il ne faut certainement pas croire à ce type de légende,

---

137   En fait cette découverte a été faite en 1965 par Laplante, architecte local. Le portail de l'église a été démonté en 1972 sous la supervision de l'abbé Vigneron pour être préservé dans un lieu sûr. (NDA)

138   Ce document est un faux fabriqué par l'équipe de Pierre Plantard pour accréditer la descendance mérovingienne de ce dernier. (NDA)

l'héritier étant vraisemblablement tombé dans le coma suite à l'accident de chasse. L'affaire se termine, selon certains historiens (non cités), par l'exil du monarque, soustrait par sa sœur Irmine aux menaces des nouveaux dirigeants (les pépinistes), en Septimanie, c'est à dire dans la région du Haut-Languedoc.

Abandonnons ici la lecture de cet ouvrage, la suite étant une traque du Grand Monarque à travers les siècles, pour aboutir à la révélation ultime, faite bien sûr par le Marquis de B, à savoir l'origine extra-terrestre des Mérovingiens. Précisons cependant que d'après un vieil ouvrage découvert à Bruxelles par l'auteur, des tombeaux auraient été retrouvés au XVIII$^{\text{ème}}$ siècle dans les cryptes de l'église Saint Dagobert, révélant également que les Mérovingiens pouvaient être de grande taille... Des Géants venus d'Ailleurs...

<u>Reprenons les données du mythe</u> :

## STENAY, LA CITE DE SATAN

En fait, nul besoin de faire de laborieuses recherches. La clef de l'énigme nous est donnée au syndicat d'initiative par un petit tract le nom de Stenay qui résume parfaitement les travaux réalisés par les historiens locaux.

## LE NOM DE STENAY

« L'origine du nom de Stenay s'est perdue.

Mais depuis un siècle, une bataille d'érudits s'est engagée pour essayer de la préciser.

En effet, les armes de la ville (d'argent au chevron d'azur accompagné en pointe d'un lion d'or armé et lampassé de gueule..., ainsi que les décrit Denain avant la Révolution) sont directement inspirées de celles de Godefroy de Bouillon au X<sup>ème</sup> siècle). Mais à la fin du XIX<sup>ème</sup>, et peut-être à cause de la publication par Jeantin dans son *Manuel de la Meuse* (1860) d'un article sur SATHENAY ou SATHANAY, on vit l'écu de la ville bientôt sommé d'une petite figure de diable, cornue et grimaçante. Jeantin cède en effet à la manie de son temps : tout expliquer

« scientifiquement », et il écrit : « L'appellation SATHAN est, à la fois, géologique, cosmogonique et hébraïque... ». De là à faire de Stenay la ville de Satan, il n'y avait qu'un pas, vite franchi par les amateurs d'originalité. Dès 1885, le papier à entête de la mairie porte cette nouveauté héraldique et, lorsqu'en 1925 l'Hôtel de Ville actuel va remplacer la vieille maison commune de la Porte de Bourgogne, l'architecte croit bon de faire sculpter au fronton (mais non dans le grand salon) la célèbre face du diable.

Célèbre en effet car depuis lors, on en a beaucoup parlé : historiens, héraldistes, linguistes, romanciers même, et citoyens de Stenay aussi – qui ne prennent cependant pas trop au sérieux leur prétendue origine diabolique, puisque les « Crottes de Satan » sont devenues une spécialité de la confiserie locale et que le Maire, voulant agrémenter l'institution d'une médaille commémorative de la ville en fit l'insigne d'une « Confrérie des Diablotins de Stenay » créée sur le mode souriant en Juin 1983...

Le chanoine Vigneron, curé doyen de Stenay de 1941 à 1966, passionné d'histoire locale et savant linguiste[139], n'allait pas, bien sûr, accepter cette étymologie. Il dresse d'abord la liste assez impressionnante des anciennes appellations de Stenay au travers des actes historiques authentiques, puis ses déductions, qui paraissent bien conduites, l'amènent à conclure que Stenay pourrait signifier « Villa de Setinius », personnage du Ier siècle après J.C. originaire de la cité de Setia (Sezze aujourd'hui) à 80 km au sud-est de Rome...

Voici quelques variantes puisées dans le tableau qu'il dresse de 25 noms recensés de la ville, avec leur époque d'apparition :

SATENAIUM et SATANIACUM (Xème), SATANACUM (1069), SATINNACUM et SATINIA CUM (1086), SETUNIA (IIe), SEPTINIACUM (1107), SETENAE (1208), SETTENAI (1243), SATANAY (1284), sans oublier le SATHANAI du sceau de la Prévôté (1320) et le STENA du patois local. Mais il faut attendre 1643 pour trouver enfin écrit le nom de

---

139     La commune de Stenay a tenu à lui rendre hommage en baptisant de son nom en 1983 la petite place qui termine la rue de la Citadelle devant l'Hôtel du Gouverneur devenu Musée Municipal. (NDA)

STENAY ».[140]

Je n'ai évidemment pas pu m'empêcher de remonter aux sources et d'acquérir à la librairie de la ville l'ouvrage de référence, Grandes Heures de l'Histoire de Stenay par l'abbé Vigneron[141].

Alors, Il faut renoncer à faire de Stenay la « ville de Satan ». Jamais le mot de Satan n'aurait dû être retenu pour expliquer le nom de Stenay.

« Voici trois raisons péremptoires d'exclure cette explication :

1) Le nom de Satan était complètement inconnu chez nous quand le nom de Stenay s'est formé, pour la bonne raison que Satan est un mot hébreu qui n'a pénétré chez nous qu'avec l'Évangile, donc guère avant le Vème siècle pour notre région : trop tard pour entrer dans le nom d'une localité gallo-romaine qui remonte à 50 avant J-C.

2) A supposer par impossible qu'on ait pu loger ce mot hébreu (Satanas) dans le nom de notre ville, ce nom aurait été alors si facile à retenir que nous n'aurions pas 25 formes, mais une seule forme de ce nom dans les archives, et le nom lui-même de « Stenay », dont l'avant-

---

140      On peut se procurer les documents cités à :
Office de Tourisme
Syndicat d'initiative du Pays de Stenay Place R. Poincaré
55700 STENAY
Tél : 03 29 80 64 22 – Fax : 03 29 80 62 59 (NDA)
141      *Le Livre d'Histoire, Paris 1998* (Monographies des Villes et Villages de France). (NDA)

dernière forme était Settenay, n'aurait pu exister phonétiquement ; ni historiquement non plus, car les Stenaisiens du Moyen-âge n'auraient pas admis que leur ville soit appelée la cité de Satan. L'Académie française n'a admis le mot «satanique – qu'en 1798 et celui de – « satané » en 1878 seulement.

Chacune de ces deux raisons était suffisante à elle seule pour exclure cette explication du nom de Stenay. En voici pourtant une troisième.

3) JAMAIS PERSONNE avant 1850 n'avait sérieusement pensé à loger Satan dans le nom de Stenay ; il a fallu que se trouve à Montmédy un ancien président du tribunal, qui fut le premier à éditer sur l'histoire du Nord-Meusien un livre important en trois tomes. Jeantin, c'est son nom, avait une manière insensée d'expliquer les noms de lieux qui faisait le désespoir de sa famille. Sa nièce, Madame feue Pérot de Médy-Haut, le jugeait complètement égaré dans sa manie aberrante d'expliquer tous les noms de lieux par des racines hébraïques et des considérations géologiques si farfelues que personne ne peut les prendre au sérieux.

« MAIS UN LIVRE RÉCENT A RETENU L'OPINION DE JEANTIN ! » – C'est vrai d'une certaine façon, Gérard de Sède, dans un livre de poche intitulé *La race fabuleuse*, a soulevé sur l'histoire des mérovingiens toute une série de questions qu'il ne cherche pas à résoudre  dans cet opuscule; Gérard de Sède s'est bien gardé de prétendre écrire un livre d'histoire. Certes il n'invente pas, mais sa manière de présenter « ce qu'il a lu » n'est pas celle d'un chercheur critique, mais celle d'un homme qui désire avant tout étonner et faire rêver ses lecteurs sur ce que d'autres ont pu écrire au sujet d'évènements mal connus. Il est possible qu'il se soit amusé le premier à découvrir ce qui a été écrit par des auteurs de tous les temps sur les sujets qu'il aborde ; et il préfère les plus bizarres. Pour lui, UN LIVRE DE JEANTIN EST UNE AUBAINE : en fait de bizarreries et de solennelles affirmations non contrôlées, il va être servi, mais il n'est pas dupe, et parfois il le fait voir.

C'est bien le cas pour l'explication du nom de Stenay : croyez-vous qu'il ait pu écrire au sérieux cette phrase réelle de Jeantin (promu par lui archéologue) : « L'appellation Sathan est à la fois géologique, cosmogonique et hébralc-cerltique c'est là le brevet d'antiquité le plus incontestable pour la ville de Stenay » (page 20). A la page 13, de Sède affirme que le nom de Stenay dérive à la fois de Sathan et de la Pierre (en allemand Stein). Disons qu'on accumule les invraisemblances, puisque dans la même page 13, l'ancien nom de Stenay signifie, en plus, « Domicile de Saturne »... Concluons que ni Jeantin, ni de Sède, n'apportent aucune lumière à l'explication du nom de Stenay. Ils esquivent tous deux la question ; de Sède ne veut pas expliquer, Jeantin ne sait pas ».

# LA PIERRE MYSTÉRIEUSE DE STENAY

La crypte Saint-Dagobert II de Stenay nous montre une mystérieuse pierre, reconstituée par Gino Frua, membre du Cercle. Voilà ce qu'en dit l'Abbé Vigneron dans son Histoire de Stenay :

### Chrétiens clandestins à Stenay

« Il nous semble que cette pierre mystérieuse peut s'expliquer comme un geste de chrétien en un temps où les chrétiens n'étaient qu'un petit nombre à Stenay.

Pour l'expliquer, il faut rappeler que toutes les pierres sculptées trouvées à Stenay se trouvaient dans les fondations de la basilique Saint-Rémi, antérieure à l'église Saint-Dagobert qui l'a remplacée au IX$^{\text{ème}}$ siècle,

Ces pierres, réemployées dans les fondations, étaient des stèles funéraires : celle dont nous parlons est aussi une stèle, mais d'un genre particulier.

M. Plantard, en travaillant sur l'histoire de Stenay, a étudié cette stèle : il estime que les lettres gravées à gauche et le chevron tracé à droite de ces lettres étaient une clé capable de permettre à des initiés de se reporter au fameux «Carré Sator».

C'est pourquoi nous reproduisons ci-contre ce carré Sator bien connu. Notre dessin du carré a volontairement grossi certaines lettres pour faire comprendre l'explication de M. Plantard : ces lettres SRNPR, remises à leur place dans le carré, dessinent exactement le chevron gravé sur notre pierre. M. Plantard a donc bien trouvé la clé qui explique les lettres mystérieuses de la stèle de Stenay ».

### Signification du carré Sator

« Le carré Sator contient 5 mots qui peuvent se lire dans tous les sens : SATOR, AREPO, TENET, OPERA, ROTAS. Les païens, qui ont utilisé le carré avant les chrétiens, plaçaient le mot ROTAS en tête, à la place du mot SATOR (ainsi Pompéi). Cette inversion de deux mots, ne change pas le sens :

Le créateur (SATOR), passons AREPO, qui n'a de sens qu'en le disant à l'envers, tient (TENET) avec soin (OPERA) les roues (ROTAS) Autrement dit : Celui qui a fait, qui a « semé » (la vie, l'homme, le monde), surveille, dirige soigneusement sa marche. Et pour les chrétiens : le Créateur de l'homme en est aussi la Providence».

### Signification de la pierre de Stenay

« L'occultisme de cette stèle suppose qu'elle a été gravée en un temps où les chrétiens ne pouvaient se manifester ouvertement : nous la daterions volontiers de la fin du V$^{ème}$ siècle ou du début du VIème, époque où une poussée de zèle païen s'exprime, par réaction, après la conversion Clovis en 496.

Malheureusement la dite pierre de Stenay n'est plus à Stenay Elle avait été déposée vers 1910 par M. Rivart chez Mgr Mangin, curé de Stenay, habitant alors place du Marché. M Mangin, mort en 1914, n'a pas été témoin de l'enlèvement de cette pierre en 1917 par le fameux Kronprinz, qui l'aurait fait briser ensuite en déclarant (c'est curieux) qu'il était le « Maître de la Croix ». Ainsi a disparu, (une fois de plus) un monument intéressant pour l'Histoire ».

| S | A | T | 0 | R |
|---|---|---|---|---|
| A | R | E | P | 0 |
| T | E | N | E | T |
| O | P | E | R | A |
| R | 0 | T | A | S |

L'ineffable Plantard a manifestement sévi dans ce décryptage. Le carré Sator est pourtant bien connu des cabalistes et autres alchimistes du verbe. Nous trouvons par exemple dans *L'Actualité de l'Histoire Mystérieuse*[142]:

« Avec le carré de Sator, on retrouve le temple et le projet originel. Multiples sont les manières de le décrypter et cependant, il conserve son caractère énigmatique. Cabale de lettres ou sens caché, sa signification demeure encore incertaine…

Dans le carré de Sator, les consonnes structurent l'espace, par les diagonales majeures et les points clés qu'elles occupent, à chaque rangée. C'est l'ossature du nom divin. Les voyelles en sont l'âme. Celles-ci se développent en des diagonales secondaires, rythmant l'édifice…

Le carré de Sator n'est-il qu'un jeu futile ? Au-delà de recherches purement arithmétiques, les carrés magiques de nombres ont une signification métaphysique. De même, le carré de Sator devient la structure réduite du temple, et pour l'adepte, un athanor et une image simplifiée de la réalisation de l'Œuvre ».

Bon, le mystère reste épais, et on peut le densifier à loisir en ajoutant avec G.C Mouny (*Rennes-le-Château, un autre regard sur l'Énigme*),

- que cette pierre mystérieuse aurait été partagée en deux, et que la seconde pièce aurait été introduite à Alet-les-Bains, près de Rennes-le-Château.

- que les villes de Jarnac-Champagne, Montrevel, Gisors, Stenay et Rennes possèdent non seulement une représentation du carré magique, mais furent toutes le siège d'une commanderie du Prieuré de Sion.

## LA FIN DE LA DYNASTIE MÉROVINGIENNE ?

Les affaires précédentes ne sont que des hors-d'œuvre, somme toute mineurs. La problématique mérovingienne est certainement le cœur du mythe et la connexion la plus évidente avec l'affaire de Rennes-le-Château. Si l'on résume à traits grossiers, au risque de déformer, l'abbé Saunière aurait découvert :

- des parchemins faisant état d'une survivance occulte de la dynastie mérovingienne, par l'intermédiaire du fils de Dagobert II, Sigebert, qui se serait réfugié dans le Razès.

- voire même la tombe de l'héritier sacré.

Sur ces allégations – jamais confirmées – s'est développée une mythologie extraordinaire, faisant remonter l'origine de la dynastie mérovingienne aux extra-terrestres (cf. supra), ou plus fort encore, au Christ lui-même. La «belle histoire» est bien connue et a été largement popularisée par l'ouvrage de Lincoln & Co, *L'Énigme Sacrée* : le Christ n'est pas mort sur la croix ; il a épousé Marie-Madelaine dont il a eu des enfants ; laquelle Marie-Madelaine s'est réfugiée en France… etc. Cette filiation occulto-divine s'inscrit par ailleurs dans le cadre d'une mystérieuse société secrète, le Prieuré de Sion, qui serait à l'origine de l'Ordre des Templiers. Le Prieuré serait toujours actif de nos jours[143], sous la houlette de Pierre Plantard de Saint-Clair, prétendant caché au trône de France. Ajoutons encore que d'étranges documents, déposés à la Bibliothèque nationale (*Dossiers Secrets, Le Serpent Rouge, Généalogie des rois mérovingiens*) sous diverses signatures dont celle d'Henri Lobineau, attesteraient de cette fabuleuse descendance. Ce n'est pas ici le lieu de montrer que le dit Prieuré n'a aucune existence historique, ni que ces fameux documents sont des faux. D'autres l'ont fait mieux que moi, et notamment Gérard de Sède qui dans un ouvrage de 1988 racontera comment

143    Il est des personnages qui, mêmes morts, continuent de faire parler d'eux. C'est le cas de Pierre Plantard. Voilà ce que l'on peut lire sur le site de J.P. Pourtal (www.renneslechateau.org) :

« Depuis quelques semaines, certains individus n'hésitent pas à mettre en doute son décès.

Pour certains, c'est un coup monté par «Les Webmasters», voir directement par moi même, pour d'autre, parait-il, Pierre Plantard est réellement mort, mais ressuscité !!! On nage en plein délire !

Je n'ai qu'un seul rectificatif à faire par rapport à ce que j'ai annoncé précédemment. Pierre Plantard n'est pas décédé le 13 juin dernier, mais le **3 février 2000**.

Ayant fait la demande de son acte de décès auprès de la Mairie de la Commune de son décès, je vous confirme donc sa mort le **3 février 2000 à onze heures dix minutes**.

Je ne peux hélas pas diffuser cet acte de décès sur le site, la Loi Française interdisant la publication de ce genre de document. Ils sont publics, accessibles à tous, mais non diffusables.

Alors cessons les fausses rumeurs ridicules qui ne font pas avancer l'étude du dossier pour autant ! ». (NDA)

«il s'est fait avoir» par une inquiétante équipe de mystagogues (*Rennes-le-Château, le dossier, les impostures, les fantasmes et les hypothèses*; Robert Laffont).

Revenons donc à l'histoire et à nos mérovingiens de Stenay. Un numéro spécial de *Études Mérovingiennes*, bulletin du Cercle Saint Dagobert II (juin 2000) nous explique ainsi la fin de la dynastie :

« Dagobert II est né vers 650 et succède au trône d'Austrasie à son père défunt, encore enfant, selon la coutume à cette époque. Le Maire du Palais (sorte de Premier ministre tout puissant), GRIMOALD imagina une ruse pour éloigner l'enfant en exil en Irlande, en espérant que le jeune roi serait oublié. Mais, DAGOBERT fut remarqué par le futur évêque d'YORK, WILFRID. Ce dernier éduqua et instruisit le jeune prince. Informés par WILFRID, les seigneurs d'AUSTRASIE réclamèrent le retour du roi. DAGOBERT II, de retour dans ses Etats qui avaient été ravagées par les guerres et les factions rivales au cours de son exil, rétablit la paix et la prospérité. Il fit beaucoup de fondations de monastères et d'églises.

Cependant, sa réussite suscita la jalousie d'EBROIN, Maire du Palais de NEUSTRIE et de BURGONDIE. Ayant appris le séjour de DAGOBERT, courant décembre 679 à STENAY, un complot visant à assassiner le roi fut organisé et réussit près de la FONTAINE D'ARPHAYS, aujourd'hui FONTAINE SAINT DAGOBERT.

Le corps du roi fut ramené à CHARMOIS, puis enseveli dans la basilique Saint Rémi de Stenay. Son fils SIGEBERT IV, héritier du trône, disparut en même temps que son père ou, selon la légende, fut exilé dans le RAZES, où il aurait fait souche.

La mémoire du pieu Dagobert fut longtemps conservée par le peuple, si bien que le roi carolingien CHARLES II « le CHAUVE », a pris une part personnelle dans l'hommage rendu au roi martyr.

Il réunit en l'an 872, le 10 septembre, un concile à DOUZY (Ardennes) qui sous l'égide d'HINCMAR, archevêque de REIMS, béatifia DAGOBERT II.

A cette même date, fut érigée une nouvelle basilique à Stenay, plus tard fut adjoint un prieuré à la chapelle. Un pèlerinage perdura jusqu'à la Révolution. Il rassemblait près de 36 paroisses des environs ».

Force est donc de constater que la survivance mérovingienne, dans le Razès ou ailleurs du reste, est du domaine de la légende. Mais comme me le dit régulièrement une de mes relations dans le milieu « ésotérico-journalistique », ce n'est pas parce que ce n'est pas prouvé que c'est faux ! ".

Dont acte.

**Difficile de conclure aux termes de cette rapide enquête. Je n'ai certes pas eu confirmation d'une quelconque révélation "extraordinaire" ; j'ai au contraire senti à plus d'un détour du chemin les couleurs chatoyantes de la mystification de qualité. Mais tout cela s'accompagne d'un délicieux petit parfum de rêve... Et chacun sait que le rêve n'a pas de prix... Alors, un conseil, allez faire un tour dans cette bourgade perdue, vous ne le regretterez pas...**

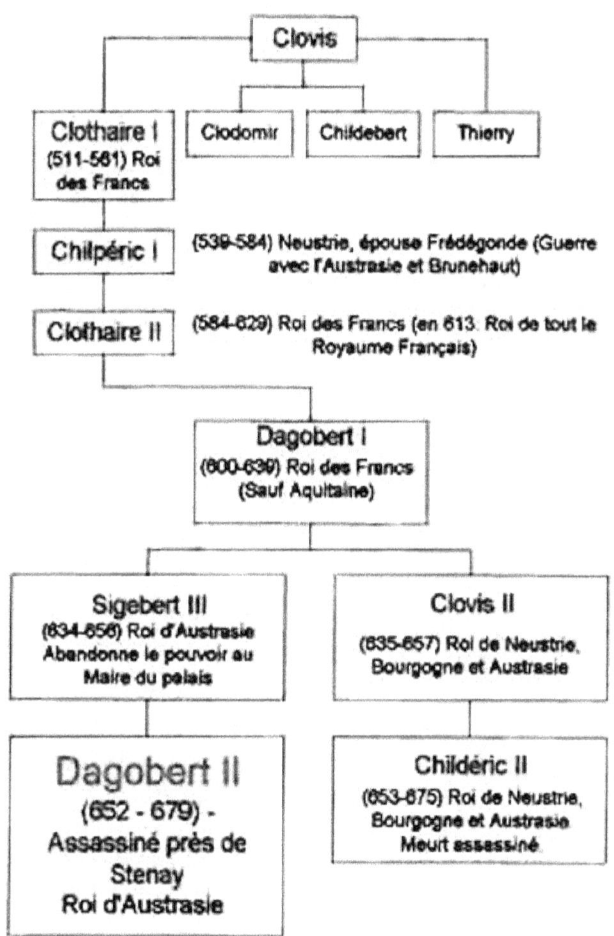

Clovis
Clothaire I
(511-561) Roi des Francs
Clodomir
Childebert
Thierry
Chilpéric I
(539-584) Neustrie, épouse Frédégonde (Guerre avec l'Austrasie et Brunehaut)
Clothaire II
(584-629) Roi des Francs (en 613 Roi de tout le Royaume Français)
Dagobert I
(600-639) Roi des Francs (Sauf Aquitaine)
Sigebert III
(634-656) Roi d'Austrasie Abandonne le pouvoir au Maire du palais
Clovis II
(635-657) Roi de Neustrie, Bourgogne et Austrasie
Dagobert II
(652 - 679) - Assassiné près de Stenay Roi d'Austrasie
Childéric II
(653-675) Roi de Neustrie, Bourgogne et Austrasie Meurt assassiné

# Sommaire

Achevé d'imprimer en Janvier 2021 par kdp

Dépôt Légal : Janvier 2021

Les Éditions de l'oeil du sphinx
36-42 rue de la Villette
75019 Paris

Tél : 09 75 32 33 55
Fax : 01 42 01 05 38

ods@oeildusphinx.com
http://boutique.oeildusphinx.com